国宝瑠璃光寺五重塔(山口市)

松下村塾(萩市)

秋芳洞(美祢市)

金魚ちょうちんと白壁の町並み(柳井市)

角島大橋(下関市)

SLやまぐち号

錦帯橋(岩国市)

●日本のことばシリーズ 35●

山口県のことば

編集委員　　編　者
平山輝男　　有元光彦
大島一郎
大野眞男
久野　眞
久野マリ子
杉村孝夫

明治書院

はしがき

　本書,「日本のことばシリーズ」(全48巻) は, 先に長い年月の地道な調査の上に成った『現代日本語方言大辞典』を基礎として, 更に各地域のことば・生活のありようを, いっそう詳しく生きたことばとしてとらえることを目指したものであります。

　『現代日本語方言大辞典』の大著は, わが国における方言使用の実態を大観するという構想のもとに刊行され, 幸いに好評のうちに迎えられました。そして無事刊行のあと, 私どもは言語生活という面で見ると, 日本は広いということを改めて認識いたしました。それは, 各地域を担当された執筆者の方々の, それぞれの地のことばの全容を一つにまとめ, 更にもっと細かくより生きたことばとしてとらえたいという声の大きさによっても, その思いを強くいたしました。これが,『日本のことばシリーズ』成立の由来であります。

　本書では, 各地域のことばの特色を, 地域性・生活習慣なども考慮に入れて解説し, その地域独特のことば (俚言) も新たに多数採集し, 生活の中のことばとして表現する場面にも目を向け, 地域のことばの全容を体系的にまとめました。また, 分かりやすい解説を心掛けつつ, 地域語の研究にも役立てるよう内容を高水準に保つように意を用いました。方言に興味を持つ方のみならず, 歴史・民俗などの分野でも参考になるものと思います。

　本書によって各地のことばに対する理解がいっそう深まり, この書が

それぞれの地域に伝わる豊かな表現を，生活の中で生かしていくことに役立てられることを願っております。

　また，本シリーズを通して，日本のことばの全容を更に明確に詳しくとらえられるようになることを確信しております。

　平成9年1月

編集委員代表　平山輝男

もくじ

◆口絵◆

はしがき ……………………………平山輝男…… i

I 総　　論 ………………………………………… 1
　位置と方言区画………………………………… 2
　方言の特徴……………………………………… 6
　方言意識…………………………………………10
　研究史と今後の課題……………………………14

II 県内各地の方言 …………………………………17
　周防方言…………………………………………18
　長門方言…………………………………………23
　萩方言……………………………………………27

III 方言基礎語彙 ……………………………………35

IV 俚　　言 …………………………………………135

V　生活の中のことば	147
昔　　話	148
民　　謡	155
方言ラジオ体操	161
方言景観	165
あとがき	174

I 総論

位置と方言区画

　山口県は，本州の西端に位置し，西は関門海峡を挟んで福岡県に，東は広島県に，北東は島根県にそれぞれ接している。従って，西部の方言は北部九州方言，東部の方言は西部広島方言の影響を大きく受けている。また，南は瀬戸内海を挟んで，大分県や愛媛県にも面しているが，四国方言の影響は見られない。

　島嶼部に目を向けると，北には日本海，南には瀬戸内海，東には響灘があり，大小様々な島が点在する。特に，瀬戸内海には周防大島があり，後述するように，独立した方言グループが立てられている(cf. 中川健次郎(1982 : 151))。また，日本海には萩市沖に見島，下関西部の響灘には蓋井島(ふたおいじま)があり，それぞれ特徴的な方言が見られる。

　人口面では，山口県のほぼ中央の内陸部にある山口市(県庁所在地)が 194,052 人となっている(平成 27 年 8 月 1 日現在・人口移動統計調査による。以下同様)。同じく中部の南側にある防府市が 115,675 人，西部にある下関市は 268,291 人，東部にある周南市は 144,358 人，北部にある萩市は 49,251 人である。山口県全体では 1,397,751 人(13 市 6 町)である(cf. http://www.pref.yamaguchi.lg.jp/cms/a12500/jinko/jinko.html(平成 27 年 9 月 3 日閲覧))。

　交通面では，山口県南部に山陽新幹線が走っている。それに沿うように，JR の在来線があり，そこから山口線などの幹線が伸びている。また，日本海側を走る山陰線もある。道路については，山陽道・中国道が県内を横断している。それらの西端には関門橋(昭和 48 年完成)や関門国道トンネル・関門トンネル人道(昭和 33 年完成)があり，北部九州と繋がっている。それゆえ，下関市は，対岸にある北九州市のベットタウンにもなっている。同様に，東部の周南市・岩国市もまた広島市のベットタウンとなっている。海路では徳山～大分竹田津，柳井～愛媛松山の間にフェリーが就航している。前述の周防大島には，昭和 51 年(1976)に大島大橋が架けられている。さらに，下関からは韓国の釜山港へのフェリーも就航している。

■方言区画

　以上のように，人の行き来が非常に盛んな立地のため，近隣地域の影響を受けや

すい傾向があるが，それでも従来の方言区画は残っているようである。伝統的には，山口県方言は図1のように分類される(cf. 中川健次郎(1982：151))。

また，地理的には図2のように区画されている(cf. 中川健次郎(1982：149))。

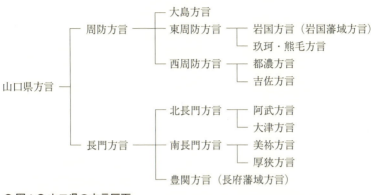

● 図1 ● 山口県の方言区画

● 図2 ● 方言区画図

● 図3 ●「とかげ」の方言地図
(cf. 岡野信子(1981：245))

● 図4 ●「とうもろこし」の方言地図の一
部(cf. 広戸惇(1965：364))

　図1から分かるように，山口県方言は大きく周防方言と長門方言の二つに分かれる。
　この状況は，語彙の面で顕著に現れている。例えば，『日本言語地図』(国立国語研究所(1966-1974))の「159 まわた(真綿)」では，周防域と長門域とで大きく分かれている。周防域ではマワタ類が現れているのに対し，長門域ではネバ類が現れている。なお，ネバ類は九州北部にも分布している。また，「224 とかげ(蜥蜴)」では，周防域にはトカケ類が，長門域にはトカキリ類が分布している(図3)。九州北部ではトカケ類とトカキリ類の両方が分布している(cf. 岡野信子(1981：244-246))。
　また，山口県を三分割する分布を見せる語もある。例えば，『中国地方五県言語地図』(広戸惇(1965))の「Fig. 104　とうもろこし」の分布は，図4のようになっている。図4では山口県は左側に位置しているが，西部にはトーキビが，東部にはナンマン，北部にはナンバンキビがそれぞれ分布していることが分かる。
　一方，文法項目に関しては，全体的に時間経過による歴史的な変化はほとんど見られないが，文末表現や活用形の一部においては世代差が見られる。例えば，藤原与一(1974)からは，山口方言の特色と言われている文末詞のノータ・ノンタ(～よね)が，少年層では周防大島及びその周辺の島嶼部にのみ分布していることが分かる。また，「64 聞かなかった」は，老年層においてはキカダッタ，少年層においてはキカンジャッタがそれぞれ優勢となっている。
　若年層において伝統的な表現が失われて

いる例は，藤田勝良・田原広史(1990 : 56-57)の「23　読んだ(音便)」にも見られる。60代では全域にヨーダが分布していたが，40代，20代になるにつれて，急速に消滅していることが分かる。20代では，共通語と同じヨンダがほぼ全域を占めている。

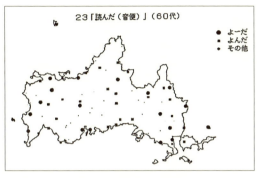

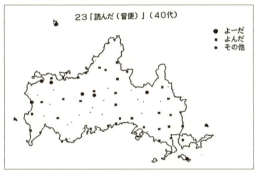

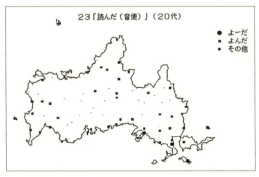

●図5●「読んだ」の言語地図
(cf. 藤田勝良・田原広史(1990 : 56-57))

方言の特徴

　ここでは，山口県方言の基本的な特徴だけを挙げ，詳細は「Ⅱ　県内各地の方言」で述べる。

1. 音声
■母音の特色
　母音は共通語と同じである。
　連母音の場合，融合が起こることがある。例えば，ai や ae の連母音は融合して，[æː]または[aː]となる。[æ]はア[a]とエ[e]の中間的な音声である。例：ケァール[kæːru](帰る)，アケァー[akæː](赤い)，エァール[æːru](会える)。この融合は，年代的には老年層で，地理的には長門でよく観察される。また，長門などでは「ない」がナー[naː]となることもある。

■半母音の特色
　直音化の傾向はない。
　合拗音のクヮ，グヮもない。例：カジ[kadʑi](火事)，ガンタン[gantaɴ](元旦)。

■子音の特色
　サ行・ハ行交替は限られた語彙に見られる。例：ヒチリン[çitɕiriɴ](七輪)，ヒチヤ[çitɕija](質屋)。
　ガ行鼻濁音は使用しない。例：リンゴ[riŋgo](林檎)。
　ザ行・ダ行交替は，長門や周防山間部を中心としてわずかに残存している。例：ドーキン[doːkiɴ](雑巾)，ダル[daru](笊)。
　セ[se]・ゼ[dze]がシェ[ʃe]・ジェ[dʑe]になることはないが，まれに聞かれる。
　ナ行・マ行・ラ行が撥音「ン」で現れることがある。例：ウチンジーチャン(うちの爺ちゃん)。

■アクセント

県内のほぼ全域で東京式アクセントの体系である(以下，○：低いアクセント，●：高いアクセント)。

 例：カオ○●(顔)，カオガ○●●(顔が)。
   イキ●○(息)，イキガ●○○(息が)。
   ヒジ○●(肘)，ヒジガ○●○(肘が)。

ただし，語彙的には共通語と異なるアクセントを持つ名詞もある。

 例：ナシ●○(梨)，ミドリ○●○(緑)，アラシ○●●(嵐)。

固有名詞でも，共通語と異なる場合がある。

 例：ヤマグチ●○○○(山口)，イワクニ●○○○(岩国)。
   ミチコ○●○(道子)，アキラ○●○(明)。

一方，見島方言のアクセントは，九州の筑前系アクセントと同系統であることが主張されている(cf. 添田建治郎(1987))。

2. 文法

■動詞

意志・志向形は，例えば「書く」であれば，カコーである。オキュー(起きる)のような形も見られる。

否定(打消し)形の活用語尾は，～ンである。否定形の過去には，～ダッタ，～ンジャッタ，～ンカッタが多く見られる。ここには世代差もあり，老年層では～ダッタが，若年層では～ンカッタの勢力が強い。例：イカダッタ・イカンカッタ(行かなかった)。

タ形・テ形の音便には，促音便，撥音便，ウ音便がある。共通語との相違点は，ウ音便がワ行・バ行・マ行の五段活用に現れることである。例：コータ(買った)，トーダ(飛んだ)，ヨーダ(読んだ)。ただし，若年層では，バ行・マ行の五段活用は撥音便に変化している。例：トンダ(飛んだ)，ヨンダ(読んだ)。また，瀬戸内海島嶼・沿岸域では，サ行イ音便が分布しているが，近年ではほとんど聞かれない。例：ダイテ(出して)。

仮定形は，カキャー(書けば)，ウケリャー(受ければ)となる。

命令形は，カケ・カキー(書け)が使用される。後者の方が，柔らかい表現で，女性が用いることが多い。敬意の接頭辞や文末詞が付いて，オカキー，カキーネなどとして使われることもある。

ナ行変格活用が残っている。例：シヌル(死ぬ)，イヌル(往ぬ)。

カ行変格活用やサ行変格活用は，共通語と同じである。ただし，老年層にはセ

タ・ヘタ(した)，セル(する)のような形も見られる。

■形容詞

否定形は，例えば「赤い」であれば，アコーネァー[akoːnæː](赤くない)となる。ナルが付くと，ウ音便が現れる。例：アコーナル(赤くなる)，ウレシューナル(嬉しくなる)。

仮定形は，アカケリャー(赤ければ)となる。

■形容動詞

共通語と同じである。例：キレーナ(きれいな)，マメナ(元気な)。

■助詞

助詞は，直前に来る名詞の末尾と音声的に融合する。例えば，「を」は，サキョー(酒を)，カキョー・カキュー(柿を)などのように現れる。また，「は」は，ヤマー(山は)，モナー(物は)，トリャー(鳥は)，サキャー(酒は)のようになる。これは，中国地方全域で起こる現象である。

文末助詞には，ジャ・ヤがある。ジャは東部・中部で，ヤは西部で顕著である。他にも，特徴的なものとしてソ・ホがある。おおよそ，ソは内陸部から北部・東部にかけて，ホは西部に分布している。ただし，中央南部では両方とも現れている。また，強い訴えかけを表す文末助詞〜イも広く分布している。例：ユーテ　キカシテモ　ワカランイノ(言って聞かせても分からないですよ)，ソレイネ(そうだね)。さらに，文末助詞「よね」に相当する〜ッチャという形も聞かれる。例：ブチワヤスルホッチャ(すごく無茶苦茶するよね)。

3. 語彙

程度を表す副詞の多さが目立っている。例えば，「とても」を意味する語として，長門では，ゴッポ(ー)，ドヒョーシ，ブチ，バクダイ，バクチン，チューニ，ジョーニなどが聞かれる。一方，周防では，ゴッポ(ー)，ドヨーシ，ヨイヨ，エットなどが聞かれる。ブチは県内全域に分布している。また，ブチ・ブリよりも程度が強い表現として，若年層を中心にブチクソ・マブリなどの言い方も聞かれる。ヨイヨは「全然〜ない」の「全然」を表すこともある。

物を数えるときの言い方として，助数詞「本」が使われるが，共通語ではイッポン・ニホン・サンボン・ヨンホンと数えるところ，山口方言ではイッポン・ニホン・サンボン・ヨンボンと数える。ヨンボンだけが特徴的である。

その他，俚言としては，ガンゼキ(熊手)，テミ(竹編みの笊)，スイバリ(棘)，ダイショ(多少)，ビッシャ(びっしょり)，ブルトッピン(大急ぎで)，ローマ(大葉春菊)などがある。これらの中には，スイバリのように方言だと意識していない語も多数ある。また，方言と意識していても，北九州・広島の方言と共通しているもの(例：タウ(手が届く))，さらには九州地方や中国地方に広く分布するもの(例：ナオス(片付ける))もある。

4. 表現法
■アスペクト
　時間の側面を表す表現として，～ヨル・～チョルが使用される。～ヨルは進行，～チョルは結果を表す。例：ハナガ　チリヨル(花が散りつつある)，ハナガ　チッチョル(花が散ってしまった状態にある)。ただし，近年，～チョルが進行を表す場合も現れてきている。
　改まった場面では，～トルが使用される。これは進行でも結果でも表すことができる。例：ハナガ　チットル(花が散りつつある，散ってしまった状態にある)。

■推量表現
　ほとんどの地域で，～ジャローが使用される。例：イクジャロー(行くだろう)。
　否定の推量は，イカンジャロー(行かないだろう)である。

■敬語
　丁寧表現形としては，～ゴンス，～ゴイス，～アリマスなどの特徴的なことばのほかに，共通語と同じ～デス，～マスなどがある。特に，～アリマスは，初頭拍が高くなるアクセントとともに，「アリマスことば」として特徴的である。
　また，動詞のテ形が尊敬語としても使用される。例：先生が来てんよ(先生が来られるよ)，来ちょっちゃって(来られていて)，先生は山口に住んじょってですいね(先生は山口に住んでいるのですよね)。
　このテ形は，敬意の高くない場合にも用いられる。例：～チャン　オッテ？(～ちゃん居る？)。

方言意識

　「方言が好きかどうか」「共通語に近い」などの言語意識に関しては，中川健次郎(1982：148)に，「他県に比してかなりの共通語に近い状態の方言であるといえる。(中略)また，五三年三月実施のNHK県民意識調査の結果では，この土地のことばを好きとした者は七〇・一％であり，地方なまりが出るのは，はずかしくはないとした者は八四・〇％であった。いずれも中国五県中，最高の比率であった。」という記述がある。

　藤田勝良・田原広史(1990：74-75)では，「32 自分の言葉は共通語に近いか」という質問に対して，60代・40代と20代とでは大きな違いが現れている。60代・40代では共通語に近いと思い，20代では思わないという比率が高くなっている。「共通語の使用は世代が若くなるにつれて増加する傾向が顕著であるのに，共通語との距離意識は逆に高年齢の人のほうが小さいようである。」(p.102)という記述も見られる。この傾向は，山口県だけではなく，全国的な傾向である。高年齢層においては，若年層よりも相対的に規範意識が高いためと考えられる。

　これに関連する調査項目として，「35 東京のことばと大阪のことばとどちらが好きか」がある。ここでは，60代は圧倒的に東京のことばが好きという結果となっている。40代・20代では，大阪のことばに対する支持もおおよそ半数となっている。このことから，やはり高年齢層の規範の対象は，東京のことば，即ち共通語であることが分かる。

　岡野信子編(1992)は高校生を対象とした方言意識調査の結果である。北九州市・下関市でそれぞれの方言に対するイメージを質問しているが，そこでは，北九州市で50.6％，下関市で66.7％が共通語に近いというイメージを持っている。この結果は，おおよそ藤田勝良・田原広史(1990：74-75)の結果と同じである。

　また，「この辺りの若い人とお年寄りでは言葉が違いますか」という質問には，「少し違う」「大変違う」をまとめて，北九州市では75.3％，下関市では77.1％となっており，やはり高校生は老年層のことばとの違いを認識しているようである。

　方言意識(言語意識)を調査する際に，しばしばアンケートという方法が採られるが，他の方法で方言意識をはかることもできる。例えば，『山口縣方言番附』(昭和

39年5月5日発行,杉本書店)には,次のようなことばが掲載されている。

	東方(周防之国)	西方(長門之国)
横綱	ええころはちべえ(出鱈目)	きもやき(人に心配をかけること)
大関	ぶすけ(よく怒るもの)	はぶてる(反抗する)
関脇	てんばをやく(いらぬ世話をする)	じゅうしれる(強情をはる)
小結	じらいう(強情をはる)	きんくろう(我侭勝手)

● 表1 ●『山口縣方言番附』の一部

また,山中六彦(1975)の付録の『防長方言番附一覧』は次のようになっている。

図6から上位の語を抜き出してみると,表2のようになる。

表から分かるように,表1ではすべての語彙が(表2でもいくつかの語彙が)人間の性格や状態を表したものである。しかも,これらはすべて嫌がられるマイナスの意味を表している。

問題は,これらの語がなぜ選択されたのかということである。これらの語は,その方言の代表として選択されたものである。即ち,選択者の方言意識がそこに反映されていると考えられる。

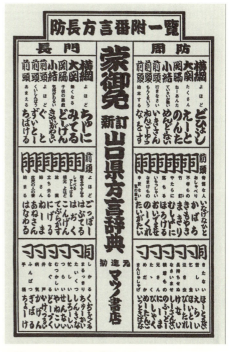

● 図6 ●『防長方言番附一覧』

	周防	長門
横綱	どひょうし(よほど)	ちゅーに(よほど)
大関	えーと(たくさん)	みてる(無くなる)
関脇	のんた(ねーあんた)	どーげん(子供の悪戯)
小結	めんどーない(ていさいが悪い)	きやいがわるい(気持がわるい)

● 表2 ●『防長方言番附一覧』の一部

　また，方言集においても同様のことが言える。例えば，有元光彦(2009)を見ると，次のようなマイナスの性格を表す語彙が掲載されている。

　　えーころはちべー(いい加減に)
　　じら(わがまま)
　　てんくら(仕事もなく信用ができない人)
　　びったれ(不精者)
　　へんくー(屁理屈をいう人，変わり者)

　やはりマイナスの性格を表す語彙は，選択されやすいようである。
　一方，有元光彦(2009)には「おいでませ」(いらっしゃいませ)，「それいね」(そうだよね，その通り)，「めんたし」(ごめんなさい)のような定型句も掲載されている。特に，「おいでませ」は日常会話では使用されていないが，観光キャッチフレーズに使用される，まさに山口方言の典型例である。これを観光キャッチフレーズに選んだ人にも，「おいでませ」が代表であるという同様の方言意識があったと思われる。
　このように方言意識が反映されるものが，近年増えてきた。お土産などの商品名にも多数方言が用いられている。防府商工会議所は「幸せます」という方言をブランドとして商標登録している(http://shiawasemasu.jp/参照)。防府天満宮の参道脇のお店に立ち寄ると，筆記用具，お菓子，お酒，コップ，茶碗，タオル，エプロンなど，「幸せます」ロゴが入っている商品が多数販売されている。図7は，防府商工会議所と防府商業高校とが協同開発したノベルティ商品の一つである。
　さらに近年では，方言が物とつながるだけでなく，人ともつながるようになった。地域独自の"ゆるキャラ"が現れて久しいが，ゆるキャラの名前に方言が用いられることは山口では見られない。また，山口のゆるキャラはしゃべらないため，その

口から方言が聞かれることもない。しかし、ゆるキャラのほかに、地域独自のキャラクターがいる。それは方言と密接な関わりがある。数年前山口市のテレビでは「CP戦士ぶちエージャー」という番組が放映されていた。いわゆる戦隊ものの番組であるが、ヒーローの名前には「ぶち」（とても）という方言が入っている。対する悪役には「わやスラー」と「わや」（無茶苦茶にする、悪事をはたらく）が付けられている。さらに、悪役の手下の名前は「テレンコ」「パレンコ」である。「てれんこぱれんこ」は「ふらふらする、ぐずぐずする」という意味である（cf. 有元光彦(2014)）。

さらに、近年、方言をしゃべる女子・男子が「方言女子」「方言男子」としてもてはやされている。レッカ社編(2010)では、山口方言をしゃべるイケメンは、「そねーなことしとらんとえーころはちべーに帰り」（そんなことしてないで、いい加減に帰りなさい）と言っている。

このように、方言は当初商品名のように物に付けられていたが、近年、キャラクターのような人名に使われるようになってきている。さらに、その人の発話にまで方言は及んでいる。いずれも、山口を象徴するもの、アイデンティティを主張するツールとして、方言は機能している。そして、そのとき、どのような方言が選ばれるか、そこに私たちの方言意識が反映されているのである。

●図7● 幸せますキャンデー

●図8● 山口方言をしゃべるイケメン

研究史と今後の課題

　山口県方言を扱った文献は，他の地域と比較すると相対的に少ないが，それでも非常に多くの研究が蓄積されている。ここでは，その中から象徴的なものを取り上げて簡単な解説を施していく。

　まず取り上げるべきものは，山中六彦(1967)『山口県方言辞典』(山口県地方史学会)，山中六彦(1975)『新訂　山口県方言辞典』(マツノ書店)である。それまでも様々な地域での方言集は多数存在していたが，県レベルのものはこれが最初である。全国方言または中国地方方言など，広域を対象とした辞典類の中で山口県方言が扱われることもある。例えば，藤原与一(1974)『瀬戸内海言語図巻』(東京大学出版会)，広戸惇(1965)『中国地方五県言語地図』(風間書房)，国立国語研究所(1966-1974)『日本言語地図』(大蔵省印刷局)，国立国語研究所(1989-2006)『方言文法全国地図』(財務省印刷局ほか)，大西拓一郎編(2016)『新日本言語地図―分布図で見渡す方言の世界―』(朝倉書店)などがある。近年では，有元光彦(2002)「山口県」(『都道府県別　全国方言小辞典』，三省堂)を初めとして，真田信治・友定賢治編(2007)『地方別　方言源辞典』(東京堂出版)，真田信治・友定賢治編(2011)『県別　罵詈雑言辞典』(東京堂出版)，真田信治・友定賢治編(2015)『県別　方言感情表現辞典』(東京堂出版)など全国の方言を対象とした辞典類の中で，山口方言の特徴的な語彙が掲載されている。

　1960年代頃から岡野信子氏の研究が見られる。岡野信子(1969)「山口県萩市方言の待遇表現法」(『国文学研究』5，梅光女学院大学国語国文学会)の萩市方言の研究に始まり，蓋井島や県境地域での研究が際立っている。また，所属していた大学の学生とともに梅光女学院大学方言研究会を立ち上げ，各地域の方言を精力的に記述している。例えば，梅光女学院大学国語国文学会方言研究会(1970)『下関市吉見方言の諸相』，岡野信子(1976)『山口福岡両県接境地域言語地図集』(梅光女学院大学日本文学会方言研究ゼミナール)，梅光女学院大学方言研究会(1984)『山口島根両県接境地域言語地図』などの報告書を作成している。

　全国の方言を対象とした書籍の中で，山口方言が取り上げられたものとしては，出穂澄子(1979)「地域別方言の特色―山口方言―」(『全国方言基礎語彙の研究序

説』，明治書院)がある。その後，辞典類の中で記述されたものとしては，藤田勝良(1992)「山口県方言」(『現代日本語方言大辞典』「総論編」，明治書院)，鏡味明克(1977)「山口県の方言」(『国語学研究事典』，明治書院)がある。

山口県方言の最初の本格的な研究書は，岡野信子・白木進編(1981)『論集山口県方言の研究』(笠間書院)であろう。この中には，「現代山口県方言研究の概況とその研究者たち」(白木進)，「山口県方言書目及び論文目録抄」(中川健次郎)があり，それまでの研究史が分かりやすく述べられている。

研究文献目録としては，岡野信子ほか(1994)『山口県方言資料研究文献目録』(梅光女学院大学方言研究会)を外せない。全国的なデータベースは，日本方言研究会編(2005)『20世紀方言研究の軌跡』(国書刊行会)を初めとして，日本方言研究会・日本語学会・国立国語研究所などのホームページにもあるが，山口県方言に特化したものとしては他に類を見ない。掲載件数は約740件である。発行当時は冊子体であったが，その後山口大学で電子化し，新たな文献も加えつつ，現在に至っている。

現在でも山口方言といって最初に参照されるものは，中川健次郎(1982)「山口県の方言」(『講座方言学8 中国・四国地方の方言』，国書刊行会)である。記述は簡潔でありながら，非常に網羅的・体系的なものとなっている。

山口県方言には音声的な特徴はほとんど見られないが，アクセントについては特異な方言がある。それは萩市見島の方言である。添田建治郎氏には，(1987)「萩市見島の方言アクセントをめぐって」(『国語学』148集，国語学会)を代表として，見島や山口市方言のアクセントの研究が多数ある。見島方言アクセントの研究には，他にも二階堂整(1986)「萩市見島のアクセント」(『語文研究』61，九州大学国語国文学会)，上野善道(1991)「見島方言の複合名詞のアクセント」(『東京大学言語学論集』11)などが見られる。さらに，池田史子(2006)「山口県徳地方言のアクセントー名詞のアクセント体系と複合名詞のアクセント規則についてー」(『山口県立大学国際文化学部紀要』12)を初めとする，氏による一連のアクセント研究も見逃せない。

方言研究というと主に語彙を対象としたものが多いが，文法的な現象を追究するものも増えている。例えば，藤田勝良(1981)「山口県長門市旧深川地区における待遇表現の諸相－補助動詞・助動詞的要素による尊敬表現－」(『日本語研究』4，東京都立大学日本語学研究会)，住田幾子(1980)「九州・山口県の「ゴト・ゴタル」について」(『日本方言研究会第31回研究発表会発表原稿集』)，平野尊識(1983)「山口市方言の動詞アクセント－規則化の試みー」(『山口大学文学会誌』34，山口大学人文学部文学会)などがある。また，近年では舩木礼子(1999)「山口方言の文

末詞「イネ」について」(『阪大社会言語学研究ノート』1号，大阪大学)を初めとする氏の詳細な記述研究が目立っている。

　最後になったが，地元の研究者による記述も貴重である。例えば，森川信夫氏には(2002)『面白くて為になる山口弁よもやま話[増補版]』(私家版)，(2004)『山口県方言基本発音体系』(私家版)などがある。特に後者では，詳細な音声・音韻の記述が成されている。また，阿部啓治(2016)『山口弁(周南地方)辞典』(私家版)もある。観光用としては，山口観光コンベンション協会(2001)『やまぐち方言帳』などがある。さらに，各地で市町村史が編纂され，その中で方言が扱われたり，個人または企業等が独自に方言集を編んだりしたものもあるが，いずれも主として俚言を取り上げたものであり，体系的な記述を目指したものではない。

　山口県方言研究の課題としては，まずは詳細な記述研究の推進であろう。特に，見島，周防大島などの島嶼部，関門海峡域を初めとする県境地域においては，現時点での方言状態の記述は言うまでもなく，過去の分布状況からどのように変化したのかといった動態研究も必要である。さらに，体系的な面から言えば，変化があまり起こらない項目にも注意すべきであろう。

II
県内各地の方言

周防方言

1. 音声面での特色

■母音の特徴

　全般的に共通語と同じで，ア[a]・イ[i]・ウ[ɯ]・エ[e]・オ[o]である。

　連母音の融合は，老年層のごく一部にのみ見られる。例：タコーネェー[næː]，タコーナー[naː](高くない)。また，動詞や形容詞の活用において，ウ音便として現れる。例：コータ(買った)，タコーナイ(高くない)，タコーナル(高くなる)。

　長音化も短音化もない。

　開合音の区別も見られない。

■子音の特徴

　全般的に共通語と同じである。

　ガ行鼻濁音はない。例：カガミ[kagami](鏡)。

　年配層では，ザ行がダ行になることがある。例：ダブトン[dabɯtoɴ](座布団)，ドーキン[doːkiɴ](雑巾)。

　サ行・ハ行交替は限られた語彙に見られる。例：ヒチリン[çitʃiriɴ](七輪)。

■半母音の特徴

　共通語と同様に，[w]，[j]が聞かれる。例：[kɯwa](桑)，[jɯbi](指)。

　直音化の傾向はない。

　合拗音のクヮ，グヮもない。例：カジ[kadʒi](火事)。

■拍の特徴

　周防方言の拍の一覧表を表1に挙げる(外来語音は除く)。全般的に共通語と同じである。

周防方言　19

ア	イ	ウ	エ	オ	ヤ	ユ	ヨ
a	i	ɯ	e	o	ja	jɯ	jo
カ	キ	ク	ケ	コ	キャ	キュ	キョ
ka	ki	kɯ	ke	ko	kja	kjɯ	kjo
ガ	ギ	グ	ゲ	ゴ	ギャ	ギュ	ギョ
ga	gi	gɯ	ge	go	gja	gjɯ	gjo
サ	シ	ス	セ	ソ	シャ	シュ	ショ
sa	ʃi	sɯ	se	so	ʃa	ʃɯ	ʃo
ザ	ジ	ズ	ゼ	ゾ	ジャ	ジュ	ジョ
dza	dʑi	dzɯ	dze	dzo	dʑa	dʑɯ	dʑo
タ	チ	ツ	テ	ト	チャ	チュ	チョ
ta	tʃi	tsɯ	te	to	tʃa	tʃɯ	tʃo
ダ			デ	ド			
da			de	do			
ナ	ニ	ヌ	ネ	ノ	ニャ	ニュ	ニョ
na	ɲi	nɯ	ne	no	ɲa	ɲɯ	ɲo
ハ	ヒ	フ	ヘ	ホ	ヒャ	ヒュ	ヒョ
ha	çi	ɸɯ	he	ho	ça	çɯ	ço
バ	ビ	ブ	ベ	ボ	ビャ	ビュ	ビョ
ba	bi	bɯ	be	bo	bja	bjɯ	bjo
パ	ピ	プ	ペ	ポ	ピャ	ピュ	ピョ
pa	pi	pɯ	pe	po	pja	pjɯ	pjo
マ	ミ	ム	メ	モ	ミャ	ミュ	ミョ
ma	mi	mɯ	me	mo	mja	mjɯ	mjo
ラ	リ	ル	レ	ロ	リャ	リュ	リョ
ra	ri	rɯ	re	ro	rja	rjɯ	rjo
ワ							
wa							
促音	撥音	長音					
(Q)	(N)	(R)					

●表1● 拍の一覧表（周防方言）

■アクセントの特徴
　基本的に東京式アクセントの体系である。しかし，所属する語彙には差異がある。例えば，1～3拍名詞のアクセントは，表2のようになる。
　また，共通語の影響により，平板型アクセントが頭高アクセントに変化している現象も報告されている。例えば，老年層・中年層では○●▶（斧が）であったものが，

	1拍	2拍	3拍
	○▶：矢，歯 ●▷：目，手	○●▶：姉，糸，板 ○●▷：石，歌，父 ●○▷：息，海，梨	○●●▶：額，枕，嵐 ○●●▷：頭，蕨，錦 ○●○▷：涙，命，緑 ●○○▷：夕べ，後ろ，鯨

（○，●は名詞を，▶，▷は助詞を表す。また，○，▷は低いアクセントを，●，▶は高いアクセントをそれぞれ表す。）

● 表2 ● 周防方言の名詞アクセント

若年層では●○▷に変化している(cf. 添田建治郎(1979))。

2. 文法面での特色

■動詞の特徴

活用形の特色として，まず未然形(否定形)には，〜ンが付く。例：オキン(起きない)，コン(来ない)，セン(しない)。周防大島ではヘン(しない)も聞かれる。過去の否定形は，イカダッタ(行かなかった)である。

連用形(タ形)は，共通語と同様，〜タが付く。例：ダシタ(出した)，カシタ(貸した)，ノンダ(飲んだ)。タ形では，ワ行五段活用動詞のみウ音便で現れる。例：コータ(買った)，ヤトータ(雇った)。

終止形は，オキル(起きる)のように，ほぼ共通語と同じである。ただし，マカス(任せる)，セル(する)，シヌル(死ぬ)のような独特な形も存在している。また，周防大島ではヘル(する)も聞かれる。

命令形は，例えばオキーヤ(起きろ)のような形が聞かれる。「する」の命令形はセー(ヤ)(しろ)であるが，周防大島では，ヘンサイ，ヘンカ，ヘニャーが聞かれる。

禁止形は，共通語と同様，〜ナが使用される。例：イクナ(行くな)。ただ，周防大島では，イキンサンナ(行くな)も聞かれる。

志向形は，共通語と同様，オキョー(起きよう)のようになるが，オキューもまれに聞かれる。

仮定形は，例えばオキリャー(起きれば)のような形が現れる。

■形容詞の特徴

ほぼ共通語と同じであるが，「〜ない」などが後続する場合，ウ音便が現れる。例：タコーナイ(高くない)，タコーナル(高くなる)，タコースル(高くする)。

連用形(タ形)も共通語と同じである。例：タカカッタ(高かった)。

■形容動詞の特徴
　共通語と同じである。例：キレー(きれい)，キレーナ(きれいな)，キレージャノー(きれいだな)。周防大島では，キレーナジャノー(きれいだな)という形も聞かれる。

■名詞の特徴
　名詞に後続する断定辞「だ」は，～ジャで現れる。例：センセージャ(先生だ)。また，その否定形にはジャ(ー)ナイ，過去形にはジャッタが使用される。例：センセージャ(ー)ナイ(先生ではない)，センセージャッタ(先生だった)。

3. 文末表現・述語の文法カテゴリーなど
■形式名詞
　形式名詞の「の」には，主に～ホが使用される。例：オーキーホガ　ホシー(大きなやつが欲しい)，ワシノホジャ(私のだ)，イクホジャ(行くのだ)。いずれも東部ではあまり聞かれない。西部の宇部では，ワシノソジャ(私のだ)，イクソジャ(行くのだ)のように，～ソが使われることもある。
　ホ，ソは文末助詞として使われることも多い。例：イクホ(行くよ)。

■格助詞
　到着点を表す「に」は，共通語と同じ～ニとして現れる。例：トーキョーニ　ツイタ(東京に着いた)。場所を表す「に」や受身文における動作者を表す「に」も，～ニで現れる。例：ココニ／ココエ　アル(ここにある)，イヌニ　オイカケラレタ(犬に追いかけられた)。

■副助詞
　「～ばかり」は，～バッカリが使用される。例：アメバッカリ(雨ばかり)。周防大島では，～ギリが聞かれる。例：アメギリ(雨ばかり)。
　「～ごと」は，～ゴトが使用される。例：カワゴト(皮ごと)。～ゴメも聞かれる。周防大島では，～ゴシが使用される。
　「～だけ」には，～ホドが聞かれることがある。例：カワホド(皮だけ)。

■アスペクト
　アスペクトは，西日本方言と同様，ヨル系とトル系の形が用いられる。例えば，進行を表す場合にはチリヨル((現在)散りつつある)が，結果を表す場合にはチッチ

ョル((すでに)散っている)がそれぞれ現れる。また，チッチョルは結果だけでなく，進行を表す場合にも使用される。

■回想・共有体験
　回想などを表わす場合には，〜イノーが使用される。例：イッタイノー(行ったなあ)。

■可能
　能力可能を表す場合には，副詞ヨーを使用することが多い。例：ヨー　ヨム((うちの孫は字を覚えたので，もう)読むことができる)。一方，状況可能を表す場合には，ヨメル((電灯が明るいので新聞を)読むことができる)のような形が使われる。ヨメルは能力可能でも使用されるため，形の上では能力可能と状況可能の区別はない。
　完遂を表す場合には，ヨメンジャッタ，ヨマレダッタ(読みきれなかった)のような形が使用される。周防大島では，ヨーヨマダッタも聞かれる。

■推量
　推量を表す場合には，〜ジャローが使用される。例：イクジャロー(行くだろう)。
　過去推量には，伝統的に〜ツローという形もあったが(例：キーツロー(聞いただろう))，現在では聞かれない。「聞いただろう」は，キーツローではなく，キータジャローで現れている。
　「〜じゃないか」の表現には，アローガ・アラーネ(あるじゃないか)のような形が用いられる。

■待遇
　いわゆる「テ敬語」が見られる。例：センセーガ　キテデ(＜父親に対して＞先生がいらっしゃるよ)。父親に対して「来い」と言う場合にも，キテヨ・キテーネ・キテといった形が使用される。
　ただし，土地の目上の人に対して言う場合には，オイデマセ，イラッシャイ(来い)が用いられる。「オイデマセ」は現在ではほとんど聞かれない。

■挨拶
　挨拶は，共通語と同じであるが，柳井市ではオジャマデアリマシタノー，オジャマシマシタノンタ(ありがとう＜買い物時＞)のような古い形も残っている。

長門方言

1. 音声面での特色

■母音の特徴

　全般的に共通語と同じで，ア[a]・イ[i]・ウ[ɯ]・エ[e]・オ[o]である。

　連母音の融合は，老年層のごく一部にのみ見られる。例えば，豊浦では，センセージャ(ー)ナー[naː](先生ではない)という発音が聞かれる。また，動詞や形容詞の活用において，ウ音便として現れる。例：コータ(買った)，タコーナイ(高くない)，タコーナル(高くなる)。また，アカー[akaː](赤い)，フテー[ɸɯteː](太い)，アルー[arɯː](洗う)も聞かれる。

　名詞の末尾と格助詞との融合も見られる。例：アリャー[arjaː](あれは)，トシュー[toʃɯː](年を)。

　長音化も短音化もない。

　開合音の区別も見られない。

■子音の特徴

　全般的に共通語と同じである。

　ガ行鼻濁音はない。例：カガミ[kagami](鏡)。

　年配層では，ザ行がダ行になることがある。例：ダブトン[dabɯtoɴ](座布団)，ドーキン[doːkiɴ](雑巾)。

■半母音の特徴

　共通語と同様に，[w]，[j]が聞かれる。例：[kɯwa](桑)，[jɯbi](指)。

　直音化の傾向はない。

　合拗音のクヮ，グヮもない。例：カジ[kadʒi](火事)。

■拍の特徴

　長門方言の拍は，周防方言(表1)と同じである。全般的に共通語と同じである。

■アクセントの特徴
　基本的に東京式アクセントの体系である。所属する語彙には差異があるが，例えば，1～3拍名詞のアクセントは，周防方言(表2)と同様である。

2. 文法面での特色
■動詞の特徴
　活用形の特色として，まず未然形(否定形)には，～ンが付く。例：オキン(起きない)，コン(来ない)，セン(しない)。過去の否定形には，～ンジャッタ，～ンヤッタ，～ザッタが使用される。例：イカンジャッタ・イカンヤッタ・イカザッタ(行かなかった)，セザッタ(しなかった)。
　連用形(タ形)には，共通語と同様，～タが付く。例：ダシタ(出した)，カシタ(貸した)。タ形では，ウ音便が見られる場合がある。例：コータ(買った)，ノーダ(飲んだ)。「飲んだ」では，ノンダという撥音便の形も見られる。
　終止形は，共通語とほぼ同じである。例：オキル(起きる)，マカセル(任せる)，スル(する)。「任せる」には，マカスという独特な形もある。ただし，ナ行五段活用動詞では，シヌル(死ぬ)，イヌル(帰る)のような形が見られる。
　命令形は，例えばオキー(起きろ)，セー(しろ)のような形が聞かれる。
　禁止形は，共通語と同様，～ナが使用される。例：イクナ(行くな)。
　志向形は，オキョー・オキョー(起きよう)のような形が現れる。
　仮定形は，～スリャーが使用される。例：オキリャー(起きれば)。

■形容詞の特徴
　ほぼ共通語と同じであるが，「～ない」などが後続する場合，ウ音便が現れる。例：タコーナイ(高くない)，タコーナル(高くなる)，タコースル(高くする)。
　連用形(タ形)も共通語と同じである。例：タカカッタ(高かった)。

■形容動詞の特徴
　共通語と同じである。例：キレー(きれい)，キレージャノー・キレーナノー(きれいだな)，マメナ(達者だ)，ラクナ(楽だ)，シズカナ(静かだ)。

■名詞の特徴
　名詞に後続する断定辞「だ」は，～ジャで現れる。例：センセージャ(先生だ)。この否定形は，センセージャ(ー)ナイ(先生ではない)となる。豊浦ではセンセージャ(ー)ナーという形になる。また，過去形はセンセージャッタ(先生だった)となる。

3. 文末表現・述語の文法カテゴリーなど

■形式名詞

　形式名詞「の」は，周防方言と同じく〜ホが使用される。例：オーキーホガ　ホシー(大きなやつが欲しい)，ワシノホジャ(私のだ)，イクホジャ(行くのだ)。

■格助詞

　到着点を表す「に」などは，周防方言と同じである。例：トーキョーニ　ツイタ(東京に着いた)，ココニ／ココエ　アル(ここにある)，イヌニ　オイカケラレタ(犬に追いかけられた)。

■副助詞

　「〜ばかり」「〜ごと」「〜だけ」といった副助詞は，周防方言と同じである。例：アメバッカリ(雨ばかり)，カワゴト(皮ごと)，カワホド(皮だけ)。

■アスペクト

　アスペクトについても，周防方言と同じく，ヨル系とトル系の形が用いられる。例えば，進行を表す場合にはチリヨル((現在)散りつつある)が，結果を表す場合にはチッチョル((すでに)散っている)がそれぞれ現れる。また，チッチョルは結果だけでなく，進行を表す場合にも使用される。

■回想・共有体験

　回想などを表す場合には，〜イノーが使用される。例：イッタイノー(行ったなあ)。

■可能

　能力可能を表す場合にも，状況可能を表す場合にも，例えば「読む」であれば，ヨメルという形を使用する。例：ヨメル((うちの孫は字を覚えたので，もう)読むことができる)，ヨメル((電灯が明るいので新聞を)読むことができる)。

　完遂を表す場合には，ヨメンジャッタ・ヨメンヤッタ(読みきれなかった)のような形が使用される。

■推量

　推量を表す場合，〜ジャローが用いられる。例：イクジャロー(行くだろう)。また，〜ローが聞かれることもある。例：イクロー(行くだろう)。

過去推量では，イッタロー(行っただろう)，キタロー(来ただろう)のような形も伝統的には見られたが，現在ではイッタジャロー(行っただろう)，キタジャロー(来ただろう)が主流となっている。

　「〜じゃないか」の場合には，例えばアローガネ・アルジャナーカ(あるじゃないか)のような形が聞かれる。

■待遇

　周防方言と同様，様々な形で「テ敬語」が見られる。例：センセーガ　キテヤネ(＜父親に対して＞先生がいらっしゃるよね)，オッテナカッタ(いらっしゃらなかった)，デテヤッタ(出られた)，カエッチャッタラ(帰られたら)。

　ただし，土地の目上の人に対しては，共通語と同じ形が用いられる。例：キテクダサイ・イラッシャイ(＜土地の目上に対して＞来い)。

　また，動詞の前に「オ」が付けられて，敬語になる場合も見られるが，全体で一つの表現になっているようである。例：オミー(ごらん)，オシンナ(なさるな)。

■挨拶

　挨拶は，共通語と同じである。ただ，豊浦町ではオーケニ，オーキニ(ありがとう＜買い物時＞)という言い方が聞かれる。

萩方言

1. 音声面での特色

■母音の特徴

全般的に共通語と同じで、ア[a]・イ[i]・ウ[ɯ]・エ[e]・オ[o]である。

連母音の融合は、老年層のごく一部にのみ見られ、語彙的にも限定されている。特に、動詞や形容詞の活用においては、ウ音便として現れる。例：コータ(買った)、タコーナイ(高くない)、タコーナル(高くなる)。

長音化も短音化もない。

開合音の区別も見られない。

■子音の特徴

全般的に共通語と同じである。

ガ行鼻濁音はない。例：カガミ[kagami](鏡)。

この地域ではザ行がダ行になる現象は見られない。例：ザブトン[dzabɯtoɴ](座布団)。

■半母音の特徴

共通語と同様に、[w]、[j]が聞かれる。例：[kɯwa](桑)、[jɯbi](指)。

直音化の傾向はない。

合拗音のクヮ、グヮもない。例：カジ[kadʑi](火事)。

■拍の特徴

萩方言の拍は、周防方言(表1)と同じである。全般的に共通語と同じである。

■アクセントの特徴

基本的に東京式アクセントの体系である。1~3拍名詞のアクセントは、周防方言(表2)と同様であるが、語彙によっては異なることがある。例えば、周防方言と萩市沖の見島方言の2拍名詞のアクセントを比較してみると、表3のようになる。

周防方言	見島方言
○●▶：姉，糸，板	○●▶：姉，糸，板，息，海
○●▷：石，歌，父	○●▷：父
●○▷：息，海，梨	●○▷：梨，石，歌

● 表3 ● 周防方言と見島方言の2拍名詞アクセント ──

　表3に見られる語は，2拍名詞のごく一部であるが，それでも「息，海」「石，歌」のアクセントが異なっていることが分かる。

　また，見島のアクセントは系統的にも特徴がある。添田建治郎(1987)によると，見島系アクセントは，九州の筑前系アクセントと同じ祖形から分派したのではないかと仮定している。

　理由の一つとして，母音の無声化がアクセントに影響を及ぼすかどうかについて挙げられている。近隣の山陽式諸方言では無声化が目立たないことから，系統は異なると考えられている。見島方言のアクセントでは，母音の無声化がアクセントに影響を与える。例えば，「菊，草，咳，蛸，神，匙」のような語においては，●○▷→○●▷という変化が起こっている。この変化は，第1拍目の母音が無声化する場合(第1拍目の母音が狭母音で，しかもその前後に無声子音がある場合)に起こりやすいようである。

　また，近隣の豊前系アクセントや筑前系アクセントを比較した上で，別の理由も挙げている。例えば，現在の第一・二類の語(牛，口，岩，川など)において，豊前系アクセントは○●▶であるが，筑前系アクセントや見島方言アクセントはそうならない(見島方言アクセントは○●▷)ことから，筑前系アクセントと見島方言アクセントは同じ系統のアクセントであることを理論的に示している(cf. 添田建治郎(1987：43-46))。

2. 文法面での特色
■動詞の特徴

　活用形の特色として，まず未然形(否定形)には，〜ンが付く。例：オキン(起きない)，コン(来ない)，セン(しない)。過去の否定形には，〜ダッタ，〜カッタが使用される。例：イカダッタ・イカンカッタ(行かなかった)。

　連用形(タ形)では，共通語と同様，〜タが付く。例：ダシタ(出した)，カシタ(貸した)。タ形では，ウ音便や撥音便が現れる場合がある。例：コータ(買った)，ノンダ・ノーダ(飲んだ)。

終止形は、ほぼ共通語と同じである。例：オキル(起きる)、スル(する)。ナ行五段活用動詞ではシヌル(死ぬ)のような形が聞かれる。

命令形は、例えばオキーヤ(起きろ)、セー(ヤ)(しろ)のような形が聞かれる。

禁止形は、例えばイクナ・イクンナ・イクンナイヤ(行くな)のようになる。

志向形は、共通語と同様、例えばオキョー(起きよう)のような形が現れる。ただ、オキューもまれに聞かれる。

仮定形は、例えばオキリャー(起きれば)のような形になる。

■形容詞の特徴

ほぼ共通語と同じであるが、「〜ない」などが後続する場合、ウ音便が現れる。例：タコーナイ(高くない)、タコーナル(高くなる)、タコースル(高くする)。

連用形(タ形)も共通語と同じである。例：タカカッタ(高かった)。

■形容動詞の特徴

共通語と同じである。例：キレー(きれい)、キレーナ(きれいな)、キレーナノー(きれいなね)。

■名詞の特徴

名詞に後続する断定辞「だ」は、周防方言・長門方言と同様、〜ジャで現れる。例：センセージャ(先生だ)。この否定形は、センセージャ(ー)ナイ(先生ではない)となる。また、過去形はセンセージャッタ(先生だった)となる。

3. 文末表現・述語の文法カテゴリーなど

■形式名詞

形式名詞「の」は、周防方言・長門方言とは異なり、〜ソが用いられる。例：オーケナソガ　ホシー(大きなやつが欲しい)、オレノソジャ(私のだ)、イクソイノ(行くのだ)。ただし、イクソイノ(行くのだ)の「ソ」は東部ではあまり見られない。

■格助詞

到着点を表す「に」は、共通語と同じ〜ニである。例：トーキョーニ　ツイタ(東京に着いた)。場所を表す「に」は、〜ニの他に〜イが現れる。例：ココニ／コイ　アル(ここにある)。この「イ」は、受身文の動作者を表す場合にも使用される。例：イヌニ／イヌイ　オイカケラレタ(犬に追いかけられた)。

■副助詞
　「〜ばかり」「〜ごと」といった副助詞は，周防方言・長門方言と同じである。例：アメバッカリ(雨ばかり)，カワゴト(皮ごと)。
　「〜だけ」は，共通語と同じ〜ダケである。例：カワダケ(皮だけ)。

■アスペクト
　アスペクトについても，周防方言・長門方言と同じく，ヨル系とトル系の形が用いられる。例えば，進行を表す場合にはチリヨル((現在)散りつつある)が，結果を表す場合にはチッチョル((すでに)散っている)がそれぞれ現れる。また，チッチョルは結果だけでなく，進行を表す場合にも使用される。

■回想・共有体験
　回想などを表す場合には，〜イノー・エノーが使用される。例：イッタイノー・イッタエノー(行ったなあ)。

■可能
　能力可能を表す場合には，副詞ヨーを使用することが多い。例：ヨー　ヨム((うちの孫は字を覚えたので，もう)読むことができる)。一方，状況可能を表す場合には，ヨメル((電灯が明るいので新聞を)読むことができる)のような形が使われる。ヨメルは能力可能でも使用されるため，形の上では能力可能と状況可能の区別はない。
　完遂を表す場合には，ヨミキレンジャッタ(読みきれなかった)のような形が使用される。

■推量
　推量を表す場合，〜ジャローが用いられる。例：イクジャロー(行くだろう)。
　「〜じゃないか」の場合には，例えばアルジャナイカ(あるじゃないか)といった，共通語と同じ形が聞かれる。

■待遇
　周防方言・長門方言と同様，「テ敬語」が使用される。例：センセーガ　キテジャカラ(＜父親に対して＞来ていらっしゃるから)。
　ただし，土地の目上の人に対して「来い」と言う場合，オイデマセが使用されることもある。

■挨拶
　挨拶は，共通語と同じである。ただ，買い物のあと，店を出るときには，アリガトーのような形は使用せず，オジャマシマシタ，ゴクローサマという形が聞かれる。

【Ⅰ章・Ⅱ章の付記】

「Ⅰ　総論」「Ⅱ　県内各地の方言」については，執筆者が研究協力者として参加した国立国語研究所共同研究プロジェクト「方言の形成過程解明のための全国方言調査」(2010～2015年度，プロジェクトリーダー：大西拓一郎)による山口県のデータに基づいている。データの使用許可をくださった共同研究者・研究協力者の方々に深く感謝します。

【Ⅰ章・Ⅱ章の参考文献】

阿部啓治(2016)『山口弁(周南地方)辞典』私家版

有元光彦(2000)「各地方言の食生活語彙を散歩する・中国」『日本語学』19巻7号(明治書院) pp. 71-73.

有元光彦(2001)「山口県小野田市方言における談話のアスペクトー疑問詞疑問文の応答文をターゲットとしてー」平成11-12年度文部省科学研究費補助金・基盤研究(B)・研究成果報告書『方言のアスペクト・テンス・ムード体系変化の総合的研究』pp. 37-50.

有元光彦(2002)「山口県」佐藤亮一編(2002)　pp. 146-149.

有元光彦(2003)「山口・岡山」井上史雄・吉岡泰夫監修『中国・四国の方言　調べてみよう暮らしのことば』ゆまに書房　pp. 12, 14, 20, 23-24, 27, 31-32, 37, 40-44.

有元光彦(2007)「中国」真田信治・友定賢治編『地方別　方言語源辞典』東京堂出版　pp. 196-219.

有元光彦(2009)「山口県」佐藤亮一編『都道府県別　全国方言辞典』三省堂　pp. 282-289.

有元光彦(2011)「岡山県・山口県」真田信治・友定賢治編『県別　罵詈雑言辞典』東京堂出版　pp. 142-145, 150-153.

有元光彦(2014)「方言の運用力」『中國新聞　夕刊』「でるた」平成26年7月11日　中國新聞社

有元光彦(2015)「岡山県・山口県」真田信治・友定賢治編『県別　方言感情表現辞典』東京堂出版

池田史子(2006)「山口県徳地方言のアクセントー名詞のアクセント体系と複合名詞のアクセント規則についてー」『山口県立大学国際文化学部紀要』12号　pp. 11-21.

池田史子(2007)「山口県における方言アクセントの世代差－3拍名詞アクセントを中心にー」『山口県立大学国際文化学部紀要』13号　pp. 1-6.

池田史子(2008)「山口方言における特殊拍とアクセントの関係」『山口県立大学国際文化学部紀要』14号　pp. 37-45.

池田史子(2011)「目で見るやまぐち方言」『大学的やまぐちガイドー「歴史と文化」の新視点ー』山口県立大学国際文化学部編　昭和堂　pp. 227-233.

池田史子・玉岡賀津雄(2013)「山口方言の特殊モーラを含む語の産出におけるアクセント核

の位置に関する世代間比較」『山口県立大学学術情報』6　pp. 25-31.
出穂澄子(1979)「地域別方言の特色－山口方言－」平山輝男編『全国方言基礎語彙の研究序説』明治書院　pp. 194-197.
出穂澄子(1979)「方言基礎語彙部分体系の記述－山口県徳地町方言－」平山輝男編『全国方言基礎語彙の研究序説』明治書院　pp. 380-385.
上野善道(1991)「見島方言の複合名詞のアクセント」『東京大学言語学論集』11(東京大学文学部言語学研究室)pp. 1-100.
大西拓一郎編(2016)『新日本言語地図－分布図で見渡す方言の世界－』朝倉書店
岡野信子(1969)「山口県萩市方言の待遇表現法」『国文学研究』5(梅光女学院大学国語国文学会)pp. 175-186.
岡野信子編(1976)『山口福岡両県接境地域言語地図集』梅光女学院大学日本文学会方言研究ゼミナール
岡野信子(1981)「言語地図に見る山口県の方言」岡野信子・白木進編(1981)　pp. 231-273.
岡野信子編(1992)「下関市・北九州市－高校生の言語意識と言語状況－」『梅光方言研究』9号(梅光女学院大学方言研究会)
岡野信子・白木進編(1981)『論集山口県方言の研究』笠間書院
岡野信子ほか(1994)『山口県方言資料研究文献目録』梅光女学院大学方言研究会
鏡味明克(1977)「山口県の方言」佐藤喜代治編『国語学研究事典』明治書院　p. 441.
木村晟ほか編(2006)『近代日本方言資料集[郡誌編]第7巻／中国・四国』港の人
国立国語研究所(1966-1974)『日本言語地図』大蔵省印刷局
国立国語研究所(1989-2006)『方言文法全国地図』財務省印刷局ほか
佐藤亮一編(2002)『都道府県別　全国方言小辞典』三省堂
住田幾子(1980)「九州・山口県の「ゴト・ゴタル」について」『日本方言研究会第31回研究発表会発表原稿集』(日本方言研究会)
住田幾子(2004)「山口県豊浦郡豊北町1978解説」『全国方言談話データベース　日本のふるさとことば集成　第15巻　広島・山口』国書刊行会　pp. 124-132.
添田建治郎(1979)「山口市内の方言アクセント－「共通語」化の側面を中心に(一)－」『山口国文』2号(山口大学文理学部国語国文学会)pp. 50-62. [再録：岡野信子・白木進編(1981)pp. 135-158.]
添田建治郎(1987)「萩市見島の方言アクセントをめぐって」『国語学』148集(国語学会)
中川健次郎(1982)「山口県の方言」飯豊毅一ほか編『講座方言学8　中国・四国地方の方言』国書刊行会
二階堂整(1986)「萩市見島のアクセント」『語文研究』61(九州大学国語国文学会)pp. 54-61.

日本方言研究会編(2005)『20世紀方言研究の軌跡』国書刊行会
梅光女学院大学国語国文学会方言研究会(1970)『下関市吉見方言の諸相』私家版
梅光女学院大学方言研究会(1984)『山口島根両県接境地域言語地図』(梅光方言研究4)私家版
平野尊識(1983)「山口市方言の動詞アクセント―規則化の試み―」『山口大学文学会誌』34 (山口大学人文学部文学会) pp. 95-109.
広戸惇(1965)『中国地方五県言語地図』風間書房
藤田勝良(1981)「山口県長門市旧深川地区における待遇表現の諸相―補助動詞・助動詞的要素による尊敬表現―」『日本語研究』4 (東京都立大学日本語学研究会) pp. 57-66.
藤田勝良(1992)「山口県方言」平山輝男編『現代日本語方言大辞典』「総論編」明治書院 pp. 239-244.
藤田勝良・田原広史(1990)『山口県域の方言動態小報告―通信調査の結果による概観―』私家版
藤原与一・広島方言研究所(1974)『瀬戸内海言語図巻』東京大学出版会
舩木礼子(1999)「山口方言の文末詞「イネ」について」『阪大社会言語学研究ノート』1号 pp. 53-60.
舩木礼子(2000)「山口方言の文末詞チャ」『阪大社会言語学研究ノート』2号 pp. 25-34.
舩木礼子(2000)「引用表現形式に由来する文末詞の対照―山形市方言ズ,山口方言チャ,東京方言ッテ・ッテバについて―」『阪大社会言語学研究ノート』2号 pp. 35-46.
舩木礼子(2001)「山口方言の文末に見られるジャについて―断定辞のジャと文末詞のジャ―」『阪大社会言語学研究ノート』3号 pp. 94-109.
舩木礼子(2014)「山口県東周防方言(要地方言の活用体系記述)」方言文法研究会編『全国方言文法辞典資料集(2) 活用体系』 pp. 112-124.
森川信夫(2002)『面白くて為になる山口弁よもやま話[増補版]』私家版
森川信夫(2004)『山口県方言基本発音体系』私家版
山口観光コンベンション協会(2001)『やまぐち方言帳』
山中六彦(1967)『山口県方言辞典』山口県地方史学会
山中六彦(1975)『新訂 山口県方言辞典』マツノ書店
レッカ社編(2010)『乙女心ねらい撃ち!胸キュン★方言男子コレクション 47都道府県擬人化』株式会社カンゼン発行

III

方言基礎語彙

調査地点：徳地町

凡　例

1　配列
　a．本章は，全国的に調査した項目(方言基礎語彙項目)についての，本地域の方言をまとめたものである。
　b．初めに調査項目(共通語形)を掲げ，それに対照させる形で，その意味に該当する方言形を見出し語として掲げた。「新のみ」は，調査時期が比較的新しいことを示す。
　c．配列は調査項目の五十音順によった。
2　見出し語
　a．見出し語はカタカナ表記にし，アクセントの下がり目を ⌐ で示した。ガ行鼻濁音はガギグゲゴで記した。
　b．見出し語に対応させて，音声表記を示した。アクセントは高く発音される部分に一線を示し，拍内の下がり目は⌢で示した。音声表記は，(1)ファ行音は[F]で示す。(2)ガ行子音は[g]，ガ行鼻濁音は[ŋ]で示す。(3)不完全鼻音(例：ヨンホン〈四本〉)のンは[n̥]で示す。(4)中舌母音は[ï][ü]のように示す。(5)平唇のウは[ɯ]，円唇のウは[u]で示す。(6)母音の無声化は，母音の下に[̥]を付す(例：aʃita〈明日〉)。(7)イに近いエは，eの下に[・]を付す(例：ẹmo〈芋〉)。
　c．品詞は，名詞(名)，動詞(動)，形容詞(形)を示した。
　d．意味説明
　　① 意味は①②③…として説明し，文例を採取したものはそれも示した。
　　② 文例はカタカナ表記・共通語訳の順で示し，文例中の見出し語と同じ部分については―で示した。

あ

■ああ【彼様】《助詞・助動詞・その他》
アネー[aneː]
■あいきょう【愛嬌】《行動・感情》⇒あいそう
アイキョー[aikjoː]《名》──ガ エ゛ー(愛嬌がよい)。エァーキョーとも。⇒あいそう
■あいさつ【挨拶】《社会・交通》
エァーサツ[æːsatsu]《名》
■あいそう【愛想】《行動・感情》
アイソー[aisoː]《名》アイキョーとほぼ同じ。⇒あいきょう
■あいだ【間】《時間・空間・数量》
エァーダ[æːda]《名》①年齢などの隔たり。ウエノ コト シタノ コノ ──(上の子と下の子の間)。②挟まれた部分。ツクエト ツクエノ ──(机と机の間)。
■あいつ【彼奴】《助詞・助動詞・その他》
アレ[are]
■あいつら【彼奴等】《助詞・助動詞・その他》
アレラ[arera]
■あう【会う】《社会・交通》
ア゛ウ[au]《動》アワン, オ゛ータ, ア゛イマス。トモダチー オ゛ータ(友達に会った)。
■あお【青】《時間・空間・数量》⇒みどり
ア゛オ[ao]《名》青いインクの色をア゛オと言う。
ソライロ[sorairo]《空色》《名》空の色。
■あおい【青い】《時間・空間・数量》
アオェー[aøː]《形》──トキ ワタル(〈信号が〉青い時に渡る)。
■あおだいしょう【青大将】《動物》
アオダーショー[aodæːʃoː]《名》
■あか【垢】《人体》
アカ[aka]《名》アカー オトス(垢を落とす)。

コケ[koke]《名》方言意識が強く, あまり用いられないが, 古くはコケと言っていたようだ。
■あか【赤】《時間・空間・数量》
ア゛カ[aka]《名》日の丸の色も言う。
■あかい【赤い】《時間・空間・数量》
アケァー[akæː]《形》アコーナ゛ル, アカケ゛リャー。トマトガ アコーナ゛ル(トマトが赤くなる)。
■あかり【明かり】《住》
ヒ[çi]《灯》《名》日常, 灯は電気によるが, デンキョー ツケ゛ル(電気をつける)と言うのは最近で, 昔はヒョー ツケ゛ル(灯をつける)と言った。
■あがりぐち【上がり口】《住》
アガリハナ[agarihana]《上り端》《名》アガリハネァー コショー カケ゛ル(上がり口へ腰を掛ける)。
■あがる【上がる】《時間・空間・数量》
アガル[agaru]《動》アガラン, アガッタ, アガリ゛マス。①ヤネー ──(屋根に上がる)。ケァーダンオ ──(階段を上がる)。②ヤ゛チンガ ──(家賃が上がる)。オンドガ ──(温度が上がる)。ネツガ ──(熱が上がる)。③ア゛メガ ──(雨が上がる)。
■あかるい【明るい】《天地・季候》⇒あかい, あか
アケァー[akæː]《明かい・赤い》《形》アカケ゛リャー, アコーナ゛ル。── ヘヤ(明るい部屋)。
■あかんぼう【赤ん坊】《人間関係》
アカンボ[akambo]《名》
■あき【秋】《天地・季候》
ア゛キ[aki]《名》
■あきらめる【諦める】《行動・感情》
アキラメル[akirameru]《動》アキラメン, アキラメタ, アキラメ゛マス。リョコーオ ──(旅行をあきらめる)。
■あきる【飽きる】《行動・感動》
アキル[akiru]《動》アキン, ア゛キタ, ア

キマス。シゴトニ ──(仕事に飽きる)。
■**あくび**【欠伸】《人体》
アクビ[akubi]【名】── ガ デール(欠伸が出る)。
■**あぐら**【胡座】《人体》
ヒザー クーム[çidza: kumu]【膝を組む】あぐらをかく。「あぐら」に該当する名詞形はない。ヒザー クンダホーガ ラクーナヨ(あぐらをかくほうが楽だよ)。
■**あけのみょうじょう**【明けの明星】《天地・季候》
アケノミョージョー[akenomjo:ʒo:]【名】日常生活では用いない。
■**あける**【開ける】《住》
アケル[akeru]【動】アケン,アケタ,アケーマス。マードー ──(窓を開ける)。
■**あげる**【上げる・揚げる】《時間・空間・数量,食》
アゲル[ageru]【動】アゲン,アゲタ,アゲーマス。①テョー ──(手を上げる)。ディーガクィー ──(大学に上げる)。②ヒョーオ ヤスー ──(費用を安く上げる)。③テンプラー ──(てんぷらを揚げる)。
■**あご**【顎】《人体》
アーゴ[ago]【名】下あご,おとがい。オトゲァーと言うこともある。上あご・硬口蓋には,アーゴは用いずウワアーゴと言う。
オトゲァー[otogæ:]【名】あご先のこと。
ウワアーゴ[ɯwaago]【上顎】【名】上あご,硬口蓋。ウワアーゴー ヤケド シタ(上あごを火傷した)。
■**あさ**【朝】《時間・空間・数量》
アーサ[asa]【名】── ガ ハイェァー(朝が早い)。
■**あさ**【麻】《植物,農・林・漁業》
アサ[asa]【名】
■**あざ**【字】《社会・交通》
アーザ[adza]【名】
■**あさい**【浅い】《天地・季候》
アセァー[aɕæɪ]【形】アサケー ヤー,アソー

ナール。── カワ(浅い川)。
■**あさがお**【朝顔】《植物》
アサーガオ[asagao]【名】
■**あさせ**【浅瀬】《天地・季候》
アサセ[asase]【名】日常あまり用いない。
■**あさって**【明後日】《時間・空間・数量》
アサッテ[asatte]【名】── デ オワル(明後日で終わる)。
■**あさひ**【朝日】《天地・季候》
アサーヒ[asaçi]【名】
■**あさめし**【朝飯】《食》
アサゴーハン[asagohaɴ]【朝御飯】【名】
■**あさり**【浅蜊】《動物》
該当する語形は,得られなかった。ハマグーリとか,ケァーとか言っているものの中に,あさりも含まれているのかもしれない。⇨かい
■**あし**【足】《人体》
アシ[asi]【名】①下肢全体。②足首から先の部分。③足どり。── ガ オモェー(足が重い)。④歩くこと。── ガ ハイェァー(足が速い)。⑤動物の足。── ガ ナガェ(足が長い)。
■**あじ**【鯵】《動物》
アジ[adʒi]【名】
■**あじ**【味】《食》
アジ[adʒi]【名】
■**あしあと**【足跡】《人体》
アシアート[aɕiato]【名】
■**あしくび**【足首】《人体》
アシクービ[aɕikubi]【名】
■**あした**【明日】《時間・空間・数量》
アシター[aɕita]【名】アシター ハレール(明日は晴れる)。
アス[asu]【明日】【名】高年層で用いる。アサー ハレヨー(明日は晴れるだろう)。
■**あしのうら**【足の裏】《人体》
アシノウラ[aɕinoura]【名】
■**あしのこう**【足の甲】《人体》
アシノコー[aɕinoko:]【名】

■あしゃ【啞者】《人体》
ウグシ[uguʃi]《名》
ウブシ[ubuʃi]《名》
■あずき【小豆】《植物》
アズキ⌐[adzuki]《名》
■あずける【預ける】《行動・感情》
アズケル[adzukeru]《動》アズケ⌐ン，アズ⌐ケタ，アズ⌐ケマス。①保管を頼む。ニ⌐モツー――(荷物を預ける)。②仲裁を任せる。ショー⌐ブー――(勝負を預ける)。
■あせ【汗】《人体》
ア⌐セ[ase]《名》
■あぜ【畔】《農林漁業》
アゼ⌐[adze]《名》
■あせる【焦る】《行動・感情》
アセル[aseru]《動》アセラ⌐ン，アセッ⌐タ，アセ⌐リマス。ジカ⌐ンニ オクレソージャ⌐カラ――(時間に遅れそうだから焦る)。
■あそこ【彼処】《助詞・助動詞・その他》
アソコ[asoko]
■あそこら【彼処ら】《助詞・助動詞・その他》
アソコ⌐ラー[asokoraː]
■あそびば【遊び場】《遊戯》⇒あそぶ
アソビバ[asobiba]《名》――ガ ネァ⌐ー(遊び場がない)。
■あそぶ【遊ぶ】《遊戯，勤易・難易・経済》⇒あそびば
アソブ[asobu]《動》アソバ⌐ン，アソンダ，アソビ⌐マス。ママ⌐ゴトー シテ――(ままごとをして遊ぶ)。
■あたたかい【暖かい】《天地・季候》⇒あたためる
ヌク⌐イ[nukui]【温い】《形》ヌクケリャー，ヌク⌐ーナル。――ゴハン(温かい御飯)。ヌキ⌐ーとも言う。
■あたためる【暖める・温める】《食》⇒あたたかい
ヌクメ⌐ル[nukumeru]《動》ヌクメ⌐ン，ヌク⌐メタ，ヌク⌐メマス。ギューニュー――(牛乳を温める)。
■あだな【渾名】《社会・交通》

アダナ[adana]《名》
■あたま【頭】《人体》⇒かみ
アタマ⌐[atama]《名》①頭部。動物の首から上の部分。――ガ オーキー(頭が大きい)。②頭髪。アタマ⌐ー アロー(頭を洗う)。③頭痛。――ガ イタ⌐ー(頭が痛い)。④頭脳。――ガ エ⌐ー(頭がいい)。
オツ⌐ム[otsumu]《名》頭のことを，丁寧，ソフトに表現する語で，主として女性が用いる。①頭部。②頭髪。オツ⌐ムー アロー(頭を洗う)。③頭脳。――ガ ワルィ⌐ー(頭が悪い)。
カ⌐ブリョー フル[kaburjoː ɸuru]否定の意味を表現する時，頭を横に振るさま。子供が，いわゆるイヤイヤをするさま。カ⌐ブリが単独で頭の意味に用いられることはない。
■あたらしい【新しい】《時間・空間・数量》
アタラシ⌐ー[ataraʃiː]《形》アタラ⌐シューナル，アタラ⌐シケリャー。――キモノ(新しい着物)。
■あちら【彼方】《助詞・助動詞・その他》
アッチ[attʃi]
■あつい【暑い】《天地・季候》⇒あたたかい
アツィ⌐ー[atsiː]《形》ア⌐ツケリャー，ア⌐ツーナル。アツ⌐イとも言う。
■あつい【熱い】《天地・季候》
アツィ⌐ー[atsiː]《形》ア⌐ツケリャー，ア⌐ツーナル。アツ⌐イとも言う。
■あっち【彼方】《助詞・助動詞》
アッチ[attʃi]⇒あちら
■あつまる【集まる】《社会・交通，時間・空間・数量》
アツマ⌐ル[atsumaru]《動》アツマラ⌐ン，アツマ⌐ッタ，アツマ⌐リマス。ヒト⌐ガ ヨ⌐ーケ――(人がたくさん集まる)。
■あつめる【集める】《時間・空間・数量》
アツメ⌐ル[atsumeru]《動》アツメ⌐ン，ア⌐ツメタ，アツ⌐メマス。ヒト⌐ー――(人を集める)。

■あと【後】《時間・空間・数量》
ア⌐ト[ato]〖名〗①――デ ⌐スル(後でする)。ソレカラ ―― ノ コトァ⌐ー シラン(それから後のことは知らない)。②ギョーレ⌐ツノ ――カラ イク(行列の後から行く)。
■あととり【跡取】《人間関係》
アト⌐トリ[atotori]〖名〗
■あな【穴】《天地・季候》
アナ⌐[ana]〖名〗障子などにあけた穴。
トンネル[tonneru]〖名〗トンネル。
タンポコ[tampoko]〖名〗地面に掘った穴。――エ オ⌐チタ(地面に掘った穴に落ちた)。
ホラアナ[horaana]〖名〗①洞穴。②木のうつろなどを言う。
■あなた【貴方】《助詞・助動詞・その他》
アナ⌐タ[anata]
■あなたがた【貴方方】《助詞・助動詞・その他》
アナタガタ[anatagata]
■あに【兄】《人間関係》
ア⌐ニ[aɲi]〖名〗名称。
ニ⌐ーチャン[niːtʃaŋ]〖名〗呼称。
■あね【姉】《人間関係》
アネ[ane]〖名〗名称。
ネ⌐ーチャン[neːtʃaŋ]〖名〗呼称。
■あのかた【彼方】《助詞・助動詞・その他》
アノ⌐カタ[anokata]
■あのかたがた【彼の方々】《助詞・助動詞・その他》
アノカタ⌐タチ[anokatataʧi]
■あのひと【彼の人】《助詞・助動詞・その他》
アノ⌐ヒト[anoçito]
■あばらぼね【肋骨】《人体》
アバラボネ[abarabone]〖名〗
■あひる【家鴨】《動物》
アヒル[açiru]〖名〗
■あぶない【危ない】《行動・感情, 時間・空間・数量》
アブネァー[abunæː]〖形〗アブノーナ⌐ル, アブナケ⌐リャー。―― ミチ(危ない道)。

あしゃ～あみ 39

クルマガ オ⌐ユーテ ――(車が多くて危ない)。
■あぶら【油】《食》
アブラ[abura]〖名〗
■あぶらあげ【油揚げ】《食》
アブラゲ[aburage]〖名〗単に, アゲと言うこともある。
アゲ[age]【揚げ】〖名〗アブラゲの省略形。
■あぶらな【油菜】《植物》
アブラナ[aburana]〖名〗
■あぶらむし【油虫】《動物》⇨ごきぶり
アブラ⌐ムシ[aburamuʃi]〖名〗名称は知っているが, 日常生活ではあまり用いない。
■あま【海女】《職業》
該当する語形を得られなかった。「海女」は知っているが, 日常用いることはない。
■あまい【甘い】《食》
アメァー[amæː]〖形〗アモーナル, アマケ⌐リャー。ヨ⌐ーカンワ アモ⌐ーテ タマラ⌐ン(羊かんは甘くてたまらない)。
■あまえる【甘える】《人間関係》
アメァール[amæru]〖動〗アマエン, アマエタ, アマエ⌐マス。
チバケル[ʧibakeru]〖動〗チバケン, チバケタ, チバケ⌐マス。チバケチャ⌐ー ツマラ⌐ン(甘えては, 駄目)。
■あまごい【雨乞い】《民俗》
アマゴエ[amagoe]〖名〗知識語であって日常の生活では用いない。
■あまだれ【雨垂れ】《天地・季候》
アマダレ⌐[amadare]〖名〗―― ガ オチ⌐ル(雨垂れが落ちる)。
■あまど【雨戸】《住》
アマ⌐ド[amado]〖名〗
■あまのがわ【天の川】《天地・季候》
ア⌐マノカワ[amanokawa]〖名〗
■あまのじゃく【天邪鬼】《行動・感情》
該当する語形を得られなかった。
■あみ【網】《農林漁業》
アミ⌐[ami]〖名〗

■あむ【編む】《衣，農林漁業》
ア⌐ム[amɯ]【動】アマ⌐ン，ア⌐ンダ，ア⌐ミマス。クツシタ⌐ー ――（靴下を編む）。タワラ⌐ー ――（俵を編む）。

■あめ【雨】《天地・季候》
ア⌐メ[ame]【名】

■あめ【飴】《食》
アメ[ame]【名】飴玉。
ミズア⌐メ[miʣuame]【水飴】【名】近頃あまり見かけない。

■あめんぼう【水黽】《動物》
アメンボー[amemboː]【名】

■あやす《民俗》
アヤ⌐ス[ajasu]【動】⌐アヤサ⌐ン，アヤ⌐シタ，アヤ⌐シマス。コドモー ――（子供をあやす）。

■あやめ【菖蒲】《植物》旧のみ
アヤメ[ajame]【名】

■あゆ【鮎】《動物》
ア⌐ユ[aju]【名】

■あらい【粗い・荒い】《時間・空間・数量》⇒おおきい，ふとい
アレァー[araɛː]【形】アロ⌐ーナ⌐ル，アラケ⌐リャー。アミノメ⌐ガ アレァー（網の目が粗い）。

■あらし【嵐】《天地・季候》
アラシ[araʃi]【名】日常生活語ではない。ア⌐ラシとも。

■あられ【霰】《天地・季候》
アラレ[arare]【名】

■あり【蟻】《動物》
アリコ[ariko]【名】

■ありがとう【有り難う】《社会・交通》
アリガ⌐トアリマシタ[arigatoarimaʃita] ありがとうございます。

■ある【有る・在る】《時間・空間・数量》
ア⌐ル[aru]【動】ア⌐ッタ，アリマス。カゼガ ――（風がある）。

■あるく【歩く】《人体》
アル⌐ク[aruku]【動】アルカ⌐ン，アルィ⌐ータ，アル⌐キマス。1 徒歩で移動する。エ⌐キマデ ――（駅まで歩く）。――ホーガ キモチガ エ⌐ー（歩く方が，気持ちがいい）。ヒト⌐ガ アル⌐キヨル（人が歩いている）。2 あちこち回る。ヤセァーオ ウッテ ――（野菜を売って歩く）。

■あれ【彼】《助詞・助動詞・その他》
アレ[are]

■あれら【彼等】《助詞・助動詞・その他》
アレ⌐ラー[areraː]

■あわ【泡】《天地・季候》
ア⌐ワ[awa]【名】

■あわ【粟】《植物，食》
ア⌐ワ[awa]【名】

■あわてる【慌てる】《行動・感情》
アワテル[awateru]【動】アワテン，アワテ⌐タ，アワテ⌐マス。カジデ ――（火事で慌てる）。

■あんか【行火】《住》旧のみ
該当する語形を得られなかった。

■あんしょう【暗礁】《天地・季候》
該当する語形を得られなかった。

■あんしん【安心】《行動・感情・時間・空間・数量》
アンシン[aɲʃiɲ]【名】――スル（安心する）。オヤノ ビョーキガ ナ⌐オッテ ――スル（親の病気が治って安心する）。

■あんな《助詞・助動詞・その他》
アネーナ[aneːna]

■あんま【按摩】《職業》
アンマ[amma]【名】

い

■い【胃】《人体》
イ[i]【名】

■いいえ《社会・交通》
イーエ[iːe]

■いう【言う】《人体》⇨かたる，しゃべる，はなす
ユー[juː]【動】イワン，ユータ，イーマス。①言う。モット ユーニ ユーテ クダセァー（もっとゆっくり言ってください）。②告げる。ラジオジャー アシターアメー ナルチュート イーマシタ（ラジオでは，明日雨になると言いました）。③言いつけ。オヤノ —— コトー キク（親の言うことを聞く）。④名付ける，称する。ヤマダサンチュー ヒト（山田さんという人）。⑤敬語にオッシャルがある。
オッシャル[oʃʃaru]【仰る】【動】オッシャラン，オッシャッタ，オッシャリマス。「言う」の丁寧形。センセーガ オッシェァーマシタ（先生がおっしゃいました）。オッシャルは，マスとともに，より丁寧にオッシャリャーシマセン，オッシャリマシタ（オッシェァーマシタ），オッシェァーマスのように用いられることが多い。
■いえ【家】《住》《人間関係》
イエ[ie]【名】①建物。—— ガ サンゲン アル（家が三軒ある）。②家庭。—— ノ コトー ケァーリミン（家のことを省みない）。③家系。チョーナンガ イヨーツグ（長男が家を継ぐ）。「家柄」の意ではイエガラと言う。デァーデァー オイシャノ イエガラジャネ（代々お医者の家柄だね）。④わが家。イエー ケァール（家に帰る）。
ヤヌシ[januʃi]【家主】【名】
シャクヤ[ʃakuja]【借家】【名】
■いか【烏賊】《動物》
イカ[ika]【名】—— ガ スミョー フク（いかが墨を吹く）。
■いがぐりあたま【毬栗頭】《衣》
ボーズアタマ[boːzuatama]【坊主頭】【名】単にボーズと言うこともある。
■いかり【錨】《農林漁業》
イカリ[ikari]【名】
■いき【息】《人体》

イキ[iki]【名】①呼気，吸気。—— ガ シロ ミエル（息が白く見える）。②呼吸運動。—— ガ クルシー（息が苦しい）。イキョー スル（息をする）。
■いきる【生きる】《人体》
イキル[ikiru]【動】イキン，イキタ，イキマス。ヒトーリデ ——（一人で生きる）。
■いく【行く】《社会・交通》⇨くる
イク[iku]【行く】【動】イカン，イッタ，イキマス。ダレガ —— カ キマラン（誰が行くか決まらない）。
■いくつ【幾つ】《時間・空間・数量》⇨いくら
ナンボー[namboː]【名】—— アル（いくつある？）。文末は上昇調⇨いくら
■いくら【幾等】《時間・空間・数量》⇨いくつ
ナンボー[namboː]【名】—— デスカ（いくらですか？）
■いけ【池】《天気・気候》
イケ[ike]【名】—— ガ ニゴッチョル（池が濁っている）。
■いし【石】《天地・気候》⇨いわ
イシ[iʃi]【名】
■いじ【意地】《行動・感情》
イジ[idʒi]【名】—— ガ ワルィー（意地が悪い）。
■いしがき【石垣】《住》
イシガキ[iʃigaki]【名】
■いじきたない【意地汚い】《食》
ズィータレ[dʷiːtare]【名】くいしんぼう。行為についても，その行為をする人についても言う。アノヒター —— ジャネー（あの人はくいしんぼうだね）。
■いしけり【石蹴り】《遊戯》
ケンケンパー[keŋkempaː]【名】石をけりながら，地面に描いた枠を進んで行く。石が線にかかると駄目。
■いじめる【苛める】《遊戯》・《人間関係》
イジメル[idʒimeru]【動】イジメン，イジメタ，イジメマス。あまり使わない。
カモー[kamoː]【動】カモータ。（他の活用

形は不自然)。ダレガ　カモ⌐ータカネ(誰が，いじめたの)。からかったりしていじめる。程度はそれほど甚しくない。

■**いしゃ**【医者】《職業》
オイシャ[oiʃa]【お医者】【名】

■**いす**【椅子】《住》
コシカケ⌐[koʃikake]【腰掛け】【名】

■**いそがしい**【忙しい】《勤怠・難易・経済》
イソガシ⌐ー[isogaʃiː]【忙しい】【形】イソガ⌐シュナル，イソガ⌐シケリャー。イソガ⌐シュ―テ　ヤリキレ⌐ン(忙しくてやりきれない)。

■**いそぐ**【急ぐ】《行動・感情》
イソ⌐グ[isogu]【動】イソガ⌐ン，イソ⌐エダ，イソ⌐ギマス。ミチョ―　――(道を急ぐ)。

■**いた**【板】《住》
イタ[ita]【名】

■**いたい**【痛い】《人体》⇒いたむ，いたみ
イタ⌐ー[itæː]【形】イ⌐トーナル，イ⌐タケリャー。ハガ　――(歯が痛い)。アタマガ　――(頭が痛い)。
ハシ⌐ル[haʃiru]【動】ハシラ⌐ン〈稀〉，ハシッタ〈稀〉，ハシ⌐リマス〈稀〉。傷などがヒリヒリ痛む。ア⌐ー　――　――(あー，痛い，痛い)。

■**いたずら**【悪戯】《人間関係》
ワルサ[warusa]【悪さ】【名】

■**いためる**【炒める】《食》
イタメ⌐ル[itameru]【動】イタメ⌐ン，イタ⌐メタ，イタ⌐メマス。共通語的。ヤセァーオ　――(野菜をいためる)。
イビ⌐ル[ibiru]【動】イビラ⌐ン，イビッタ，イビ⌐リマス。イタメ⌐ルと同意。ヤセァーオ　――(野菜をいためる)。

■**いち**【市】《職業》
イ⌐チ[itʃi]【名】――ガ　タ⌐ツ(市が立つ)。

■**いちおうふく**【一往復】《時間・空間・数量》
イチオーフク[itʃioːɸuku]【名】

■**いちがつ**【一月】《民俗》⇒しょうがつ
イチ⌐ガツ[itʃigatsu]【名】一月の行事として

は，正月のお飾りを焼く，ドンドヤキがある。
ドンドヤキ[dondojaki]【名】正月のお飾りを，汚れない場所で燃す(各家庭で行うので，行事というほど大々的なものではない)。

■**いちご**【苺】《植物》
イチゴ[itʃigo]【名】

■**いちじく**【無花果】《植物》
イチジク[itʃiʒiku]【名】

■**いちにちおき**【一日置き】《時間・空間・数量》
イチンチオキ[itʃintʃioki]【名】
ヒトエオキ[çitoeoki]【名】一日のことをヒトエと言う人は，一日置きをこう言う。

■**いちにちじゅう**【一日中】《時間・空間・数量》
イチンチジュー[itʃintʃiʒuː]【名】

■**いちば**【市場】《職業》
イチ⌐バ[itʃiba]【名】オロシイ⌐チバ(卸市場)。

■**いちまい**【一枚】《時間・空間・数量》⇒いったん
イチ⌐メァー[itʃimæː]【名】

■**いちょう**【銀杏・公孫樹】《植物》
イチョー[itʃoː]【名】

■**いちわ**【一羽】《時間・空間・数量》
イチ⌐ワ[itʃiwa]【名】

■**いつ**【何時】《時間・空間・数量》
イ⌐ツ[itsu]――　クル(いつ来るの)。文末は上昇調。

■**いっかい**【一回】《時間・空間・数量》
イッケァー[ikkæː]【名】
イッペン⌐[ippen]【一遍】【名】イッケァーよりも方言的。

■**いっしゅうき**【一周忌】《民俗》
イッシューキ[iʃʃuːki]【名】

■**いっしょ**【一緒】《社会・交通》
イッショ[iʃʃo]①連れだって行動する。――　イコー(一緒に行こう)。②いっせいに。③同一である。――ノンガ　エ⌐ー(同じ物である方が良い)。④――ニ　ハラ⌐ウ(いちどきに払う)。

■**いつつ**【五つ】《時間・空間・数量》

イツ¬ツ[itsutsu]〖名〗
■いっとう【一頭】《時間・空間・数量》⇨いっぴき，いっぴき
イットー¬[itto:]〖名〗牛などにもあまり用いず，イッピキを用いることの方が多い。
■いっぱい【一杯】《時間・空間・数量》
イッペァー[ippæ:]〖名〗——デ¬ェ¬ー（一杯で良い）。
■いっぱい《時間・空間・数量》
イッペァー[ippæ:]①十分。——タベル（いっぱい食べる）。②ぎりぎり。ジカン——（時間いっぱい）。③こぼれるくらいの量。ミズガ——ニ ナ¬ッタ（水がいっぱいになった）。
■いっぴき【一匹】《時間・空間・数量》⇨いっとう，いっぴき
イッピキ¬[ippiki]〖名〗
■いっぴき【一尾】《時間・空間・数量》⇨いっとう，いっぴき
イッピキ¬[ippiki]〖名〗
■いつも【何時も】《時間・空間・数量》
イ¬ツデモ[itsudemo]【何時でも】——ワローチョ¬ル（いつでも笑っている）。
■いと【糸】《衣》
イト[ito]〖名〗種類は，モメンイ¬ト，キヌイトのように，材質別に言う場合と，シツケイ¬ト，ミシンイ¬トのように用途別に言う場合とがある。イトー マク（糸を巻く）。
■いど【井戸】《住》
イ¬ド[ido]〖名〗地面に深く掘ってつるべなどで水をくむ所。「浅く，わき水などをしている所」については該当する語形は得られなかった。
■いとこ【従兄弟・従姉妹】《人間関係》
イト¬コ[itoko]〖名〗
■いなか【田舎】《社会・交通》
イナカ[inaka]〖名〗——ガ スキ（田舎が好き）。
■いなかもの【田舎者】《社会・交通》
イナカモン¬[inakamoɴ]〖名〗

■いなご【蝗】《動物》
イナゴ¬[inago]〖名〗
イナギース[inagi:su]〖名〗イナゴと同意。
■いなびかり【稲光】《天地・季候》
イナビカ¬リ[inabikari]〖名〗
■いなほ【稲穂】《農・林・漁業》
イナ¬ホ[inaho]〖名〗名称は知っているが，日常生活では用いない。通常はイ¬ネノホと言う。
■いぬ【犬】《動物》
イヌ¬[inu]〖名〗——ガ ホエヨル（犬がほえている）。
■いね【稲】《植物》《農・林・漁業》
イ¬ネ[ine]〖名〗①植物名。②農作物。
■いねかけ【稲掛け】《農・林・漁業》
ハ¬ゼ[haʣe]〖名〗あまり用いることはないが，農家の人から聞いたことがある。
■いねかり【稲刈り】《農・林・漁業》
イネ¬カリ[inekari]〖名〗
■いねこき【稲扱き・稲扱機】《農・林・漁業》
イネコギ[inekogi]〖名〗①稲の穂をこきとること。②稲こき機械。
■いねむり【居眠り】《住》新のみ⇨うたたね
該当する語形を得られなかった。
■いのしし【猪】《動物》
イノシ¬シ[inoʃiʃi]〖名〗
■いのち【命】《人体》
イノ¬チ[inotʃi]〖名〗——ガ オシ¬ー（命が惜しい）。
■いはい【位牌】《民俗》
イヘァー[ihæ:]〖名〗
■いびき【鼾】《人体》
イビキ¬[ibiki]〖名〗イビキョ¬ー カク（いびきをかく）。
■いぶる《人間関係》
ヨメイ¬ビリ[jomeibiri]【嫁いびり】〖名〗知識語。日常生活ではあまり言わない。
■いふく【衣服】《衣》⇨いるい
キモノ¬[kimono]【着物】〖名〗
■いぼ【疣】《人体》

イ⌐ボ[ibo]〖名〗
■いま【今】《時間・空間・数量》
イ⌐マ[ima]〖名〗①現在。イ⌐マー　イエン(今は言えない)。――ガ　ダージナ(今が大事だ)。②すぐに。――　イキ⌐マス(今, 行きます)。③さっき。――ノ　ヒター　ダレ(今の人は誰)。④そのうちに。イ⌐メァー　ワカ⌐ル(いまに分かる)。「いまひとつ」とは言わない。
■いも【芋】《植物》
オイモ[oimo]〖名〗オイモと言えば, 普通, さつま芋を示す。
コイモ[koimo]〖名〗里芋。
トロロイモ[tororoimo]〖名〗山芋。長芋。
バレーショ[bareːʃo]〖馬鈴薯〗〖名〗じゃが芋。
■いもうと【妹】《人間関係》
イモート⌐[imoːto]〖名〗
■いもり【蠑螈】《動物》
イ⌐モリ[imori]〖名〗――ノ　オナカワ　アカイ(いもりのお腹は赤い)。
■いらいらする【苛々する】《行動・感情》
イラ⌐イラスル[irairasuru]〖動〗ナカナカ　デキ⌐ンカラ　――(なかなかできないから苛々する)。
■いりえ【入り江】《天地・季候》
該当する語形は得られなかった。
■いりぐち【入り口】《住》
ヘァー⌐リグチ[hæːriɡutʃi]〖名〗①中に入る所。②家の入り口。
■いる【煎る】《食》
イ⌐ル[iru]〖動〗イラ⌐ン, イ⌐ッタ, イ⌐リマス。オマ⌐ミョ⌐ー　――(お豆を煎る)。
■いる【居る】《住》
オ⌐ル[oru]〖動〗オラ⌐ン, オッタ, オ⌐リマス。①ヒト⌐ガ　――(人が居る)。②イヌ⌐ガ　――(犬が居る)。
■いれる【入れる】《社会・交通》《時間・空間・数量》
イ⌐レル[ireru]〖動〗イレ⌐ン, イレタ, イレ⌐マス。①加える。オサトーオ　イレル(御砂糖を入れる)。②仲間に入れる。③外のものを中へ移す。イレモノェー　――(入れ物に入れる)。④イエ⌐ー　――(家に入れる)。「傘に入れる」は, カ⌐セァー　ノセルと言う。
ノセル[noseru]〖動〗カ⌐セァー　――(傘に入れる)。
■いろ【色】《時間・空間・数量》
イ⌐ロ[iro]〖名〗
■いろうかい【慰労会】《民俗》
「催しのあとの慰労会」に該当する語形は得られなかった。特別な名称を聞いたことがない。
■いろり【囲炉裏】《住》
イロリ[irori]〖名〗日常生活の中にないので, 座の位置の名称などは得られなかった。
■いわ【岩】《天地・季候》⇒いし
イワ⌐[iwa]〖名〗
■いわし【鰯】《動物》
イワシ[iwaʃi]〖名〗
■いんきだ【陰気だ】《行動・感情》
イン⌐キ[iŋki]〖名〗――ナ　ヒト(陰気な人)。

う

■う・よう【推量・意志】《助詞・助動詞・その他》
オの長音として現れる。①推量。コノ　チョ⌐ーシナラ　アシタ⌐モ　サムカロ⌐ー(このぶんだと明日も寒かろう)。②意志。キョ⌐ーワ　アル⌐ィーテ　ケァーロー(今日は歩いて帰ろう)。
ヨー[joː]①推量。キョ⌐ーワ　ア⌐メジャガ　アシタ⌐ー　ハレヨ⌐ー(今日は雨だが明日は晴れよう)。②意志。コ⌐ンヤー　クタビ⌐レタカラ　ハ⌐ー　ネヨー(今夜は疲れたからもう寝よう)。
■うえ【上】《時間・空間・数量》

ウエ[ue]【名】
■うえつけ【植え付け】《農林漁業》⇨うえる
ウエツケ[uetsuke]【名】名称は知っているが、日常生活では用いない。
■うえる【植える】《植物》⇨うえつけ
ウエル[ueru]【動】ウエン, ウエタ, ウエ⌐マス。ハナ⌐ー ――(花を植える)。
■うえる【飢える】《食》⇨くうふく
カツェール[katsʷeːru]【動】カツェ⌐ン, カツェ⌐ータ, カツ⌐エマス。ウサギガ カツェーチョル(うさぎが飢えている)。
■うお【魚】《動物》
サカナ[sakana]【名】――ガ オヨ⌐ギヨル(魚が泳いでいる)。食物として言う時は, オサカナガ タベタ⌐イ(お魚が食べたい)のように言う。
■うかぶ【浮かぶ】《時間・空間・数量》⇨うく
ウカブ[ukabu]【動】ウカバン, ウカンダ, ウカビ⌐マス。フネガ ――(舟が浮かぶ)。
■うく【浮く】《時間・空間・数量》⇨うかぶ
ウク[uku]【動】ウカン, ウイタ, ウキ⌐マス。ハガ ――(歯が浮く)。
■うぐいす【鶯】《動物》
ウグ⌐イス[uguisu]【名】
■うごく【動く】《時間・空間・数量》
ウゴ⌐ク[ugoku]【動】ウゴ⌐カン, ウゴ⌐イタ, ウゴ⌐キマス。①クルマガ ――(車が動く)。ハガ ――(歯が動く)。②ブカガ オモイドーリー ウゴ⌐カン(部下が思いどおりに動かない)。③カブカガ ――(株価が動く)。④ジョーケンノ エー ハナシー ココ⌐ロガ ――(条件の良い話に心が動く)。
■うさぎ【兎】《動物》
ウサギ[usagi]【名】
■うし【牛】《動物》《農林漁業》
ウシ[uʃi]【名】
■うじ【蛆】《動物》
ウジ[udʒi]【名】――ガ ワイタ(うじがわいた)。

■うしろ【後ろ】《時間・空間・数量》
ウ⌐シロ[uʃiro]【名】ウ⌐シロァー ミエ⌐ン(後ろは見えない)。《天地・季候》旧のみ
■うしろむき【後ろ向き】《天地・季候》旧のみ
ウシロムキ[uʃiromuki]【名】
■うす【臼】《食》《農・林・漁業》
ウ⌐ス[usu]【名】もちや米をつく臼。――デ オモチョー ツク(臼でおもちをつく)。
■うず【渦】《天地・季候》
ウズ[udzu]【名】――ガ マイチョル(渦を巻いている)。
■うすあじ【薄味】《食》
アメァー[amæː]【甘い】【形】アモーナル, アマケ⌐リャー。―― オツユ(薄味なお汁)。
■うすい【薄い】《時間・空間・数量》
ウスィー[usʷiː]【形】ウスーナ⌐ル, ウスケ⌐リャー。①濃くない。イロガ ――(色が薄い)。②淡泊である。アジガ ――(味が薄い)。
■うそ・うそをつく【嘘・嘘をつく】《社会・交通》《時間・空間・数量》
ウソ[uso]【名】ウソ⌐ー ユー(うそをつく)。
■うた【歌】《遊戯》
ウタ[uta]【名】ウタ⌐ー ウトータ(歌を歌った)。
■うたう【歌う】《遊戯》
ウタウ[utau]【動】ウタワン, ウトータ, ウター⌐マス。ウタ⌐ー ウトータ(歌を歌った)。
■うたがう【疑う】《社会・交通》
ウタガウ[utagau]【動】ウタガワン, ウタゴータ, ウタガイ⌐マス。ヒト⌐ー ウタゴーチャ⌐ー イケン(人を疑ってはいけない)。
■うたたね【転た寝】《住》⇨いねむり
ウタタネ[utatane]【名】ウタタニョー シテ カジョー ヒータ(うたた寝をして、風邪を引いた)。
■うち【内】《時間・空間・数量》
ナ⌐カ[naka]【中】【名】イェノ ―― ガ ク

■うちわ【団扇】《住》
ウチワ⌐[utʃiwa]【名】
■うつ【打つ】《社会・交通》
ウ⌐ツ[utsu]【動】ウタン, ウッタ, ウ⌐チマス。①打ちつける。タオ⌐レテ アタマ⌐ー ーー(倒れて頭を打つ)。②「たたく」の意ではタタ⌐クと言う。ホ⌐オ タタ⌐ク(ほおをたたく)。③打ち込む。クィョーーー(くいを打つ)④処置する。テョ⌐ー ーー(手を打つ)。
■うつ【撃つ】《農・林・漁業》
ウ⌐ツ[utsu]【動】ウタン, ウッタ, ウ⌐チマス。テッポー⌐デ ーー(鉄砲で撃つ)。
■うつくしい【美しい】《衣》
キレーナ[kireːna]【奇麗】①ーー キモノ(美しい着物)。②ーー ヒト(美しい人)。ウツクシ⌐ーは理解語で, 日常生活で用いることはない。
■うつむく【俯く】《人体》
シタ⌐ー ムク[ʃitaː muku]【下を向く】ハズカシソ⌐ーニ シタ⌐ー ムイチョッタ(恥ずかしそうに下を向いていた)。
フセ⌐ル[fuseru]【伏せる】【動】フセン, フセタ, フ⌐セマス。ハズカシソ⌐ーニ カオ⌐ー フセチョッタ(恥ずかしそうに, 顔をふせていた)。
■うで【腕】《人体》⇨て
ウデ⌐[ude]【名】ウデは, 知識語的であり, 一般には, 「手」と区別せず, 用いている。また, 部分的に, 特に名称もない。①肩と手首との間。②ひじと手首との間。ウデマ⌐クリョー スル(腕まくりをする)。③肩とひじとの間。⇨て
■うどん【饂飩】《食》
ウドン[udoŋ]【名】
ウドンコ[udoŋko]【饂飩粉】【名】最近は使うことは少ない。
■うなぎ【鰻】《動物》
ウナギ⌐[unagi]【名】

■うなずく【頷く】《人体》
ウナズク[unaꭎuku]【動】ウナズカン, ウナズイタ, ウナズキ⌐マス。ナンケァー⌐モ ウナズイタ(何回もうなずいた)。
■うに【海栗】《動物》
ウニ⌐[uɲi]【名】
■うね【畝】《農・林・漁業》
ウネ⌐[une]【名】
■うぶぎ【産着】《民俗》
ウブギ⌐[ubugi]【名】
■うま【馬】《動物》《農・林・漁業》
ウマ⌐[uma]【名】
■うまい【旨い・上手い】《食》《教育》⇨じょうず
オイシー[oiʃiː]【美味い】【形】オイシューナ⌐ル, オイシケ⌐リャー。味が良い。オイシュー⌐テモ ヨケー⌐ワ タベラレ⌐ン(おいしくても多くは食べられない)。
■うまる【埋まる】《時間・空間・数量》⇨うめる
ウマル[umaru]【動】ウマラン, ウマッタ, ウマリ⌐マス。スナデ ウマッタ(砂で埋まった)。
■うまれる【生まれる】《人体》《民俗》
ウマレル[umareru]【動】ウマレン, ウマレタ, ウマレ⌐マス。アカンボーガ ーー(赤ん坊が生まれる)。
ウブユ[ubuju]【産湯】【名】赤ん坊が生まれて初めてつかう湯。
■うみ【海】《天地・季候》
ウ⌐ミ[umi]【名】ーーガ シ⌐ケチョル(海がしけている)。
■うみ【膿】《人体》
ウミ⌐[umi]【名】
ウ⌐ム[umu]【膿む】【動】ウマ⌐ン, ウ⌐ンダ, ウ⌐ミマス。キズグ⌐チガ ウンダ(傷口がうんだ)。
■うむ【産む】《動物》
ウム[umu]【動】ウマン, ウンダ, ウミ⌐マス。コ⌐ー ウンダ(子を産んだ)。
■うめ【梅】《植物》
ウメ⌐[ume]【名】

■うめぼし【梅干し】《食》
ウメボシ[umeboʃi]【名】ウメボショー タベル(梅干しを食べる)。

■うめる【埋める】《時間・空間・数量》
トメル[tomeru]【動】トメン，トメタ，トメ˥マス。ゴミョ˥ー ──(ごみを埋める)。

■うら【裏】《衣》《住》
ウラ˥[ura]【名】①葉，紙，着物などの裏側。キモノノ ──(着物の裏)。── ガ ヤブレタ(裏が破れた)。②着物の裏生地。家の裏はセド˥と言う。
セド˥[sedo]【背戸】【名】家の裏のこと。── ノ ハタケ(家の裏にある畑)。

■うらがえし【裏返し】《衣》
ウラゲーシ[uragæːʃi]【名】ウラゲーショー キチョ˥ル(裏がえしを着ている)。

■うらぐち【裏口】《住》
ウラモン[uramoɴ]【裏門】【名】本門に対して裏門と言う。本門は，遠来のお客などを迎え入れる時など，特別な時にしか用いず，ウラモンを通用の出入りに用いる。家の裏にある門は，これと言い分けるため，セド˥から入るなどと言う。

■うらやましい【羨ましい】《行動・感情》
ウラヤマシ˥ー[urajamaʃiː]【形】ウラヤマ˥シュナル，ウラヤマ˥シケリャー。アノ˥ コアー ヨ˥ー デキテ ──(あの子はよくできて，うらやましい)。

■うり【瓜】《植物》
ウ˥リ[uri]【名】

■うる【売る】《勤倹・難易・経済》
ウル[uru]【動】ウラン，ウッタ，ウリ˥マス。ヤセァーオ ──(野菜を売る)。

■うるさい【煩い】《人間関係》
ヤカマシ˥ー[jakamaʃiː]【形】ヤカマ˥シュナル，ヤカマ˥シケリャー。

■うるし【漆】《植物》
ウルシ[uruʃi]【名】

■うるち【粳】《食》
タダマァー[tadamæː]【唯米】【名】うるち米

のことは，特に名前はなく，オコメで通っているが，あえて言う時は，タダマァーと言う。

■うれしい【嬉しい】《行動・感情》
ウレシ˥ー[ureʃiː]【形】ウレ˥シュナル，ウレ˥シケリャー。コドモガ ウマレテ ──(子供が生まれてうれしい)。

■うろこ【分野2 鱗】《動物》
ウロ˥コ[uroko]【名】── ガ ハ˥ゲチョル(うろこが取れている)。

■うわぎ【上着】《衣》
ウワギ[uwagi]【名】①内側に対して外側に着るものの意でコート類などを言う。②下半身に対して上半身に着るものの意で，スーツの上半身に着用する方を言う。

■うん【運】《民俗》
フ[ɸu]【名】── ガ エ˥ー(運が良い)。
マン[maɴ]【名】── ガ エ˥ー(運が良い)。

え

■え【絵】《教育》
エ˥[e]【名】

■えがお【笑顔】《行動・感情》
エガ˥オ[egao]【名】── ガ エ˥ー(笑顔が良い)。

■えぐい【蘞い】《食》
エグィ˥ー[egʷiː]【形】エグ˥ナル，エ˥グケリャー。エ˥グーテモ タベラレ˥ル(えぐくても食べられる)。

■えくぼ【靨】《人体》
エ˥クボ[ekubo]【名】── ガ ツク(えくぼができる)。

■えさ【餌】《農・林・漁業》
エサ˥[esa]【名】トリー エサ˥ー ヤル(鳥にえさをやる)。

■えだ【枝】《植物》
エダ[eda]【名】

■えび【海老】《動物》
エビ[ebi]【名】
■えり【襟】《衣》
エリ˥[eri]【名】── ガ ヨゴレタ(襟が汚れた)。
■えりまき【襟巻き】《衣》
クビマ˥キ[kubimaki]【首巻き】【名】クビマ˥キョー スル(襟巻きをする)。
■えんがわ【縁側】《住》
エンガワ˥[eŋgawa]【名】
■えんぎ【縁起】《民俗》
エンギ˥[eŋgi]【名】── ガ エ˥ー(縁起が良い)。── ガ ワルィ˥ー(縁起が悪い)。エンギとも言う。
■えんでん【塩田】《農・林・漁業》
エンデン[endeɴ]【名】名称は知っているが、日常生活では用いない。
シオハマ[ʃiohama]【塩浜】【名】塩田のある地域の人が言う。
■えんどう【豌豆】《植物》
エンドー[endoː]【名】
■えんとつ【煙突】《住》
エントツ[entotsu]【名】
■えんにち【縁日】《民俗》
エ˥ンニチ[enniʧi]【名】知識語。日常あまり用いない。
■えんぴつ【鉛筆】《教育》
エンピツ[empitsu]【名】
■えんりょ【遠慮】《社会・交通》
エンリョ[enrjo]【名】── スル(遠慮する)。

お

■お【尾】《動物》
シ˥ッポ[ʃippo]【尻尾】【名】── ガ ナガ˥エ(尾が長い)。
オ˥ッポ[oppo]【尾っぽ】【名】シ˥ッポの方が、一般によく用いられる。

■おい【甥】《人間関係》
オイ[oi]【名】
■おう【追う】《動物》
オウ[ou]【動】オワン、オータ、オイ˥マス。①追い払う。オーテ˥モ マタ クル˥(追い払っても、また来る)。②追いかける。コドモガ オヤノ ア˥トー ──(子供が親の後を追いかける)。コドモガ イヌ˥ー オイカ˥ケテ イキ˥ョル(子供が犬を追いかけて行きつつある)。
■おうがする【横臥する】《人体》⇨ねる
ヨコニ ナ˥ル[jokoɲi naru]【横になる】チョット ヨコニ ナ˥ル(ちょっと、横になる)。
■おうし【牡牛】《動物》
該当する語形を得られなかった。
■おおい【多い】《時間・空間・数量》⇨たくさん
オイ˥ー[oiː]【形】オ˥ユーナル、オ˥イケリャー。ヒト˥ガ ──(人が多い)。オユガ ──(お湯が多い)。
■おおきい【大きい】《時間・空間・数量》⇨あらい、ふとい
オーキナ[oːkina]【大きな】【形】オーキューナル、オーキケ˥リャー。カラダガ オーキューナ˥ル(体が大きくなる)。
■おおぐい【大食い】《食》
オ˥ーグィー[oːgʷiː]【名】あまり日用いないが、聞いたことがある。
■おおみず【大水】《天地・季候》
オーミ˥ズ[oːmizu]【名】
■おおみそか【大晦日】《民俗》
オーミ˥ソカ[oːmisoka]【名】
オーツ˥ゴモリ[oːtsugomori]【大晦】【名】高年者間で用いられた。
■おおむぎ【大麦】《植物》
オームギ[oːmugi]【名】
■おか【丘】《天地・季候》
オカ[oka]【名】共通語的。丘も山も区別せずヤマと言うのが本来の言い方。⇨やま
■おかず【御数】《食》

オカズ[okaꜛzu]【名】──ガ　オイꜛー（おかずが多い）。
■おかっぱ【御河童】《衣》
オケꜛシ[okeʃi]【御芥子】【名】
■おがむ【拝む】《民俗》
オガꜛム[ogamu]【動】オガマꜛン，オガꜛンダ，オガꜛミマス。ホトケサマー　──（仏様を拝む）。
■おき【沖】《天地・季候》
オキ[oki]【名】オキꜛー　デꜛル（沖に出る）。
■おきる【起きる】《人体》⇒めざめる
オキꜛル[okiru]【動】オキꜛン，オꜛキタ，オꜛキマス。①起き上がる。オꜛキテ　カオーアロータ（起きて顔を洗った）。②起床する。ゴꜛジニャー　──（五時には起きる）。フユꜛアー　アꜛサ　ハꜛヨー　──ンガ　センネャꜛー（冬は朝早く起きるのがつらい）。センネャꜛーは、つらい・難儀など広く用いる。③目を覚ます。アカンボーガ　──ヨ（赤ん坊が起きるよ）。
■おく【奥】《天地・季候》
オク[oku]【名】ヤマノ　──（山の奥）。
■おく【置く】《時間・空間・数量》
オク[oku]【動】オカン，オイタ，オキꜛマス。イショꜛー　──（石を置く）。
■おくびょうもの【臆病者】《行動・感情》
オクビョーモノ[okubjoːmono]【名】
■おくやみ【御悔やみ】《民俗》
オクヤミ[okujami]【名】
■おけ【桶】《食》《農・林・漁業》
オꜛケ[oke]【名】台所用，農作業用の桶。種類別の名称は得られなかった。──デ　ミズー　クム（桶で水をくむ）。
■おこげ【御焦げ】《食》
オコꜛゲ[okoge]【名】
■おこる【怒る】《行動・感情》
オコꜛル[okoru]【動】コドモガ　バꜛカニ　サレテ　──（子供がばかにされて怒る）。
ハラꜛー　タツ[haraː tatsu]【腹を立つ】立腹する。コドモガ　バꜛカニ　サレテ　ハラー　タッチョル（子供がばかにされて立腹している）。
■おこわ【御強】《食》
オコワ[okowa]【名】餅をつくる前のふかした、もち米。
■おさがり【御下がり】《衣》
オサꜛガリ[osagari]【名】オサꜛガリョー　モロータ（お下がりをもらった）。
■おじ【伯父・叔父】《人間関係》
オジサン[oʒisaɴ]【名】
■おしい【惜しい】《行動・感情》
オシꜛー[oʃiː]【形】オꜛシューナル，オꜛシケリャー。ダージナ　トケーオ　ネャꜛーヨンシタカラ　──（大事な時計を無くしたので惜しい）。
■おしいれ【押し入れ】《住》
オシーレ[oʃiːre]【名】
■おしえる【教える】《教育》
オシエル[oʃieru]【動】オシエン，オシエタ，オシエꜛマス。ミチョー　──（道を教える）。オシェールとも。
オシェール[oʃeːru]【動】オシエン，オシエタ，オシエꜛマス。ヒテェー　ミチョー　──（人に道を教える）。
■おしめ【襁褓】《民俗》
オシꜛメ[oʃime]【名】オシꜛミョー　アテル（おしめをあてる）。
オムツ[omutsu]【名】共通語的である。
■おしゃべり【御喋り】《社会・交通》⇒しゃべる
シャベꜛル[ʃaberu]【喋る】【動】シャベラꜛン，シャベꜛッタ，シャベꜛリマス。アノꜛヒトアー　ヨꜛー　──（あの人はよくしゃべる）。
■おしゃれ【御洒落】《衣》
オシャꜛレ[oʃare]【名】オシャꜛリョー　スル（おしゃれをする）。──ナ　ヒト（おしゃれな人）。
■おしろい【白粉】《衣》
オシロェー[oʃiroː]【名】──ガ　コイꜛー（白粉が濃い）。

■おす【雄】《動物》
オス˥[osu]〖名〗オスノ ライオン(雄のライオン)。
オン[oɴ]〖名〗オス˥と同意。
■おす【押】《時間・空間・数量》
オス[osu]〖動〗オサン, オシタ, オシ˥マス。テ˥デ ―― (手で押す)。
■おすうま【雄馬】《動物》
該当する語形を得られなかった。
■おせっかい【御節介】《社会・交通》
テンバ˥[temba]〖名〗俚言形でぞんざいな語であるという意識が強い。テンバー ヤカン˥デモ エ˥ー(お節介を焼かなくてもよい)。テンバ˥とも言う。
■おそい【遅い】《時間・空間・数量》
オソェー[osøː]〖形〗オソーナ˥ル, オソケ˥リャー。①時間。ケァールノガ ―― (帰るのが遅い)。②動作。アル˥クンガ ―― (歩くのが遅い)。
■おそなえ【御供え】《民俗》
オソネァー[osonæː]〖名〗神仏の別はない。
■おそろしい【恐ろしい】《行動・感情》
オソロシ˥ー[osoroʃiː]〖形〗オソロ˥シューナル, オソロ˥シケリャー。ユーレ˥ーガ ―― (幽霊が恐ろしい)。
■おたまじゃくし【御玉杓子】《動物》
オタマジャ˥クシ[otamaʒakuʃi]〖名〗―― ガ ヨー˥ケ オル(おたまじゃくしがたくさん居る)。
■おちば【落ち葉】《植物》
オチ˥バ[otʃiba]〖名〗
■おちる【落ちる】《植物》新のみ《行動・感情》《時間・空間・数量》
オチ˥ル[otʃiru]〖動〗オチ˥ン, オ˥チタ, オ˥チマス。①落下する。エンガワ カラ ―― (縁側から落ちる)。ヒコ˥ーキガ ―― (飛行機が落ちる)。ヒト˥ガ ―― (人が落ちる)。クダ˥モノガ キ˥カラ ―― (果実が木から落ちる)。②除去される。ヨゴレガ ―― (汚れが落ちる)。

アイ˥ル[airu]〖動〗アイ˥ン, エァ˥ータ, エァ˥ーマス。ア˥メガ エァーハネァ˥ータ(雨が落ち始めた)。
■おっと【夫】《人間関係》
シュジ˥ン[ʃuʒiɴ]【主人】〖名〗
■おつり【御釣り】《勤怠・難易・経済》
オツリ[otsuri]〖名〗―― ガ ア˥ッタ(お釣りがあった)。
■おてだま【御手玉】《遊戯》
オヒトツ[oçitotsu]【御一つ】〖名〗―― デ アソブ(お手玉で遊ぶ)。
■おでん【御田】《食》
該当する語形を得られなかった。最近は, 当地方でも聞くことがあるが, 生活語にはない。
■おてんば【御転婆】《人間関係》
オトコマ˥サリ[otokomasari]【男勝り】〖名〗
■おと【音】《時間・空間・数量》
オト˥[oto]〖名〗―― ガ スル(音がする)。
■おとうと【弟】《人間関係》⇒おじ
オトート˥[otoːto]〖名〗
■おどける【戯ける】《行動・感情》
ヒョーゲ˥ル[çoːgeru]【剽軽る】〖動〗ヒョーゲン˥, ヒョー˥ゲタ, ヒョー˥ゲマス。ヒトマ゚ーデ ―― (人前でおどける)。
■おとこ【男】《人間関係》
オトコ˥[otoko]〖名〗
■おとこのこ【男の子】《人間関係》
オトコ˥ノコ[otokonoko]〖名〗
■おとす【落とす】《時間・空間・数量》
オト˥ス[otosu]〖動〗オトサ˥ン, オト˥シタ, オト˥シマス。モノ˥ー ―― (物を落とす)。
■おととい【一昨日】《時間・空間・数量》
オトツィー[ototsʷiː]〖名〗
■おととし【一昨年】《時間・空間・数量》
オトドシ[otodoʃi]〖名〗
■おとな【大人】《人間関係》
オト˥ナ[otona]〖名〗
■おとないし【大人しい】《行動・感情》

おす〜おもう　51

オトナシー[otonaʃiː]【形】オトナ￢シューナル，オトナ￢シケリャー。アノ￢ヵァー──（あの子はおとなしい）。
■おどる【踊る】《遊戯》
オドル[odoru]【動】オドラン，オドッタ，オドリ￢マス。ボンオ￢ドリョー　オドッタ（盆踊りを踊った）。
■おどろく【驚く】《行動・感情》
タマゲ￢ル[tamageru]【魂消る】【動】タマゲン，タマ￢ゲタ，タマ￢ゲマス。ジシンデ──（地震で驚く）。
■おなじだ・おなじ【同じだ・同じ】《時間・空間・数量》
オンナジジャ[onnaʑiʑa]オンナジ　モノ￢（同じもの）。
■おにごっこ【鬼ごっこ】《遊戯》
オニサ[oɲisa]【名】
ニ￢ッコ[ɲikko]【名】ゲームの途中でタイムを要求するときの掛け声。
■おの【斧】《農・林・漁業》
ナタ[nata]【鉈】【名】──デ　キョ￢ー　キ￢ル（おので木を切る）。ナタ￢とも言う。
■おば【伯母・叔母】《人間関係》
オバサン[obasaŋ]【名】
■おばけ【御化け】《民俗》
バケモノ￢[bakemono]【化け物】【名】
■おはじき【御弾き】《遊戯》
イシャラ[iʃara]【名】ガラスで出来た円形で平らな一円玉ぐらいのもの。親指や人差し指ではじいて遊ぶ。
■おはよう【お早う】《社会・交通》
オハヨーア￢リマス[ohajoːarimasu]高年層では，オハヨーア￢リマシタの言い方が多い。
■おび【帯】《衣》
オ￢ビ[obi]【名】オ￢ビョー　シメ￢ル（帯を締める）。
■おひとよし【御人好し】《行動・感情》
オヒトヨシ[oçitojoʃi]【名】アノ￢ヵァー──（あの子はお人良し）。

■おぶいひも【負ぶい紐】《衣》
オイヒ￢モ[oiçimo]【負い紐】【名】
■おべっか《社会・交通》
オセージ[oseːʑi]【御世辞】【名】オセージョ　ユー（おべっかを言う）。
■おぼえる【覚える】《教育》
オボエ￢ル[oboɸːru]【動】オボエン，オボ￢エタ，オボ￢エマス。ナマァーオ──（名前を覚える）。
■おぼれる【溺れる】《人体》
オボレル[oboreru]【動】オボレン，オボレタ，オボレ￢マス。カワ￢デ　オボレタ　コ￢トガ　アル（川で溺れたことがある）。
■おまえ【御前】《助詞・助動詞・その他》⇒おまえら
エァータ￢[æːta]
■おまえら【御前等】《助詞・助動詞・その他》⇒おまえ
エァータ￢ラ[æːtara]
■おまけ【御負け】《勤怠・難易・経済》
オマケ[omake]【名】
■おみき【御神酒】《民俗》
オミキ[omiki]【名】神様に供えるお酒。
■おめでとう《社会・交通》
オメデトーア￢リマス[omedetoːarimasu]
■おもい【重い】《人体》
オモティー[omotæː]【重たい】【形】オモトーナル，オモタケ￢リャー。ダンダン　オモトーナ￢ル（だんだん，重くなる）。
■おもいだす【思い出す】《行動・感情》
オモイダ￢ス[omoidasu]【動】オモイダサン，オモイダ￢シタ，オモイダ￢シマス。ムカショー──（昔を思い出す）。オモエダ￢スとも。
■おもう【思う】《行動・感情》⇒かんがえる
オモ￢ー[omoː]【動】オモワン，オモ￢ータ，オモ￢イマス。①心配する。コドモノ　ショーレァーオ──（子供の将来を思う）。②信じる。ジブンガ　タダシ￢ート──（自分が正しいと思う）。③願う。オモイ

ドーリン ナラーン(思い通りにならない)。

■おもしろい【面白い】《行動・感情》
オモシロェー[omoʃirøː]【形】オモシローナル, オモシロケリャー。アノーヒトノ ハナシーガ ──(あの人の話が面白い)。

■おもちゃ【玩具】《遊戯》
オモーチャ[omotʃa]【名】──デ アソブ(おもちゃで遊ぶ)。

■おもて【表】《住》
オモテ[omote]【名】紙, 葉, 着物などにより, 言い分けることはない。

■おもや【母屋】《住》
オーモヤ[omoja]【名】

■おや【親】《人間関係》
オヤー[oja]【名】

■おやすみなさい【御休みなさい】《社会・交通》
オヤスミナセァーマセ[ojasuminasæːmase]

■おやつ【御八つ】《食》⇒きゅうけい
オヤーツ[ojatsu]【名】オヤーツと言えば, 子供向けのもののような感じがある。大人の人で, 特に, 労働の中休みに食べるのはオチャと言う。

オチャ[otʃa]【御茶】【名】食事と食事の間に食べる軽food。特に労働の間で, 休息の意味も含めて食することが多い。──ニ シテーガ ヨローシュー アーリマス(お茶になさいませ)。

■おやゆび【親指】《人体》
オヤーユビ[ojajubi]【名】

■およぐ【泳ぐ】《人体》《遊戯》
オヨーグ[ojogu]【動】オヨガーン, オヨェーダ, オヨーギマス。ウーミデ ──(海で泳ぐ)。ナツーニャー カワーデ オヨーイダ(夏には川で泳いだ)。

■おりる【降りる】《行動・感情》《時間・空間・数量》
オリール[oriru]【動】オリーン, オリータ, オーリマス。ハシゴー ──(はしごを降りる)。ニケァーカラ ──(二階から降りる)。

■おる【折る】《時間・空間・数量》
オール[oru]【動】オラーン, オッタ, オーリマス。エダー ──(枝を折る)。

■おる【織る】《農・林・漁業》
オル[oru]【動】オラン, オッタ, オリーマス。ハターー ──(機を織る)。若年層では, オルとなる。

■おれ【俺】《助詞・助動詞・その他》
オレ[ore]
ワタシ[wataʃi]【私】

■おれら・おれたち【俺等・俺達】《助詞・助動詞・その他》
ワタシラ[wataʃira]【私等】
オレラー[oreraː]

■おろしがね【下ろし金】《食》
ディァーコンースリ[dæːkoɴsuri]【大根摺り】【名】

■おろす【下ろす・降ろす】《時間・空間・数量》
オロース[orosu]【動】オロサーン, オローシタ, オローシマス。ニーモツー ──(荷物を下ろす)。

■おわり【終わり】《時間・空間・数量》
オワリ[owari]【名】ソレデ ──ヨ(それで終わりよ)。

■おわる【終わる】《教育》⇒おえる
オワル[owaru]【動】オワラーン, オワッタ, オワリーマス。ジューギョーガ ──(授業が終わる)。

■おんな【女】《人間関係》
オンナー[onna]【名】

■おんなのこ【女の子】《人間関係》
オンナーノコ[onnanoko]【名】

■おんぶ【負んぶ】《人間関係》
オーウ[ou]【負う】【動】オワーン, オータ, オーイマス。「おんぶ」に該当する名詞形はなく, 動詞形オーウ(おぶう)で表す。

か

■か【蚊】《動物》
カ[ka]【名】
■か【反語・疑問】《助詞・助動詞・その他》
カネ[kane]疑問。カネは主として女性が用い，男性で乱暴な言い方の時は，カを用いる。ナ˥ニョー　シチョ˥ルンカネ(何をしているのか)。反語の意では該当する語形を得られなかった。
■が【蛾】《動物》
ガ[ga]【名】──ガ　トンデ　キ˥タ(蛾が飛んで来た)。
■が【主体】《助詞・助動詞・その他》
ガ[ga]ワタシガ　イキ˥マス(私が行きます)。
■かい【貝】《動物》《食》新のみ
ケァー[kæː]【名】あさりや，はまぐりは，ケァーと呼ばれることが多い。調査地は山村なので，あまり生活に密着していない。
　⇨あさり
■かい【単なる疑問・念押しを含む疑問】《助詞・助動詞・その他》
カネ[kane]①疑問。カネは，主として女性が用い，男性が乱暴に言う時は，カを用いる。エァータ˥ー　アシタ˥モ　キ˥テクレルカネ(あなたは明日も来てくれるかね)。②念押しを含む疑問。エァータ˥ー　アシタ˥モ　キ˥テクレルカネ(あなたは明日も来てくれるかね)。
■かいこ【蚕】《動物》《農・林・漁業》
ケァーコ[kæːko]【蚕】【名】季節によって，蚕の呼び方の違いがあるかどうかは知らない。日常生活では使い分けはない。──ガ　マユー　ツク˥ッチョル(蚕がまゆを作っているくまゆがすでにできている)。
■かいこんち【開墾地】《農・林・漁業》
ケァーコン˥チ[kæːkonʨi]【開墾地】【名】名称は知っているが，日常生活では用いない。
■かいしゃいん【会社員】《職業》
ケァーシャ˥イン[kæːʃaiɲ]【名】
ジム˥インサン[ʥimuiɲsaɲ]【事務員さん】【名】会社に勤めて事務を執る人。
コーイン[koːiɲ]【工員】【名】工場で働く人。
ツトメニン[tsutomeɲiɲ]【勤め人】【名】官庁・会社などに勤務して給料をもらっている人。
■かいだん【階段】《住》
ケァーダン[kæːdaɲ]【名】
■かいもの【買い物】《勤怠・難易・経済》
ケァーモノ[kæːmono]【名】──ガ　ス˥ンダ(買い物が済んだ)。
■かう【飼う】《動物》
カウ[kau]【動】カワン・コ˥ータ，カ˥イマス。カチクー　──(家畜を飼う)。
■かう【買う】《勤怠・難易・経済》
カウ[kau]【動】カワン，コ˥ータ，カイ˥マス。クスリョー　──(薬を買う)。
■かえす【孵す】《動物》
ケァ˥ス[kæsu]【動】カエサ˥ン，カエ˥シタ，カエ˥シマス。タマ˥ゴー　──(卵をかえす)。
■かえす【返す】《社会・交通》
モド˥ス[modosu]【戻す】【動】モドサ˥ン，モド˥シタ，モド˥シマス。カッタ　モノ˥ー　──(借りた物は返す)。
■かえで【楓】《植物》
モミ˥ジ[momiʥi]【紅葉】【名】
■かえる【蛙】《動物》
ケァール[kæːru]【名】──ガ　ナキ˥ヨル(蛙が鳴いている)。蛙の総称であるが，調査で多いのは，ひきがえるであるため，ケァールと言えば，ひきがえるをさしていることが多い。
■かえる【帰る】《社会・交通》
ケァー˥ル[kæːru]【動】カエラ˥ン，カエ˥ッタ，カエ˥リマス。やや共通語的。イツ──(何時，帰るの)。文末は上昇調。

モド￣ル[modoru]【戻る】《動》モドラ￣ン、モド￣ッタ、モドリマス。もともとの言い方。イ￣ツ モド￣ルカ ワカラ￣ン(いつ、帰るか、わからない)。
- かえる【変える】《時間・空間・数量》新のみ

カエ￣ル[kaeru]《動》カエ￣ン、カエ￣タ、カエ￣マス。イロ￣— ——(色を変える)。
- かお【顔】《人体》

カオ￣[kao]《名》ハズカ￣シューテ ——ガ アコーナ￣ル(恥ずかしくて顔が赤くなる)。
- かかえる【抱える】《人体》

カケァール[kakæːru]【抱える】《動》カカエ￣ン、カケァータ、カカエマス。①「抱く」の場合は、両手以外に、体の前面(胸やひざなど)を支点にしている場合が多い。②引き受ける。シゴト￣ カケァ￣テ イソガシー(仕事を抱えて忙しい)。③雇う。オカカエウンテ￣ンシュ(お抱え運転手)のように用いる。
- かかし【案山子】《農・林・漁業》

カガシ[kagaʃi]《名》
- かかと【踵】《人体》

カガト[kagato]《名》足の裏の後ろの部分の名称。

キビス[kibisu]《名》かかとのやや後方を示すことが多いようであるが、かかとの俚言形としてカガトと同じ部分をさすこともあり、部分による違いは、はっきりしない。キビス￣— アカギレガ キ￣レタ(かかとにあかぎれが出来た)。
- かがみ【鏡】《衣》

カガミ￣[kagami]《名》カガミョ￣— ミ￣ル(鏡を見る)。
- かがみもち【鏡餅】《民俗》

オカガミ[okagami]【御鏡】《名》
- かかる【掛かる】《時間・空間・数量》

カカ￣ル[kakaru]《動》カカラ￣ン、カカ￣ッタ、カカリマス。キニ ——(気に掛かる)。
- かき【牡蠣】《動物》

カキ￣[kaki]《名》
- かき【柿】《植物》

カキ[kaki]《名》
- かぎ【鍵】《住》

カギ￣[kagi]《名》
- かきね【垣根】《住》

カキ￣[kaki]【垣】《名》
- かく【掻く】《人体》

カ￣ク[kaku]《動》カカ￣ン、ケァータ、カキマス。①つめを立ててこする。カイ￣ート￣— ——(かゆいところをかく)。カイ￣カラ センナー ——(かゆいので背中をかく)。②押しのける。ミズ￣— ——(水をかく)。③発汗する。ア￣ショー ——(汗をかく)。④かき混ぜる。オコーセンオ ——(麦焦がしをかく)。⑤かき分けて、取り除く。ユキョ￣— ——(雪をかき分ける)。
- かく【書く】《教育》

カ￣ク[kaku]《動》カカ￣ン、カ￣イタ、カキマス。①ジョ￣— ——(字を書く)。②テガミョ￣— ——(手紙を書く)。
- かぐ【嗅ぐ】《人体》

ニョ￣—[ɲijoː]【匂う】《動》ニョワ￣ン、ニョ￣ータ、ニョ￣イマス。ニョェーオー ——(においをかぐ)。ニョ￣ーテ ミル(かいでみる)。ニョ￣ーのニの子音の口蓋化の程度は共通語に比べ弱い。
- かくす【隠す】《時間・空間・数量》

カク￣ス[kakusu]《動》カクサ￣ン、カク￣シタ、カク￣シマス。ヒト￣— ——(人を隠す)。
- かくれる【隠れる】《動》

カクレ￣ル[kakureru]【隠れる】《動》カクレ￣ン、カク￣レタ、カク￣レマス。イエノ カ￣ゲー ——(家の陰に隠れる)。
- かぐら【神楽】《民俗》

オカ￣グラ[okagura]【御神楽】《名》知識として知っているだけ。
- かくれる【隠れる】《社会・交通》

カクレ￣ル[kakureru]《動》カクレ￣ン、カ

クレタ，カクレマス。イエノ　カゲー──（家の陰に隠れる）。ドコェー　カクレタンカネ（どこに隠れたのかしら）。
■**かくれんぼう**【隠れん坊】《遊戯》
カクレガー[kakuregaː]【名】
■**かげ**【陰・影】《天地・季候》
カゲ[kage]【名】①日がさえぎられて少し暗くなっている所。②さえぎる物。③形だけが映って見える物。④水などに映って見える姿。
■**がけ**【崖】《天地・季候》
ガケ[gake]【名】
■**かけっこ**【駆けっこ】《遊戯》
カッケリガー[kakkerigaː]【名】走りっこの意。──ナラ　マケン（駆けっこなら負けない）。
■**かける**【掛ける】《時間・空間・数量》
カケル[kakeru]【動】カケン，カケタ，カケマス。ボーショー──（帽子を掛ける）。
■**かご**【籠】《農・林・漁業》
カゴ[kago]【名】
■**かさ**【傘】《衣》
カサ[kasa]【名】紙の傘，布の傘がある。区別は，さほどしない。カサと言えば，材質，用途に関係なく，開閉式で，柄のあるものを意味するが，主として雨傘をさす。
■**かさ**【笠】《衣》
カサ[kasa]【名】ミノガサ，スゲガサという名称は聞くが，実物は日常生活では用いない。
■**かし**【菓子】《食》
オカシ[okaʃi]【御菓子】【名】
オヤツ[ojatsu]【名】間食。子供向けのことが多い。⇨おやつ
■**かじ**【火事】《住》
カジ[kaʑi]【名】
■**かじる**【齧る】《動物》
カジル[kaʑiru]【動】カジラン，カジッタ，カジリマス。オイモー──（お芋を

かじる）。「背中をかく」，「かつお節を削る」，「なべ底のすすをこそぐ」という場合は次のように言う。セナー　カク（背中をかく）。カツオブショー　ケズル（かつお節を削る）。ナベゾコノ　スㇲー　コサグ（なべ底のすすをこそぐ）。
■**かす**【貸す】《社会・交通》
カス[kasu]【動】カサン，カシタ，カシマス。ヒトェー　モノー──（人に物を貸す）。
■**かぜ**【風】《天地・季候》
カゼ[kaʣe]【名】
■**かぜ**【風邪】《人体》
カゼ[kaʣe]【名】
■**かせぐ**【稼ぐ】《勤怠・難易・経済》
カセグ[kasegu]【動】カセガン，カセーダ，カセギマス。①精を出して働く。アノ　オトコァー　イチニチジュー　ヨー──ネ（あの男は，一日中よく稼ぐね）。②収入を得る。オカニョー──（お金を稼ぐ）。カセグは，使用語としてより，理解語としての方が優勢である。
■**かそう**【火葬】《民俗》
カソー[kasoː]【名】
■**かそうば**【火葬場】《民俗》
ヤキバ[jakiba]【焼き場】【名】
■**かぞえる**【数える】《時間・空間・数量》
カゾェール[kaʣøiru]【動】カゾェン，カゾェータ，カゾェマス。カズー──（数を数える）。
■**かぞく**【家族】《人間関係》
カゾク[kaʣoku]【名】
■**かた**【肩】《人体》
カタ[kata]【名】①肩。──ディキョースル（肩で息をする）。②肩の筋。──ガコル（肩が凝る）。③肩の関節。──ガハズレタ（肩が外れた）。この場合，肩の骨が外れるとか，鎖骨が外れるなどのように言うのが一般的でわかりやすい。
■**かたあしとび**【片足跳び】《遊戯》
ケンケン[kenken]【名】──ブトノ（片足

■かたい【固い】《時間・空間・数量》
カタァー[kataːː]【形】カトーナール、カタケ˥リャー。オモチガ ── (おもちが固い)。オ˥ビガ カタスギル(帯がきつ過ぎる)。⇨きつい

■かたぐるま【肩車】《遊戯》
ビンブク[bimbuku]【名】ビンブクー　スル(肩車をする)。ビンビコとも。

■かたち【形】《時間・空間・数量》
カタチ[katatʃi]【名】── ガ　デ˥キタ(形ができた)。
カタ˥[kata]【型】【名】洋服などのデザインを言う。ヨ˥ーフクノ ── ガ　エ˥ー(洋服の型が良い)。

■かたづける【片付ける】《住》
シマ˥ウ[ʃimau]【仕舞う】【動】シマワ˥ン、シモ˥ータ、シマ˥イマス。コ˥コー　シモ˥ーテカラ　オチェ˥ァー　ショー(ここを片付けてから、お茶にしよう)。

■かたつむり【蝸牛】《動物》
デンデ˥ンムシ[dendemmuʃi]【でんでん虫】【名】── ガ　ツノ˥ー　ダシタ(かたつむりが角を出した)。

■かたる【語る】《人体》⇨いう、しゃべる、はなす
カタル[kataru]【動】カタラン、カタッタ、カタリ˥マス。聞いて知っているだけで、生活で用いることはない。ムカシバ˥ナショー　スル(昔話をする)のように言う。

■かつ【勝つ】《社会・交通》
カ˥ツ[katsu]【動】カタラ˥ン、カッタ、カ˥チマス。スモーニ ── (相撲に勝つ)。

■かつお【鰹】《動物》
カツオ[katsuo]【名】

■かつおぶし【鰹節】《食》
カツォーブシ[katswoːbuʃi]【名】

■かつぐ【担ぐ】《人体》
カツ˥グ[katsugu]【動】カツガ˥ン、カツィ˥ーダ、カツ˥ギマス。①一人で軽い物を肩で支え持つ。テッポ˥ー ── (鉄砲を担ぐ)。②一人で重い物を肩で支え持つ。タ˥ラ˥ー ── (俵を担ぐ)。③天秤棒を用いて支え持つ場合などには、カツ˥グは用いないで、カ˥クを用いる。④神輿が対象の場合にも用いる。オミ˥コショー ── (御神輿を担ぐ)。
カ˥ク[kaku]【舁く】【動】カカン、ケァ˥ータ、カ˥キマス。手や、天秤棒などで、置かれている物体を、空間に持ち上げ保持すること(天秤棒の両端に物をぶらさげて一人で肩で支え持つ場合、天秤棒の真中に物をぶらさげて二人で肩で支え持つ場合を含む)。この場合、その物体を移動する目的を持っていることも多い。オーコ˥デ　オ˥キョー ── (天秤棒で桶を担ぐ)。モッコー ── (もっこを担ぐ)。

■がっく【学区】《教育》
該当する語形を得られなかった。

■がっこう【学校】《教育》
ガッコー[gakkoː]【名】── エ　アガル(学校へ上がる)。── オ　デル(学校を卒業する)。── カラ　ケァ˥ール(学校から帰る)。

■かってぐち【勝手口】《住》新のみ
該当する語形を得られなかった。

■かっぱ【合羽】《衣》
カッパ[kappa]【名】雨具の一種。ゴムや、紙などで出来ており、活動するのに便利。

■かっぱ【河童】《民俗》
カッパ[kappa]【名】絵本や話に出て来る名称で、どんなものかは知らない。
エンコ[eŋko]【名】水棲の架空の動物。夏の終わりごろ泳ぐと、── ガ　アショ˥ーヒッパ˥ル(エンコが足を引っ張る)と言われ、お盆が過ぎると川などで泳ぐことは戒められた。

■がてら《助詞・助動詞・その他》
ガテラ[gatera]ケァ˥ーモノガ˥テラ　デ˥テクル(買い物がてら出てくる)。

■かど【角】《時間・空間・数量》

かたい～かみ

カド[kado]【名】カドー マガル(角を曲がる)。
■かどまつ【門松】《民俗》
カドマツ[kadomatsu]【名】
■かな【疑問】《助詞・助動詞・その他》
カネ[kane]コレデ エーンカネ(これで良いのかね)。
■かなしい【悲しい】《行動・感情》
カナシー[kanaʃiː]【形】カナシューナル,カナシケリャー。カナシューテ ナミダガ デル(悲しくて，涙が出る)。
■かなづち【金槌】《住》
カナズチ[kanadzutʃi]【名】
■かなへび【金蛇】《動物》⇨かまきり，とかげ
トカキリ[tokakiri]【名】とかげとして理解しているものの中に含まれているようであるが，金蛇と区別して理解していない。⇨とかげ
■かならず【必ず】《行動・感情》
カナラーズ[kanaradzu]── イク(必ず行く)。
■かに【蟹】《動物》
カニ[kaɲi]【名】── ガ ハーエヨル(かにが這っている)。
■かね【金】《勤怠・難易・経済》
オカネ[okane]【御金】【名】
■かねもち【金持ち】《勤怠・難易・経済》
オカネモチ[okanemotʃi]【御金持ち】【名】
ブゲンシャー[bugenʃa]【分限者】【名】オカネモチより方言意識が強い。アレーカター ──(あの方は金持ちだ)。
■かばん【鞄】《教育》
カバン[kabaɴ]【名】年長者の間では，ハンドバック類もカバンと言う人がいる。
■かび【黴】《植物》
カビ[kabi]【名】
■かぶ【株】《植物》
カブ[kabu]【名】
■かぶる【被る】《人体》《衣》⇨きる
カブール[kaburu]【動】カブラン，カブッタ，カブーリマス。ボーショー ──(帽子をかぶる)。
カズク[kadzuku]【動】カズカン，カズイタ，カズキマス。古い言い方。ボーショー ──(帽子をかぶる)。
■かべ【壁】《住》
カベ[kabe]【名】
■かぼちゃ【南瓜】《植物》
カボチャ[kabotʃa]【名】
ナンキン[naŋkiɴ]【南京】【名】カボチャと同意。
■かま【釜】《食》
ハガマ[hagama]【羽釜】【名】── デ ゴハンー タク(かまでご飯を炊く)。
■かま【鎌】《農・林・漁業》
カマ[kama]【名】
■かまきり【蟷螂】《動物》⇨とかげ，かなへび
カマーキリ[kamakiri]【名】
■かます【叺】《農・林・漁業》
カマス[kamasu]【名】
■かまど【竈】《住》
ヒドコ[çidoko]【火床】【名】
クズシ[kudzuʃi]【名】── デ タク(かまどで炊く)。
■かまぼこ【蒲鉾】《食》
カマボコ[kamaboko]【名】
■がまん【我慢】《行動・感情》
ガマーン[gamaɴ]【名】共通語意識がある。── スル(我慢する)。
コレァール[koræːru]【堪える】【動】コラエン，コラエタ，コラエマス。カイターケード ──(買いたいけれど我慢する)。
■かみ【上】《天地・季候》
カーミ[kami]【名】カワノ ──(川の上)。
■かみ【髪】《人体》⇨あたま
カミー[kami]【名】カミョー トク(髪をとく)。カミョー カク(髪を整える)。
カミゲ[kamige]【髪毛】【名】頭髪の毛そのものをさす。── ガ ツィーチョル(髪の

毛が付いている)。

オケ⸀シ[okeʃi]【名】おかっぱの髪形。

カミノケ[kaminoke]【髪の毛】【名】カミ⸀よりも、頭髪一本一本の感じがする。

■かみ【神】《民俗》

カミ⸀[kami]【名】

カミ⸀サマ[kamisama]【神様】【名】日常生活ではこの言い方が一般的。幼児語でもこう言う。

■かみ【紙】《教育》

カミ⸀[kami]【名】紙の種類は、ガヨ⸀ーシ、ハン⸀シ、ショージガ⸀ミ、チリシ、ボ⸀ルシ、ヨ⸀ーシ、ワ⸀シなどがある。

ガヨ⸀ーシ[gajoːʃi]【画用紙】【名】絵をかくための紙。

ハン⸀シ[haɲʃi]【半紙】【名】主として、習字など、毛筆用に用いる紙。

ショージガ⸀ミ[ʃoːʤigami]【障子紙】【名】障子用の紙。

チリシ[ʧiriʃi]【塵紙】【名】鼻紙などに用いる紙。

ボ⸀ルシ[boːruʃi]【ボール紙】【名】わらを原料とした厚手の紙。

ヨ⸀ーシ[joːʃi]【洋紙】【名】和紙に対する名称。西洋紙一般を意味するが、特に、模造紙をさすことが多い。

ワ⸀シ[waʃi]【和紙】【名】和紙。原料には、みつまた、こうぞが用いられ、調査地一帯は、徳地紙の名で知られていた。

■かみそり【剃刀】《衣》

カミソリ⸀[kamisori]【名】単にソリ⸀と言う場合もある。

■かみだな【神棚】《民俗》

カミダ⸀ナ[kamidana]【名】

■かみなり【雷】《天地・季候》

カミナリ⸀[kaminari]【名】

■かむ【噛む】《人体》《食》

カ⸀ム[kamu]【動】カマ⸀ン、カ⸀ンダ、カ⸀ミマス。1そしゃくする。ヨ⸀ー　カ⸀ンデ　タベナセァ⸀ー（よく噛んで食べなさい）。

2かじる。ツミョー　──（つめをかむ）。

■かめ【亀】《動物》

カメ⸀[kame]【名】──ガ　ホ⸀ーテ　キ⸀ョル（亀がはって来ている）。カ⸀メとも言う。

■かめ【瓶】《食》

カメ⸀[kame]【名】

ハンドー[handoː]【名】水をためておくもの。今はない。

■かも【鴨】《動物》

カ⸀モ[kamo]【名】日常生活にあまり登場してこない。

■かもい【鴨居】《住》

カモェー⸀[kamøː]【名】

■かもめ【鷗】《動物》

カモメ⸀[kamome]【名】日常生活には登場しない。歌や詩の中で知っている。

■かや【蚊帳】《住》

カヤ[kaja]【名】カヤー　ツル（蚊帳をつる）。

■かゆ【粥】《食》

オケァー[okæː]【御粥】【名】オケァーには、あまり具は入れないが、多少、栄養のために動物性蛋白や、野菜などを入れることもある。

シラカ⸀ユ[ʃirakaju]【白粥】【名】具を全く入れないかゆ。病人食。

■かゆい【痒い】《人体》

カイ⸀ー[kaiː]【形】カ⸀ユナル、カ⸀イケリャー。カガ　サ⸀シタ　トコ⸀ガ　──（蚊が刺したところがかゆい）。

イタガイ⸀ー[itagaiː]【痛痒い】【形】イタガユナル、イタガ⸀イケリャー。痛さとかゆさが混じった感じ。

■から・からだ【空・空だ】《時間・空間・数量》

カラ⸀[kara]【名】──ン　ナル（空になる）。

■から【起点・理由】《助詞・助動詞・その他》

カラ[kara]1起点。バ⸀サー　コ⸀ッ──デル（バスはここから出る）。2理由。ヤカマシ⸀ー──　アッチ⸀ー　イコー（うるさいからあっちへ行こう）。

■がら【柄】《衣》《行動・感情》

ガラ[gara]《名》——ガ キニ イル(柄が気に入る)。

■からい【辛い】《食》⇨しょっぱい

カレァー[karæː]《形》カ￢ローナル, カラケ￢リャー。カ￢ラケリャー タベ￢ンデモエ￢ー(辛ければ食べなくてもよい)。

■からかう【揶揄】《社会・交通》

カモー[kamoː]《構う》《動》カモワ￢ン, カモ￢ータ, カモ￢イマス。ヒト￢ー ——(人をからかう)。

カラカウ[karakau]《動》カラカワ￢ン, カラコ￢ータ, カラカイ￢マス。共通語的。ヒト￢ー ——モ￢ンジャー ネァ￢ー(人をからかうもんじゃあない)。

■からし【辛子】《食》

カラシ[karaʃi]《名》

■からす【鳥】《動物》

カラス[karasu]《名》カ￢ラスとも言う。

■がらす【硝子】《住》

ガラス[garasu]《名》

■からだ【体】《人体》

カラダ[karada]《名》頭, 首, 胴, 手足全体, 五体。——ガ イタァ￢ー(体が痛い)。年長者で, ゴタァ￢ーと言う人もある。

ゴタァー[gotæː]《五体》《名》——オ ウゴカ￢スト エ￢ー(体を動かすと良い)。

■かり【狩り・猟】《農・林・漁業》

リョー￢[rjoː]《猟》《名》

■かりゅうど【狩人】《職業》

リョー￢シ[rjoːʃi]《猟師》《名》

■かりる【借りる】《社会・交通》

カル[karu]《借》《動》カラ￢ン, カッタ, カリ￢マス。ヒトェ￢ー モノ￢ー ——(人に物を借りる)。

■かる【刈】《植物》《農・林・漁業》

カル[karu]《動》カラ￢ン, カッタ, カリ￢マス。イ￢ネョー ——(稲を刈る)。イ￢ニュー ——(稲を刈る)。「頭を刈る」とは共通語として聞くことがあるが, 用いない。⇨つむ

■かるい【軽い】《人体》

カリー[kariː]《形》カルーナ￢ル, カルケ￢リャー。—— フトンガ スキ(軽い布団が好き)。

■かれ【彼】《助詞・助動詞・その他》

該当する語形を得られなかった。

■かれい【鰈】《動物》

カレー[kareː]《名》

■かれら【彼等】《助詞・助動詞・その他》

該当する語形を得られなかった。

■かれる【枯れる】《植物》

カレル[kareru]《動》カレ￢ン, カレタ, カレ￢マス。キ￢ガ カレタ(木が枯れた)。

■かわ【川】《天地・季候》

カワ￢[kawa]《名》カワ￢ー ワタル(川を渡る)。

■かわ【皮】《動物》《植物》《人体》新のみ

カワ￢[kawa]《名》果物の皮, 動物の皮, 共にカワ￢と言う。

■かわいい【可愛い】《人間関係》

カワイー[kawaiː]《形》カワ￢イケリャー, カワ￢ユーナル。

■かわいそうだ【可哀想だ】《人間関係》⇨きのどく

カワイソー￢[kawaisoː]

■かわく【乾く・渇く】《衣》《食》《時間・空間・数量》

カワ￢ク[kawaku]《動》カワカ￢ン, カウェァ￢ータ, カワ￢キマス。①渇く。ノドガ カウェァ￢ータ(のどが渇いた)。ノドガ ——(のどが渇く)。②乾く。センタクモノガ カウェァ￢ータ(洗濯物が乾いた)。

ヒル[çiru]《干る》《動》ヒ￢ン, ヒ￢タ, ヒ￢マス。方言的な言い方。近ごろは, あまり聞かれない。

イラク[iraku]《動》イレァ￢ータ。古い言い方。老年層で使われているのは, 終止形, 過去形のみ。洗濯物などが, ヨ￢ー イレァ￢ータ(良く乾いた)のように用いる。

■かわら【瓦】《住》

カーラ￢[kaːra]《名》

■かわり【代わり】《時間・空間・数量》
カワリ[kawari]《名》アノ￣ヒトノ　――ニ　デ￣ル(あの人の代わりに出る)。

■かわりもの【変わり者】《行動・感情》
カワリモノ[kawarimono]《名》

■かわる【変わる】《時間・空間・数量》
カワル[kawaru]《動》カワラン，カワッタ，カワリ￣マス。イロ￣ガ　カワッタ(色が変わった)。

■がん【雁】《動物》
ガ￣ン[gaɴ]《名》日常生活のなかには，あまりあらわれない。

■かんおけ【棺桶】《民俗》
オカ￣ン[okaɴ]《御棺》《名》

■かんがえる【考える】《教育》⇒おもう
カンゲァ￣ル[kaŋgæːru]《動》カンガェ￣ン，カンゲァ￣タ，カンガ￣エマス。①コレカラ　サキ￣ノコト￣ー――(これから先のことを考える)。②ソリャー　カンガ￣エ　チョッタホド　ヨーネァ￣ー(それは考えていたほど良くない)。③アタラシ￣ー　ホーホー――(新しい方法を考える)。

■がんこ【頑固】《行動・感情》
ガ￣ンコナ[gaŋkona]《頑固な》――　カンゲァー(頑固な考え)，コノ　カジャー――(この風邪は頑固だ)。

■かんちょう【干潮】《天地・季候》
カンチョー[kantʃoː]《名》日常生活では用いない。

■かんな【鉋】《住》
カンナ￣[kanna]《名》カンナ￣ー　カケ￣ル(かんなをかける)。

■かんぬし【神主】《職業》
カ￣ンヌシ[kannuʃi]《名》

■がんばる【頑張る】《行動・感情》
ガンバ￣ル[gambaru]《動》ガンバラ￣ン，ガンバ￣ッタ，ガンバ￣リマス。シゴトデ――(仕事で頑張る)。

■かんぶつえ【灌仏会】《民俗》新のみ
アマチャマ￣ツリ[amatʃamatsuri]《甘茶祭り》《名》知識として知っているだけ。

き

■き【木】《植物》
キ￣[kiː]《名》

■き【気】《行動・感情》
キ[ki]《名》①気分。――オ　オモム(気をもむ)。②気質。――ガ　ツェ￣ー(気が強い)。③精神の働き。――ガ　キク(気が利く)。④考え。――ガ　ツク(気が付く)。

■きいと【生糸】《農・林・漁業》
キイ￣ト[kiːto]《名》

■きいろ【黄色】《時間・空間・数量》
キ￣ー[kiː]《黄》《名》――ガ　コイ￣ー(黄色が濃い)。

■きいろい【黄色い】《時間・空間・数量》
キーロェー[kiːrøː]《形》――　モン￣ガ　ス￣キ(黄色いものが好き)。

■きく【菊】《植物》
キク￣[kiku]《名》

■きく【聞く・聴く】《人体》
キク[kiku]《動》キカン，キータ，キキ￣マス。①聞く。ハナショ￣ー――(話を聞く)。②従う。オヤノ　ユー　コト￣ー　ヨ￣ー――(親の言うことをよく聞く)。③尋ねる。ミチョー――(道を聞く)。尋ねるの意味では，トウも用いる。

トウ￣[tou]《問う》《動》トワン，トータ，トイ￣マス。尋ねる。ワカラ￣ン　コト￣ー　ヒトェ￣ー――(わからないことを人に尋ねる)。

■きげん【機嫌】《行動・感情》
キゲン[kigeɴ]《名》――ガ　エ￣ー(機嫌が良い)。

■きこり【樵】《職業》
キコリ￣[kikori]《名》名称は知っているが，日常生活では用いない。

■きし【岸】《天地・季候》
ギシ⌐[giʃi]〖名〗ギシ⌐ー　アガル(岸に上がる)。
■きじ【雉】《動物》
キジ⌐[kidʑi]〖名〗
■きしゃ【汽車】《社会・交通》
キ⌐シャ[kiʃa]〖名〗――ガ　ハシ⌐ル(汽車が走る)。
■きず【傷】《人体》
キズ[kidzu]〖名〗
■きせつ【季節】《天地・季候》⇒きこう
キセ⌐ツ[kisetsu]〖名〗「季節の変わり目」は，ジコーノ　カーリメ(時候の変わり目)と言う。
■きた【北】《天地・季候》
キタ⌐[kita]〖名〗
■きたない【汚い】《衣》
キタネァ⌐ー[kitanæː]〖形〗キタ⌐ノーナル，キタ⌐ナケリャー。――テ⌐デ　イローチャ⌐ー　イケン(汚い手で触ってはいけない)。
■きつい《時間・空間・数量》
エレァ⌐ー[eræː]〖形〗エローナル，エラケリャー。シゴトガ　――(仕事がきつい)。
カテァー[katæː]〖形〗カトーナ⌐ル，カタケ⌐リャー。オ⌐ビガ　――(帯がかたい)。
⇒かたい
■きづち【木槌】《住》新のみ
ツ⌐チ[tsutʃi]〖槌〗〖名〗
■きどる【気取る】《行動・感情》
キナル[kinaru]〖気成る〗〖動〗キナラン，キナリ⌐マス。アノ⌐ヒトァー　キナッチョ⌐ッテ(あの人は気取っている)。完了形は用いない。
■きなくさい【きな臭い】《住》
コゲクセァー[kogekusæː]〖焦げ臭い〗
〖形〗コゲク⌐ソーナル，コゲク⌐サケリャー。――　コトァ⌐ー　ネァー(焦げ臭くはないか)。ネァーの部分は上昇調。
■きなこ【黄な粉】《食》

キナ⌐コ[kinako]〖名〗
■きね【杵】《食》
キ⌐ネ[kine]〖名〗
■きのう【昨日】《時間・空間・数量》
キノ⌐ー[kinoː]〖名〗
■きのうのあさ【昨日の朝】《時間・空間・数量》
キノーノ　ア⌐サ[kinoːno asa]
■きのこ【茸】《植物》
ナ⌐バ[naba]〖名〗
■きば【牙】《動物》
キ⌐バ[kiba]〖名〗キバ⌐ー　ムイチョル(きばをむいている)。
■きび【黍】《植物》《農・林・漁業》
キ⌐ビ[kibi]〖名〗
■きみ【君】《助詞・助動詞・その他》⇒あなた，おまえ
■きみら【君等】《助詞・助動詞・その他》⇒おまえ，あなたがた，おまえら
エァータ⌐ラ[æːtara]
■きもち【気持ち】《行動・感情》
キモチ⌐[kimotʃi]〖名〗――ガ　エ⌐ー(気持ちが良い)。
■きもの【着物】《衣》
キモノ[kimono]〖名〗――ノホ⌐ーガ　スキ(和服の方が好き)。
■きゃく【客】《社会・交通》
オキャク[okjaku]〖御客〗〖名〗
■きゅう【灸】《人体》
オキュー[okjuː]〖御灸〗〖名〗――オ　スエル(お灸をすえる)。
■きゅうす【急須】《食》
キュース[kjuːsu]〖名〗日常あまり用いない。
■きゅうに【急に】《時間・空間・数量》
キューニ[kjuːni]――　トビダ⌐シタ(急に飛び出した)。
■きゅうり【胡瓜】《植物》
キュー⌐リ[kjuːri]〖名〗キュ⌐ーリとも。
■きょう【今日】《時間・空間・数量》
キョ⌐ー[kjoː]〖名〗――カラ　ハジマル(今

エァー⌐タ[æːta]

日から始まる)。
■きょうかしょ【教科書】《教育》
キョーカ˥ショ[kjoːkaʃo]《名》——オ ヒラ˥ク(教科書をひらく)。
■きょうしつ【教室】《教育》
キョーシツ[kjoːʃitsu]《名》——デ ベンキョー スル(教室で勉強をする)。
■ぎょうしょう【行商】《職業》
ギョーショー[gjoːʃoː]《名》ギョーショーという語は知っているが,「行商」そのものは, 日常生活では見られない。
■きょうだい【兄弟・姉妹】《人間関係》
キョ˥ーデァー[kjoːdæː]《名》
■きょうり【郷里】《社会・交通》
ウマレ[umare]【生まれ】《名》ウマリャーシマジデ ア˥リマス。(郷里は, 島地〈地名〉であります)。
■ぎょぎょう【漁業】《農・林・漁業》新のみ
リョ˥ーシ[rjoːʃi]【漁師】《名》
■ぎょじょう【漁場】《農・林・漁業》
ギョジョー[gjoʑoː]《名》名称は知っているが, 日常生活では用いない。
■ぎょせん【漁船】《農・林・漁業》
ギョセン[gjoseɴ]《名》
■きょねん【去年】《時間・空間・数量》
キョネ˥ン[kjoneɴ]《名》
■きらいだ【嫌いだ】《行動・感情》
キレァー[kiræː]【嫌い】オサケナ˥ンカ——(お酒なんか嫌い)。
■きり【霧】《天地・季候》
キリ[kiri]《名》
■きり【桐】《植物》
キリ[kiri]《名》
■きり【錐】《住》
キ˥リ[kiri]《名》——デ アナ˥ー アケル(錐で穴を開ける)。
■きり【限定】《助詞・助動詞・その他》
ギリ[giri]アレ˥ギリ ハ˥ー コ˥ン(あれっきり, もう来ない)。
■ぎり【義理】《社会・交通》

■ギリ[giri]《名》体面。面目。——ガ ワリー(義理が悪い)。ギリョ˥ー タテル(義理を立てる)。「物事の道理」の意味では用いない。
■きりかぶ【切り株】《植物》
キリカ˥ブ[kirikabu]《名》あまり用いることとはない。
■きる【着る】《衣》⇒かぶる
キル[kiru]《動》キン, キタ, キ˥マス。上半身及び, 上半身から下半身へ続いているような衣服を身につける時キルと言う(共通語と同様)。キモノー ——(着物を着る)。セ˥ーターオ ——(セーターを着る)。
■きる【切る】《食》《時間・空間・数量》
キ˥ル[kiru]《動》キラ˥ン, キ˥ッタ, キ˥リマス。ホーチョーデ ——(包丁で切る)。ヤセァーオ ——(野菜を切る)。
■きれい【綺麗】《衣》⇒うつくしい
キレーナ[kireːna] ① 美しい。—— ヒト(美しい人)。② 清潔な。—— ネマキ(清潔な寝巻)。
■きん【金】《天地・季候》
キン˥[kiɴ]《名》キ˥ンとも。
■ぎん【銀】《天地・季候》
ギン˥[giɴ]《名》ギ˥ンとも。
■きんぎょ【金魚】《動物》
キ˥ンギョ[kiŋgjo]《名》
■きんし【近視】《人体》
キンガン[kiŋgaɴ]【近眼】《名》
■きんじょ【近所】《社会・交通》
キンジョ[kinʥo]《名》——ガ ヤカマシ˥ー(近所がうるさい)。

く

■ぐあい【具合】《勤怠・難易・経済》
グェァー˥[guæː]《名》——ガ ワルィー(具合が悪い)。

■くい【杭】《農・林・漁業》
クイ⌐[kui]【名】──ガ ウ⌐ッチャル(杭が打ってある)。ク⌐イとも言う。

■くう【食う】《人体》《食》
タベ⌐ル[taberu]【食べる】【動】タベ⌐ン, タ⌐ベタ, タ⌐ベマス。① 食う。ゴハンオ オナカ イ⌐ッペァー ── (飯を腹いっぱい食う)。オチャズキョー ── (お茶漬けを食べる)。オカショ⌐ー ── (お菓子を食べる)。ナンデモ タ⌐ベマス(何でも食べます)。② 生活する。──コトニャ⌐ー コマラ⌐ン(食べることには困らない)。

イタダク[itadaku]【頂く】【動】イタダカン, イタディータ, イタダキ⌐マス。タベ⌐ルの丁寧な言い方。オサキニ イタダキ⌐マシタ(お先に頂きました)。

アガ⌐ル[agaru]【上がる】【動】アガラン, アガッタ, アガリ⌐マス。目上の人の食べる動作に言う。ハ⌐ヨー アガリ⌐マセー(早くお上がりなさいな)。

■くがつ【九月】《民俗》
ク⌐ガツ[kugatsu]【名】

■くき【茎】《植物》
クキ⌐[kuki]【名】

■くぎ【釘】《住》
クギ[kugi]【名】種類別の名称は得られなかった。

■くさ【草】《植物》
クサ⌐[kusa]【名】

■くさい【臭い】《食》⇒くさる, すえる

クセァ⌐ー[kusæː]【形】ク⌐ソーナル, ク⌐サケリャー。クスリガ ク⌐ソーテ タマラン(薬が臭くてたまらない)。

■くさとり【草取り】《農・林・漁業》
クサヒキ⌐[kusaçiki]【草引き】【名】

■くさはら【草原】《天地・季候》
クサッパラ[kusappara]【名】──エ ヨコニ ナッタ(草原に横になった)。

■くさる【腐る】《植物》《食》⇒くさい, すえる
クサ⌐ル[kusaru]【動】クサラ⌐ン, クサ⌐ッタ, クサ⌐リマス。タマネ⌐ギガ ── (玉ねぎが腐る)。サカナガ ── (魚が腐る)。ゴハ⌐ンガ ── (ご飯が腐る)。

イタ⌐ム[itamu]【傷む】【動】イタマ⌐ン, イタ⌐ンダ, イタ⌐ミマス。腐りかけの感じを言う。食物を対象として言う。ナツァ⌐ー タベモノ⌐ガ イタ⌐ミマス(夏は食物が腐ります)。ゴハンガ イタ⌐ンジョル(ご飯が悪くなっている)。

スエ⌐ル[sueru]【饐える】スエ⌐ン, ス⌐エタ, ス⌐エマス。食物を対象として言う。ゴハ⌐ンガ ス⌐エチョル(ご飯が腐っている)。

■くし【櫛】《衣》
クシ⌐[kuʃi]【名】クシ⌐には、主として、図のような三種の形のものがあり、㈥は、㈤と㈣の用途を、合わせ持つ。

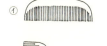

■くじ【籤】《遊戯》
クジ⌐[kuʒi]【名】クジョ⌐ー ヒク(くじをひく)。

■くしゃみ【嚔】《人体》
ハ⌐クション[hakuʃon]【名】──ガ デ⌐ル(くしゃみが出る)。改まった場面では、共通語のクシャミを用いることもある。

■くじら【鯨】《動物》
ク⌐ジラ[kuʒira]【名】クジラとも。

■くず【屑】《天地・季候》
ク⌐ズ[kudzu]【名】

クドロ[kudoro]【名】パン, 米, 菓子など、本来, 正規のものとしては, 整った形をしているものが, 欠けたり, 粉のようになってしまったもの。──ワ ヒトニワ アゲラレン(くずのところは, 他人には, あげることができない)。

■くすぐったい【擽ったい】《人体》
コソバイ⌐ー[kosobaiː]【形】コソバ⌐ーナ

ル，コソバイケ⌐リャー。ワキノ⌐コガ ―― (わきの下がくすぐったい)。アシノウラ⌐― ―― (足の裏はくすぐったい)動詞形は，クスグル。

クスグル[kusuguru]【動】クスグラン，クスグッタ，クスグリ⌐マス。アシノウラ⌐― ―― (足の裏をくすぐる)。

■**くすぐる**【擽る】《人体》

クスグル[kusuguru]【動】クスグラン，クスグッタ，クスグリ⌐マス。アシノウラ⌐― ―― (足の裏をくすぐる)。

■**くずす**【崩す】《時間・空間・数量》新のみ

クズ⌐ス[kuzusu]【動】クズサン，クズ⌐シタ，クズ⌐シマス。ヤマ⌐― ―― (山を崩す)。

■**くすぶる**【燻る】《住》

フスブル[fusuburu]【動】フスブラ⌐ン，フスブッタ，フスブリマス。ワラガ フスブ⌐リヨル(わらがくすぶっている)。

■**くすり**【薬】《食》

クスリ[kusuri]【名】クスリョー ノ⌐ム(薬を飲む)。

■**くすりや**【薬屋】《職業》

クスリヤ[kusurija]【名】

■**くすりゆび**【薬指】《人体》

クスリ⌐ユビ[kusurijubi]【名】―― デ クスリョー ツケ⌐ル(薬指で薬をつける)。

■**くずれる**【崩れる】《時間・空間・数量》

クズレ⌐ル[kuzureru]【動】クズレ⌐ン，クズレタ，クズレマス。イエ⌐ガ ―― (家が崩れる)。ヤマ⌐ガ ―― (山が崩れる)。

グスネ⌐ル[gusuneru]【動】グスネ⌐ン，グスネタ，グスネマス。崩れかけと言うニュアンスがある。イエ⌐ガ グス⌐ネタ(家が崩れかけた)。

■**くせ**【癖】《行動・感情》

クセ⌐[kuse]【名】ヒト⌐ニャー ダレデモ ―― ガ アル(人にはだれでも癖がある)。

■**くだもの**【果実】《植物》《食》

クダ⌐モノ[kudamono]【名】梨・桃の類も，栗・くるみの類もクダ⌐モノと言う。

■**くだる**【下る】《行動・感情》

クダル[kudaru]【動】クダラン，クダッタ，クダリ⌐マス。①ヤマ⌐― ―― (山を下る)。フネデ カワ⌐― ―― (舟で川を下る)。②メーレーガ ―― (命令が下る)。ハンケツガ ―― (判決が下る)。③サンカ⌐シャー ヒャク⌐ニンオ クダラン(参加者は百人を下らない)。④オナカガ ―― (お腹が下る)。

■**くち**【口】《人体》

クチ[kutʃi]【名】①口。クチョー オーキュー アケル(口を大きく開ける)。②ことば。クチョー ツツシム(口を慎む)。③話す。クチョー キク(口をきく)。

■**ぐち**【愚痴】《行動・感情》

グチ[gutʃi]【名】グチョー コボ⌐ス(愚痴をこぼす)。

■**くちごたえ**【口答え】《社会・交通》

クチゴターー⌐[kutʃigotæː]【名】オイェァ⌐― オ スル(親に口答えをする)。

■**くちばし**【嘴】《動物》

クチバシ⌐[kutʃibaʃi]【名】―― デ ツツ⌐ク(くちばしで突つく)。

■**くちびる**【唇】《人体》

クチビル⌐[kutʃibiru]【名】クチビル⌐― カンダ(唇をかんだ)。

■**くちぶえ**【口笛】《人体》

クチブ⌐エ[kutʃibue]【名】

■**くつ**【靴】《衣》

クツ⌐[kutsu]【名】クツ⌐― ハク(靴を履く)。

■**くつわ**【轡】《農・林・漁業》

クツワ⌐[kutsuwa]【名】名称は知っているが，日常生活では用いない。

■**くばる**【配る】《社会・交通》

クバル[kubaru]【動】クバラン，クバッタ，クバリマス。ヒトェ⌐― モノ⌐― ―― (人に物を配る)。

■**くび**【首・頸】《人体》

クビ[kubi]【名】①首。ホーテェーオ クビ

ー マク(包帯を首に巻く)。オマモリョー クビー カケ⌐ル(お守りを首にかける)。②頭。マ⌐ドカラ クビョー ダ⌐ス(窓から首を出す)。
■**くぼち**【窪地】《天地・季候》
クボッタマリ[kubottamari]【窪たまり】【名】
クボッタマ[kubottama]【名】クボッタメァー オ⌐チタ(くぼ地に落ちた)。
■**くま**【熊】《動物》
クマ⌐[kuma]【名】
■**くまで**【熊手】《住・農・林・漁業》
クマデ⌐[kumade]【名】
■**くむ**【汲む】《食》
クム⌐[kumu]【動】クマン, クンダ, クミ⌐マス。ミズー ――(水を汲む)。
■**くも**【雲】《天地・季候》
クモ⌐[kumo]【名】
■**くも**【蜘蛛】《動物》
ク⌐モ[kumo]【名】――ガ スー ハッタ(蜘蛛が巣を張った)。
■**くもり**【曇り】《天地・季候》
クモリ⌐[kumori]【名】
■**くもる**【曇る】《分野1 天地・季候》
クモ⌐ル[kumoru]【動】クモラ⌐ン, クモ⌐ッタ, クモ⌐リマス。
■**くら**【倉】《住》
クラ⌐[kura]【名】物置として用いる。
■**くらい**【暗い】《天地・季候》
クレァー[kuræː]【形】クラケ⌐リャー, クロ⌐ーナル。―― ミチ⌐(暗い道)。
■**ぐらい**【近似的程度・提示的程度】《助詞・助動詞・その他》
グレァー[guræː]【１近似的程度。アルィ⌐ーテ ジップング⌐レァーデ ア⌐リマス(歩いて十分ぐらいです)。②提示的程度。タベ⌐ルグレァーワ ナ⌐ントカ ナ⌐ルィーネ(食べるぐらいは何とかなるわよ)。
■**くらげ**【水母】《動物》
クラゲ⌐[kurage]【名】――ガ サ⌐ス(水母

が刺す)。
■**くらし**【暮らし】《勤怠・難易・経済》
クラシ[kuraʃi]【名】――ガ ラク⌐ナ(暮らしが楽だ)。
■**くらす**【暮らす】《勤怠・難易・経済》
クラス[kurasu]【動】クラサン, クラシタ, クラシ⌐マス。サカナー ウッテ ――(魚を売って暮らす)。
■**くらべる**【比べる】《時間・空間・数量》
クラベル[kuraberu]【動】クラベン, クラベタ, クラベ⌐マス。オモサー ――(重さを比べる)。
■**くり**【栗】《植物》
クリ⌐[kuri]【名】
■**くるしむ**【苦しむ】《社会・交通》
クルシ⌐ム[kuruʃimu]【動】クルシマ⌐ン, クルシ⌐ンダ, クルシ⌐ミマス。ビョーキデ ――(病気で苦しむ)。
■**くるぶし**【踝】《人体》
ク⌐ルブシ[kurubusi]【名】足首にある突起。外側をさすのが普通。内側と外側で名称の違いはない。
■**くるま**【車】《社会・交通》
クルマ[kuruma]【名】自動車一般をクルマと言う。また, 特に自家用やタクシーの乗用車を言う場合もある。――ガ オイ⌐ー(自動車が多い)。クルマー ヨボー(タクシーを呼ぼう)。
■**ぐれる**《社会・交通》
該当する語形を得られなかった。
■**くろ**【黒】《時間・空間・数量》
ク⌐ロ[kuro]【名】
■**くろい**【黒い】《時間・空間・数量》
クロェー[kurøː]【形】クロ⌐ーナル, クロケリャー。イロ⌐ガ クロ⌐ーナル(色が黒くなる)。
■**くろう**【苦労】《行動・感情》
クロ⌐ー[kuroː]【名】ワケァ⌐ー トキャー ―― スルモ⌐ンジャ(若い時は苦労するものだ)。

■くわ【鍬】《農・林・漁業》
クワ[kuwa]〖名〗

■くわ【桑】《植物》《農・林・漁業》
クワ˥[kuwa]〖名〗

■くわのみ【桑の実】《植物》
該当する語形を得られなかった。

け

■け【毛】《動物》⇨かみ
ケ[ke]〖名〗ドーブツニャ˥ー ── ガ ハ˥ エチョル(動物には、毛が生えている)。

■け【回想・疑問】《助詞・助動詞・その他》
ノー[noː]回想。キョネ˥ン イッタカノ˥ー (去年行ったっけ)。ナーと言うこともある。

カシラン[kaʃiraŋ]不確かな回想。キョネ˥ン イッタ˥カシラン (去年行ったかしら)。

■けいき【景気】《勤怠・難易・経済》
ケーキ[keːki]〖名〗イマ˥ゴラー ── ガ エ˥ー (このごろは、景気が良い)。

■けいさん【計算】《教育》⇨かんじょうする
ケーサン[keːsaɲ]〖名〗── スル (計算する)。

タシ˥ザン[taʃidzaɲ]【足し算】〖名〗
ヒキ˥ザン[çikidzaɲ]【引き算】〖名〗
ワリ˥ザン[waridzaɲ]【割り算】〖名〗
カケ˥ザン[kakedzaɲ]【掛け算】〖名〗

■げいしゃ【芸者】《職業》
ゲイシャ[geiʃa]〖名〗

■けいしゃち【傾斜地】《天地・季候》
サカ˥ントコロ[sakantokoro]【坂の所】〖名〗

■けが【怪我】《人体》⇨きず
ケガ˥[kega]〖名〗ケガ˥ー スル (けがをする)。

■けさ【今朝】《時間・空間・数量》
ケ˥サ[kesa]〖名〗ケ˥サー スズシ˥ー (今朝は涼しい)。

■けしずみ【消し炭】《住》
ケシズミ[keʃidzumi]〖名〗
ゴズ[godzu]〖名〗一世代前の人が言っていた。

■けしょう【化粧】《衣》
オケショー[okeʃoː]【御化粧】〖名〗── アマリ シチョラ˥ン (お化粧をあまりしていない)。

■けす【消す】《住》
ケス[kesu]〖動〗ケサン、ケシタ、ケシ˥マス。ヒョ˥ー ── (火を消す)。

■げすい【下水】《住》
ゲスィー[gesʷiː]〖名〗

■けずる【削る】《時間・空間・数量》
ケズル[kedzuru]〖動〗ケズラ˥ン、ケズッタ、ケズリマス。エンピツー ── (鉛筆を削る)。

■げた【下駄】《衣》
ゲタ[geta]〖名〗ゲター ハク (下駄を履く)。

■けち・けちんぼう《行動・感情》
ケ˥チ[ketʃi]〖名〗ケ˥チはあまり用いず、ヨクバリと言うことの方が多い。

ヨクバリ˥[jokubari]【欲張り】〖名〗アノ˥ヒトァー ── ジャネ (あの人は、欲張りだね)。

■げっけい【月経】《人体》
ゲッケー[gekkeː]〖名〗

■けっこん【結婚】《民俗》
ケッコン[kekkoɲ]〖名〗共通語的。日常会話では、ケッコン スルとか、ケッコン シタという言い方より、オヨメニ イク (お嫁に行く)とか、オヨメサンオ モラウ (お嫁さんをもらう)という言い方が多い。

■げつまつ【月末】《時間・空間・数量》
ゲツマツ[getsumatsu]〖名〗

■げひんだ【下品だ】《行動・感情》
ゲヒン[geçiɲ]〖名〗── ナ コトー ユーチャー ツマラ˥ン (下品なことを言ってはいけない)。

ゲサク[gesaku]【下作】〖名〗ゲヒン˥よりも、古いことば。

くわ〜こうもん

■けむし【毛虫】《動物》
イ⌐ラ[ira]【名】──ガ　サ⌐シタ（毛虫が刺した）。
■けむり【煙】《天地・季候》《住》
ケムリ[kemuri]【名】
■けもの【獣】《動物》
ケダモノ[kedamono]【名】
■けやき【欅】《植物》
ケヤキ[kejaki]【名】
■げり【下痢】《人体》
ゲ⌐リ[geri]【名】
■ける【蹴る】《時間・空間・数量》
ケ⌐ル[keru]【動】ケラ⌐ン，ケ⌐ッタ，ケ⌐リマス。アシ⌐デ　ボール──（足でボールをける）。ケツルと言う人もある。
■けれど【逆接】《助詞・助動詞・その他》
ジャガ[ʤaga]ケド，ジャケドも使う。イキテァ⌐ンジャガ　ヒマガ　ネァ⌐ー（行きたいけれど暇がない）。
■けわしい【険しい】《天地・季候》
該当する語形は得られなかった。コノサカ⌐ー　キュ⌐ーナネ⌐ー（この坂は険しいね）のように言う。
■けんか【喧嘩】《遊戯》新のみ《人間関係》
ケンカ[keŋka]【名】
■げんき・げんきだ【元気・元気だ】《行動・感情》
　⇨けんこう・けんこうだ
ゲ⌐ンキナ[geŋkina]【元気な】アノ　オジ⌐ーサンワ　──（あのおじいさんは元気だ）。
■けんこう・けんこうだ【健康・健康だ】《人体》⇨げんき・げんきだ
ゲ⌐ンキ[geŋki]【元気】【名】年長者はマメと言うが，一般にはゲンキが多い。
マメ[mame]──ナ⌐ノガ　ナ⌐ニヨリ（健康なのが何よりだ）。──ナ　ヒト（元気な人・丈夫な人）。
■げんのしょうこ《植物》
ゲンノショ⌐ーコ[gennoʃoːko]【名】名称は知っているが日常生活では用いない。

こ

■こい【鯉】《動物》
コ⌐イ[koi]【名】コ⌐エとも。
■こい【濃い】《時間・空間・数量》
コイ⌐ー[koiː]【形】コ⌐ユーナル，コ⌐イケリャー。①深い。イロ⌐ガ　──（色が濃い）。②しつこい。アジガ　──（味が濃い）。
■こいつ【此奴】《助詞・助動詞・その他》
コレ[kore]【名】
■こいつら【此奴等】《助詞・助動詞・その他》
コレ⌐ラ[korera]【此等】
■こう【斯う】《助詞・助動詞・その他》
コネー[koneː]
■こうし【子牛】《動物》
コウ⌐シ[kouʃi]【名】
■こうじ【麹】《食》
コージ[koːʥi]【名】種類を表す名称はない。コージョー　ネセル（麹を作る）。
■こうでん【香典】《民俗》
コーデン[koːdeɲ]【名】女性で，丁寧に言う人は，オコーデンと言う。
■こうばしい【香ばしい】《食》
コーバシ⌐ー[koːbaʃiː]【形】コーバシューナル，コーバシケ⌐リャー。イ⌐ッタ　ホ⌐ーガ　コーバシュー　ナ⌐ル（煎った方が香ばしくなる）。
■こうびする【交尾する】《動物》
ツゴ⌐ー[tsugoː]【番う】【動】ツガワン，ツガ⌐ータ，ツガイ⌐マス。トンボガ　ツゴ⌐ーチョル（とんぼが交尾している）。
■こうま【子馬】《動物》
コウマ[kouma]【名】
■こうもり【蝙蝠】《動物》
コ⌐ーモリ[koːmori]【名】
■こうもん【肛門】《人体》
コ⌐ーモン[koːmoɴ]【名】日常生活では，オ

シリ˥を用いる方が多く，コーモンは，学習時や，医学的な話題の中に用いる程度である。
■こうよう【紅葉】《植物》
該当する語形を得られなかった。
■こうら【甲羅】《動物》
コー˥[koː]【甲】〖名〗——ガ　カタエ(甲羅が硬い)。
■こえ【声】《人体》
コ˥エ[koe]【名】①音声。オーキナ　コ˥ヨー　ダ˥ス(大きな声を出す)。——デ　ワカ˥ル(声でわかる)。②ことば。ヒトエ˥　コ˥ヨー　カケ˥ル(人に声をかける)。
■こえたご【肥桶】《農・林・漁業》
コエ˥タゴ[koetago]【名】
■こおり【氷】《天地・季候》
コ˥ーリ[koːri]【名】形状，種類による語形の違いはない。
■こおる【凍る・氷る】《天地・季候》
コ˥ール[koːru]【動】コーラン，コータ，コ˥ーリ˥マス。ミズガ　――(水が凍る)。
シミ˥ル[ʃimiru]【動】シミ˥ン，シ˥ミタ，シ˥ミマス。手ぬぐいや雑巾の水分が氷結することを言う。シミルとも言う。タ˥オルガ　シ˥ミチョル(タオルが，凍っている)。
■こおろぎ【蟋蟀】《動物》
コーロ˥ギ[koːrogi]【名】——ガ　キューリヨ˥　タ˥ベヨ(こおろぎが，きゅうりを食べている)。コー˥ロギとも言う。
■ごがつ【五月】《民俗》
ゴ˥ガツ[gogatsu]【名】
■ごきぶり【蜚蠊】《動物》
アブラ˥ムシ[aburamuʃi]【油虫】【名】
■こぐ【漕ぐ】《農・林・漁業》
コ˥グ[kogu]【動】コガ˥ン，コ˥イダ，コ˥ギマス。フネョ˥　――(舟をこぐ)。
■こくばん【黒板】《教育》
コクバン[kokubaŋ]【名】
トハン[tohaŋ]【塗板】【名】黒板のこと。高年層でこう言う人もいる。
ハクボク[hakuboku]【名】白墨，チョークのこと。
シラスミ[ʃirasumi]【白墨】【名】白墨，チョークのこと。高年層が用いる。
■こくもつ【穀物】《農・林・漁業》
コク˥モツ[kokumotsu]【名】
■ごくらく【極楽】《民俗》
ゴクラク˥[gokuraku]【名】
■こけ【苔】《植物》
コケ˥[koke]【名】
■ごけ【後家】《人間関係》
ゴ˥ケ[goke]【名】
■こげつく【焦げ付く】《食》⇒こげる
コゲツ˥ク[kogetsuku]【動】コゲツカ˥ン，コゲツィ˥ータ，コゲツ˥キマス。オナ˥ベ˥　コゲツィ˥ータ(お鍋に焦げ付いた)。
■こげる【焦げる】《食》⇒こげつく
コゲ˥ル[kogeru]【動】コゲ˥ン，コ˥ゲタ，コ˥ゲマス。サカナガ　コ˥ゲタ(魚が焦げた)。
■ここ【此処】《助詞・助動詞・その他》
コ˥コ[koko]
■ごご【午後】《時間・空間・数量》
ゴ˥ゴ[gogo]【名】
ヒル˥カラ[çirukara]【昼から】【名】午後のこと。
■こごえる【凍える】《天地・季候》
コゴエル[kogoeru]【動】コゴエン，コゴエ˥タ，コゴエ˥マス。テ˥ガ　ココ゛エタ(手が凍えた)。
■こごと【小言】《人間関係》
コゴト[kogoto]【名】
■ここのつ【九つ】《時間・空間・数量》
ココ˥ノツ[kokonotsu]【名】
■ここら【此処ら】《助詞・助動詞・その他》
ココ˥ラー[kokoraː]
■こころ【心】《行動・感情》
ココ˥ロ[kokoro]【名】——ガ　キレーナ　ヒト˥(心がきれいな人)。

■ござ【茣蓙】《住》《農・林・漁業》
ゴザ⌐[goʣa]《名》── ガ　シーチャ⌐ル（ござが敷いてある）。

■こし【腰】《人体》
コシ[koɕi]《名》腰。体の後面体の屈折する辺りを言う。── ガ　イタ⌐ー（腰が痛い）。腰の部分名はない。

■こしまき【腰巻き】《衣》
オコ⌐シ[okoɕi]【御腰】《名》オコ⌐ショー　スル（お腰をする）。
オヘ⌐コ[oheko]《名》腰巻きをオヘ⌐コと言う人もいた。

■こしょう【胡椒】《食》
コショ⌐ー[koɕoː]《名》── ガ　キーチョ⌐ル（こしょうが効いている）。

■こずえ【梢】《植物》
ウラ[ura]《名》

■ごぜん【午前】《時間・空間・数量》
ゴ⌐ゼン[goʣen]《名》
ヒル⌐マデ[çirumade]【昼まで】午前中。

■こそ【強調】《助詞・助動詞・その他》
コソ[koso]ソレコ⌐ソ　オーゴトジャー（それこそ大事だ）。

■こたえる【答える】《教育》
コターール[kotæːru]【答える】《動》コタエ⌐ン，コタ⌐エタ，コタ⌐エマス。①質問に対して説明する。キカレテ⌐モ　コタエラレ⌐ン（聞かれても答えれらない）。②返事をする。オカ⌐ーサンノ　ヨビゴ⌐エー ──（お母さんの呼び声に答える）。

■こたつ【炬燵】《住》
コタツ[kotatsu]《名》昔は掘りごたつが普通だったので，置きごたつをオキゴ⌐タツと特に言ったこともあったが，普通コタツのみが，語としては用いられる。

■ごちそう【御馳走】《食》《民俗》
ゴチソー[goʨisoː]《名》

■こちら【此方】《天地・季候》《助詞・助動詞・その他》
コッチ[kotʨi]

■こっち【此方】《助詞・助動詞・その他》⇒こちら
コッチ[kotʨi]⇒こちら

■ごと【共】《助詞・助動詞・その他》
ゴメ[gome]カワゴメ　タベ⌐ル（皮ごと食べる）。

■ごとく【五徳】《住》
ゴトク[gotoku]《名》

■ことし【今年】《時間・空間・数量》
コトシ[kotoɕi]《名》

■ことづける【言付ける・託ける】《社会・交通》
コトズケル[kotoʣukeru]《動》コトズケン，コトズ⌐ケタ，コトズ⌐ケマス。ヒトェ⌐ー ──（人にことづける）。

■こども【子供】《人間関係》
コドモ[kodomo]《名》

■ことわる【断る】《社会・交通》
コトワ⌐ル[kotowaru]《動》コトワラ⌐ン，コトワ⌐ッタ，コトワ⌐リマス。シゴトー ──（仕事を断る）。

■こな【粉】《食》
コ⌐[ko]《名》
ブツブツ[butsubutsu]《名》溶けない粉の塊。

■この【此の】《助詞・助動詞・その他》
コノ[kono]

■このかた【此の方】《助詞・助動詞・その他》
コノ⌐カタ[konokata]

■このごろ【此の頃】《時間・空間・数量》
コノゴロ⌐[konogoro]《名》コノゴロァ⌐ー　カラーテ⌐レビガ　オイ⌐ー（このごろはカラーテレビが多い）。

■このひと【此の人】《助詞・助動詞・その他》
コノ⌐ヒト[konoçito]

■こぶ【瘤】《人体》
コ⌐ブ[kobu]《名》

■こぶし【拳】《人体》
ゲンコツ[geŋkotsu]【拳骨】《名》ニギリコ⌐ブシと言う時には，コ⌐ブシを用いる。
ニギリコ⌐ブシ[ɲigirikobuɕi]【握り拳】《名》固く握った手。

■ごぼう【牛蒡】《植物》

ゴボー[goboː]【名】
■こぼす【零す】《食》
コボス[kobosu]【動】コボサ゚ン，コボ゚シタ，コボ゚シマス。オシ゚ルー──(お汁をこぼす)。
■こま【独楽】《遊戯》
コ゚マ[koma]【名】種類の名称は得られなかった。コマー マース(こまを回す)。
■ごま【胡麻】《植物》
ゴマ[goma]【名】ごまから採った食用油は，ゴマア゚ブラと言う。⇨ごまあぶら
■ごまあぶら【胡麻油】《植物》
ゴマア゚ブラ[gomaabura]【名】ごまを原料とする食用油。⇨ごま
■こまかい【細かい】《時間・空間・数量》⇨ちいさい，ほそい
コメァ゚ー[komæː]【形】コモーナル，コ゚マケリャー。アミノメ゚ガ──(網の目が細かい)。⇨ちいさい
■ごまかす【誤魔化す】《社会・交通》
ゴマカ゚ス[gomakasu]ゴマカサ゚ン，ゴマカ゚シタ，ゴマカ゚シマス。カ゚ズー──(数をごまかす)。
■こまむすび【小間結び】《衣》
チョーチョム゚スビ[tʃoːtʃomusubi]【蝶蝶結び】【名】結びの形がちょうちょうに似ているところから名付けられたのだという。この結び方は，たやすくほどける。
カラム゚スビ[karamusubi]【名】堅く解けにくい結び方。
タテ゚コ[tateko]【名】結び方が下手で，よそを向いたような結び方。
■こまる【困る】《行動・感情》
コマ゚ル[komaru]【動】コマラ゚ン，コマ゚ッタ，コマ゚リマス。オカネガ ノ─゚テ──(お金がなくて困る)。
ヨワ゚ル[jowaru]【弱る】【動】ヨワラ゚ン，ヨワ゚ッタ，ヨワ゚リマス。コマ゚ルより日常よく用いる。オカネガ ノ─゚テ ヨワ゚ッタ(お金がなくて弱った)。

■ごみ【塵】《天地・季候》《住》
ゴミ゚[gomi]【名】①大水のあと川などに引っ掛かっているもの。②庭や部屋など掃除して取るもの。③目に入る小さいもの。④「ほこり」についてもゴミ゚と言うことが多い。⇨ほこり
■こむ【混む】《社会・交通》
コ゚ム[komu]【動】コマ゚ン，コ゚ンダ，コ゚ミマス。オマツリデ ド─゚ロガ──(お祭りで道路がこむ)。
セグ゚[segu]【動】セガ゚ン，セ゚ダ，セギ゚マス。コ゚ムよりも方言的な言い方。ネンマツァー バ゚スモ セギ゚マス(年末はバスもこみます)。
■こむぎ【小麦】《植物》《農・林・漁業》
コムギ゚[komugi]【名】
■こめ【米】《食》
オコメ[okome]【御米】【名】
■こめや【米屋】《職業》
コメヤ゚[komeja]【名】
■ごめんください【御免下さい】・ごめんなさい【御免なさい】《社会・交通》
ゴメンナセァ゚ーマセ[gomennasæːmase]ごめんくださいませ。
■こもり【子守り】《人間関係》
コモ゚リ[komori]【名】
■こや【小屋】《住》《農・林・漁業》
コヤ゚[koja]【名】
■こやし【肥やし】《農・林・漁業》
コヤシ゚[kojaʃi]【名】
■こゆび【小指】《人体》
コ゚ユビ[kojubi]【名】コユベァー コメァ゚ー(小指は小さい)。
■これ【此れ】《助詞・助動詞・その他》
コレ[kore]
■これら【此れ等・是等】《助詞・助動詞・その他》
コレラ゚ー[koreraː]
■ころす【殺す】《動物》《社会・交通》
コロス[korosu]【動】コロサ゚ン，コロ゚シタ，コロ゚シマス。①人を殺す。ヒト゚ー──

こぼす～さかな

(人を殺す)。②動物を殺す。ケダモノ――(獣を殺す)。③魚を殺す。サカナオ――(魚を殺す)。④鳥を殺す。トリョ――(鳥を殺す)。
■ころぶ【転ぶ】《住》《行動・感情》
コケル[kokeru]【動】コケン，コケタ，コケマス。オーカゼデ キーガ コケタ(大風で木が倒れた)。イシーニ ツマズイテ コケタ(石につまずいて転んだ)。
■こわす【壊す】《住》《時間・空間・数量》
ヤブル[jaburu]【破る】【動】ヤブラーン，ヤブッタ，ヤブーリマス。道具などを壊すことには用いるが，茶碗などには用いない。アノ オモーチャー ジキニ ヤブーレタ(あのおもちゃは，間もなく，壊れた)。オモーチャー ――(おもちゃを壊す)。「お腹をこわす」とは言わず，オナカガ ワルィー(お腹が悪い)，オナカガ クダル(お腹が下る)などと言う。⇨やぶる
■こんげつ【今月】《時間・空間・数量》
コンーゲツ[koŋgetsu]【名】
■こんな《助詞・助動詞・その他》
コネーナ[koneːna]
■こんにちは【今日は】《社会・交通》
コーンニチワ[konɲitɕiwa]
■こんにゃく【蒟蒻】《植物》
コンニャク[konɲaku]【名】食物の話題の時は，オコンニャクとも言う。
■こんばんは【今晩は】《社会・交通》
コーンバンワ[kombaŋwa]
■こんぶ【昆布】《植物》《食》
コーブ[kobu]【名】食物の話題の時は，オコーブとも言う。
オコーブ[okobu]【御昆布】【名】食物の話題の時に用いる。
■こんや【今夜】《時間・空間・数量》
コーンヤ[koɲja]【名】
コーンバン[komban]【今晩】【名】コーンヤより多く用いる。――ワ ヒエルー(今晩は冷える)。

■こんろ【焜炉】《住》
コンロ[konro]【名】
ヒチリーン[çitɕiriŋ]【七輪】【名】

さ

■さ【強意】《助詞・助動詞・その他》
イネ[ine]マー エーイネ(まあ，いいさ)。
■ざいさん【財産】《勤怠・難易・経済》
ゼァーサン[dʑæːsaŋ]【名】――ガ オイー(財産が多い)。
■さいふ【財布】《衣》
オセァーフ[osæːɾu]【御財布】【名】オセァーフー モッテイク(お財布を持って行く)。
セァーフ[sæːɾu]【名】
■さいほう【裁縫】《衣》
セァーホー[sæːhoː]【名】
■ざいもく【材木】《農・林・漁業》
ゼァーモク[dʑæːmoku]【名】
■さえ【限定・強調】《助詞・助動詞・その他》
セァー[sæː]コレセァー アリャー エー(これさえあれば良い)。
■さお【竿】《住》
サオ[sao]【名】
■さおとめ【早乙女】《農・林・漁業》
サオトメ[saotome]【名】名称は知っているが，日常生活では用いない。
■さか【坂】《天地・季候》
サカ[saka]【名】
■さかき【榊】《民俗》
サカキ[sakaki]【名】
■さがす【探す】《時間・空間・数量》
サガス[sagasu]【動】サガサン，サガシタ，サガシーマス。ヒトー ――(人を探す)。
■さかずき【盃】《食》
サカズキ[sakadzuki]【名】
■さかな【魚】《食》
サカナ[sakana]【名】――ヤク(魚を

焼く)。
■さかな【肴】《食》
サカナ[sakana]〖名〗
■さかなや【魚屋】《職業》
サカナヤ[sakanaja]〖名〗
■さからう【逆らう】《社会・交通》
サカラ⌐ウ[sakarau]〖動〗サカラワ⌐ン，サカロ⌐ータ，サカラ⌐イマス。オイェア⌐ー　サカロ⌐ータ(親に逆らった)。
■さがる【下がる】《時間・空間・数量》
サガ⌐ル[sagaru]〖動〗サガラ⌐ン，サガ⌐ッタ，サガ⌐リマス。① 低くなる。ネツ⌐ガ　──(熱が下がる)。オ⌐ンドガ　──(温度が下がる)。② 垂れる。レースノ　カ⌐ーテンガ　サガ⌐ッチョ⌐ー(レースのカーテンが下がっている)。ツララガ　──(つららが下がる)。③ 安くなる。ネダンガ　──(値段が下がる)。④ 退く。デ⌐ンシャガ　ク⌐ルカラ　ハクセンマ⌐デ　──(電車が来るから白線まで下がる)。
■さかん【左官】《職業》
サカンヤ[sakaɲja]【左官屋】〖名〗
■さき【先】《時間・空間・数量》
サキ⌐[saki]〖名〗──ノ　コタ⌐ー　ワカラ⌐ン(先のことはわからない)。
■さきおとつい【一昨昨日】《時間・空間・数量》
オトツィーノ　メァーノヒ[ototsʷiːno mænoçi]【おとついの前の日】
■さきおととし【一昨昨年】《時間・空間・数量》
サキオトド⌐シ[sakiotodoʃi]〖名〗知識としては知っているが，日常生活では用いない。
■さく【咲く】《植物》
サク[saku]〖動〗サカン，サイタ，サキ⌐マス。ハナ⌐ガ　──(花が咲く)。
■さく【裂く】《衣》
サ⌐ク[saku]〖動〗サカン，サ⌐イタ，サキ⌐マス。キリョ⌐ー　──(布を裂く)。
■さくがら【作柄】《農・林・漁業》
サクガラ[sakugara]〖名〗名称は知っているが，日常生活では用いない。

■さくもつ【作物】《農・林・漁業》
サク⌐モツ[sakumotsu]〖名〗
■さくら【桜】《植物》
サクラ[sakura]〖名〗
■さけ【鮭】《動物》
サ⌐ケ[sake]〖名〗
■さけ【酒】《食》《民俗》新のみ
オサケ[osake]【御酒】〖名〗
■さけぶ【叫ぶ】《人体》
タケ⌐ル[takeru]〖動〗タケラ⌐ン，タケ⌐ッタ，タケ⌐リマス。ナンボー　タケ⌐ッテモ　キコエンラシー(いくら叫んでも聞こえないらしい)。タッケ⌐ルとも。
■さける【裂ける】《衣》新のみ
サケ⌐ル[sakeru]〖動〗サケ⌐ン，サ⌐ケタ，サ⌐ケマス。キモノガ　──(着物が裂ける)。
■さける【避ける】《時間・空間・数量》
ヨケ⌐ル[jokeru]〖動〗ヨケ⌐ン，ヨ⌐ケタ，ヨ⌐ケマス。クルマー　──(車を避ける)。
ノケル[nokeru]〖動〗ノケン，ノケタ，ノケマス。イランモノ⌐ー　──(いらないものをのける)。共通語の「どける」に相当する。
■さげる【下げる】《行動・感情》《時空・空間・数量》
サゲ⌐ル[sageru]〖動〗サゲ⌐ン，サ⌐ゲタ，サ⌐ゲマス。① デントーオ　シタァー　──(電灯を下へさげる)。② オ⌐ンドー　──(温度をさげる)。ネダンオ　──(値段をさげる)。③ カ⌐ーテンオ　──(カーテンをさげる)。④ カバンオ　サ⌐ゲテ　イク(かばんをさげて行く)。⑤ 片付ける。ショッキョー　サ⌐ゲテ　クダセァー(食器をさげてください)。
■ささ【笹】《植物》
ササ[sasa]〖名〗
■ささえ【支え】《住》
該当する語形を得られなかった。
■さざえ【栄螺】《動物》

サザ｢エ[saꜜzae]〖名〗──オ ヤク(栄螺を焼く)。
■さじ【匙】《食》
オサジ｢[osaꜜʑi]〖御匙〗〖名〗
■さしき【挿し木】《農・林・漁業》
サシキ｢[saʃiki]〖名〗──ガ ツ｢ク(挿し木がつく)。
■さしみ【刺身】《食》
オサシミ｢[osaʃimi]〖御刺身〗〖名〗
オツクリ｢[otsukuri]〖御作り〗〖名〗オサシミより方言的。古い言い方。
■さす【刺す】《時間・空間・数量》
サ｢ス[sasu]〖動〗サササン、サ｢シタ、サ｢シマス。ハ｢リョー ──(針を刺す)。
■さそう【誘う】《社会・交通》
サソー[sasoː]〖動〗サソワン、サソータ、サソイ｢マス。トモダチョー サソーテ イ｢ク(友達を誘って行く)。
■さっき【先】《時間・空間・数量》
イマサ｢ッキ[imasakki]〖今先〗──ノ コ｢ト(先刻のこと)。
イマガ｢タ[imagata]〖今方〗イマサ｢ッキより、方言的ニュアンスを持つ。── タ｢ベタ(先刻食べた)。
■さと【里】《民俗》
サト｢[sato]〖名〗
■さとう【砂糖】《食》
オサトー[osatoː]〖御砂糖〗〖名〗女性が主として用いる。
サトー｢[satoː]〖名〗男性、ぞんざいな人などが使う。
■さとがえり【里帰り】《民俗》
サトゲァーリ[satogæːri]〖名〗
■さなぎ【蛹】《動物》
サナギ｢[sanagi]〖名〗
■さなぶり【早苗饗】《民俗》
ドロオトシ｢[dorootoʃi]〖泥落とし〗〖名〗田植えの終了は、集落ごとに違う。この日は、かしわもちをつくって労をねぎらう。
■さば【鯖】《動物》

さかな～さわぐ　73

サバ｢[saba]〖名〗
■さびしい【寂しい】《行動・感情》
サミシ｢ー[samiʃiː]〖形〗サミ｢シュ―ナル、サミ｢シケリャ―。ムスメョ｢― ヨメニ ヤッテ ──(娘を嫁にやって寂しい)。
■ざぶとん【座布団】《住》
ザブ｢トン[dzabuton]〖名〗
■さます【冷ます】《食》
サマ｢ス[samasu]〖動〗サマサン、サマ｢シタ、サマ｢シマス。冷やす。オユー サマ｢シテカラ ノ｢ム(お茶を冷ましてから飲む)。「感情・興味を衰えさせる」の意では用いない。
■さむい【寒い】《天地・季候》
サミ｢―[samiː]〖形〗サ｢ムケリャ―、サ｢ム―ナル。── フユ｢ガ ク｢ル(寒い冬が来る)。サム｢イとも。寒さを段階的に言い分けることばはない。
■さめる【覚める・醒める】《人体》《食》⇒めざめる
サメ｢ル[sameru]〖動〗サメ｢ン、サ｢メタ、サ｢メマス。ゴ｢ジ― メ｢ガ サ｢メタ(五時に目が覚めた)。
■さようなら【左様なら】《社会・交通》
セァーナラ[sæːnara]
■さら【皿】《食》
オサラ｢[osara]〖御皿〗〖名〗オテショと言う人もあったが、今は、ほとんど聞かれない。
■さらいげつ【再来月】《時間・空間・数量》
サレァ―｢ゲツ[saræːgetsu]〖名〗正規な言い方ではないという意識がある。
■さらいねん【再来年】《時間・空間・数量》
サレァーネン[saræːneɴ]
■さる【猿】《動物》
サ｢ル[saru]〖名〗
■ざる【笊】《食》
メゴ｢[mego]〖目籠〗〖名〗──デ ミズ― キ｢ル(ざるで水をきる)。
■さわ【沢】《天地・季候》
該当する語形を得られなかった。
■さわぐ【騒ぐ】《行動・感情》

サワ¯グ[sawagu]【動】サワガ¯ン, サワェア¯ダ, サワ¯ギマス。コドモガ ――(子供が騒ぐ)。
■さわる【触る・障る】《社会・交通》《時間・空間・数量》
イラウ[irau]【動】イラワン, イロ¯タ, イライ¯マス。ヒトノモノ¯ー イロ¯チャ¯ー イケン(人の物に触ってはいけない)。テ¯デ イロ¯タ(手で触った)。
■さん【桟】《住》
サ¯ン[san]【名】ショ¯ジノ ――ガ オレ¯ル(障子の桟が折れる)。
■さんかく【三角】《時間・空間・数量》
サン¯カク[saŋkaku]【名】
■さんがつ【三月】《民俗》
サ¯ンガツ[saŋgatsu]【名】
■さんちょう【山頂】《天地・季候》
ヤマノテッペ¯ン[jamanoteppen]【山の天辺】【名】ズク, ズクテン¯とも言う。
ズ¯ク[dzuku]【名】頂上。
ズクテン¯[dzukuten]【名】頂上。
■さんにん【三人】《時間・空間・数量》
サンニン[sanɲin]【名】
■さんば【産婆】《民俗》
オサンバサン[osambasan]【御産婆さん】【名】
■さんま【秋刀魚】《動物》
サ¯ンマ[samma]【名】サンマとも言う。

し

■しあさって【明明後日】《時間・空間・数量》
シアサッテ[ʃiasatte]【名】――デ イッシューカンメ¯ニ ナ¯ル(明明後日で一週間目になる)。
■しお【潮】《天地・季候》
シオ¯[ʃio]【名】日常生活では, あまり用いない。

■しお【塩】《食》
オショ¯[oʃijo]【御塩】【名】
■しおひがり【潮干狩り】《遊戯》
シオヒ¯ガリ[ʃioçigari]【名】知識語。学校の教科書などで学ぶ。
ケァー¯ホリ[kæːhori]【貝掘り】【名】潮干狩りのことであるが, 調査地は山間部なのであまり会話に出ない。
■しおれる【萎れる】《植物》⇒しなびる
シオレ¯ル[ʃioreru]【動】シオレ¯ン, シオレタ, シオ¯レマス。ハナ¯ガ シオ¯レチョル(花がしおれている)。
■しか【鹿】《動物》
シカ¯[ʃika]【名】
■しか【限定】《助詞・助動詞・その他》
シカ[ʃika]タッタノ イ¯ッポンシカ ノ¯コ¯ッチョラン(たったの一本しか残っていない)。
■しかく【四角】《時間・空間・数量》
シカク[ʃikaku]【名】
■しかたがない【仕方が無い】《行動・感情》
ショ¯ーガネァー¯[ʃoːganæː]【仕様が無い】ムリ¯デモ センニャ¯ー ――(無理でも, しなければ仕方がない)。
■しがつ【四月】《民俗》
シ¯ガツ[ʃigatsu]【名】
■しかる【叱る】《教育》《人間関係》
クジョ¯ー クル[kudʒoː kuru]――ホドノ コトジャー ナ¯エ(叱るほどのことではない)。
■じかん【時間】《時間・空間・数量》
ジカ¯ン[dʑikan]【名】――ガ カカ¯ル(時間がかかる)。――ガ タ¯ツ(時間がたつ)。前の例文の場合, テマ¯とも言う。
テマ¯[tema]【手間】【名】――ガ カカ¯ル(手間がかかる)。
■しきい【敷居】《住》
シキー¯[ʃikiː]【名】
■しきみ【樒】《民俗》
ハナ¯シバ[hanaʃiba]【花柴】【名】仏前, 墓

前に供える。
- ■しげる【茂る】《植物》
- シゲル[ʃigeru]【動】シゲラン，シゲッタ，シゲリマス。日常あまり用いない。
- ■しけん【試験】《教育》
- シケン[ʃiken]【名】──ニ　トール(試験に合格する)。合格の逆は，スベルである。オチルとも言う。
- ■じごく【地獄】《民俗》
- ジゴク[ʥigoku]【名】ウソー　ユータラ　ジゴクィー　イク(嘘を言うと，地獄に行く)。
- ■しごと【仕事】《職業》
- シゴト[ʃigoto]【名】
- ■しごとぎ【仕事着】《衣》⇨はんてん，ももひき
- シゴトギ[ʃigotogi]【名】
- ■しじみ【蜆】《動物》
- シジミ[ʃiʥimi]【名】──ノ　オツュ(蜆のお汁)。
- ■じしょ【地所】《職業》
- ジショ[ʥiʃo]【名】
- トチ[totʃi]【土地】【名】──ガ　ヒロェー(土地が広い)。
- ■じじょ【次女】《人間関係》
- ジジョ[ʥiʥo]【名】
- ■じしん【地震】《天地・季候》
- ジシン[ʥiʃin]【名】──ガ　オキル(地震が起こる)。
- ■しずか・しずかだ【静か・静かだ】《社会・交通》《時間・空間・数量》
- シズカナ[ʃiʣukana]シズカジャとも。①──トコロ(静かな所)。シズカニ　アルク(静かに歩く)。オマツリガ　スンデ　シズカニナッタ(お祭りが済んで静かになった)。②──クチョーデ　ハナス(静かな口調で話す)。③キョーシツジャー　シズカニ　シナセャー(教室では静かにしなさい)。
- ■しずく【雫】《天地・季候》
- シズク[ʃiʣuku]【名】
- ■しずむ【沈む】《時間・空間・数量》⇨しずめる
- シズム[ʃiʣumu]【動】シズマン，シズンダ，シズミマス。ヒガ──(日が沈む)。
- ■しずめる【沈める】《時間・空間・数量》新のみ⇨しずむ
- シズメル[ʃiʣumeru]【動】シズメン，シズメタ，シズメマス。カウェー──(川に沈める)。
- ■しそ【紫蘇】《植物》
- シソ[ʃiso]【名】
- ■じぞう【地蔵】《民俗》
- オジゾーサン[oʥizoːsaɴ]【御地蔵さん】【名】
- ■した【下】《天地・季候》《時間・空間・数量》
- シタ[ʃita]【名】
- ■した【舌】《人体》
- シタ[ʃita]【名】①舌。シタ──　カンダ(舌をかんだ)。②ことば。──ガ　マーラン(舌が回らない)。ベロとも言う。
- ベロ[bero]【名】舌の俗な言い方。ベローダス(舌を出す)。
- ■しだ【歯朶】《植物》
- シダ[ʃida]【名】
- ■したぎ【下着】《衣》⇨はだぎ
- シタギ[ʃitagi]【名】身体の内側に身につける衣類でシャツ，ジュバンなど。上半身に対する下半身に身につけるものの意では用いないところがウワギとは異なる点である。
- ■したく【支度】《職業》⇨つくる
- シタク[ʃitaku]【名】シタクー　スル(仕度をする)。
- ■しちがつ【七月】《分野　民俗》
- ヒチガツ[çitʃigatsu]【名】
- ■しちごさん【七五三】《民俗》
- ヒチゴサン[çitʃigosaɴ]【名】ヒチゴサンとも言う。
- ■しちや【質屋】《職業》
- ヒチヤ[çitʃija]【名】ヒチヤのことを，一六銀行，つまりヒチは，一たす六で七だと聞いたことがある。

■しつける【仕付ける・躾る】《教育》
シツケ¬ル[ʃitsukeru]【動】シツケ¬ン，シツ¬ケタ，シツ¬ケマス。コドモー　──（子供をしつける）。

■しっこい《食》《行動・感情》新のみ
ケドェ¬ー[kedøː]【形】ケ¬ドーナル，ケ¬ドケリャー。味がしつこい。コノ　アマミャー　──（この甘味はしつこい）。

■しっち【湿地】《天地・季候》
該当する語形は得られなかった。

■しっと【嫉妬】《社会・交通》
ヤキモ¬チ[jakimotʃi]【焼き餅】【名】ヤキモ¬チョー　ヤク（嫉妬する）。

■してはならない《時間・空間・数量》
シチャ¬ー　イケン[ʃitʃaː ikeɴ]ハナショ¬ー　──（話をしてはいけない）。

■じてんしゃ【自転車】《社会・交通》
ジテン¬シャ[dʑiteɴʃa]【名】──ガ　ハヤル（自転車が流行する）。

■しなびる【萎びる】《植物》⇒しおれる
シナビル[ʃinabiru]【動】シナビン，シナビタ，シナビ¬マス。ハク¬セァーガ　シナビチョ¬ル（白菜がしなびている）。

■じなん【次男】《人間関係》
ジナン¬[dʑinaɴ]【名】

■しぬ【死ぬ】《動物》
シヌル[ʃinuru]【動】シナン，シンダ，シニ¬マス。[1]ヒトガ　──（人が死ぬ）。[2]ケダモノガ　──（獣が死ぬ）。[3]サカナガ　──（魚が死ぬ）。[4]トリガ　──（鳥が死ぬ）。

■じぬし【地主】《職業》
ジヌシ[dʑinuʃi]【名】

■しば【柴】《農・林・漁業》
シ¬バ[ʃiba]【名】

■しばい【芝居】《遊戯》
シベァー[ʃibaeː]【名】

■しはらい【支払い】《勤怠・難易・経済》
ハレァー[haraeː]【払い】【名】──ガ　ノコッチョル（支払いが残っている）。

■しばる【縛る】《時間・空間・数量》
シバ¬ル[ʃibaru]【動】シバラ¬ン，シバ¬ッタ，シバリマス。[1]結わえる。ニョ¬ー　──（荷を縛る）。[2]結び付ける。アショ¬ー　──（足を縛る）。

■しぶい【渋い】《食》
シブィ¬ー[ʃibʷiː]【形】シ¬ブーナル，シ¬ブケリャー。マ¬ダ　シブカロ¬ー（まだ渋いだろう）。

■しぶしぶ【渋渋】《行動・感情》
シブシブ[ʃibuʃibu]──　ホントーノ　コト¬ー　イーハジ¬メタ（しぶしぶ本当のことを言い始めた）。

■しぼむ【萎む】《植物》⇒しおれる
シボム[ʃibomu]【動】シボマン，シボンダ，シボミ¬マス。ハナガ　──（花がしぼむ）。

■しま【島】《天地・季候》
シマ¬[ʃima]【名】──ガ　ミエ¬ル（島が見える）。

■しまう【仕舞う】《住》
シマ¬ウ[ʃimau]【動】シマワ¬ン，シモ¬ータ，シマ¬イマス。納める，片付けるの意に用いる。ドコェー　シモ¬ータカ　ワカラ¬ン（どこにしまったか，わからない）。
ナオ¬ス[naosu]【動】ナオサ¬ン，ナオ¬シタ，ナオ¬シマス。所定の場所に納める，大切に納める，などの意に用いる。ヒキダシー　ナオサ¬ンニャー（引き出しに，しまわなくては）。

■じまん【自慢】《社会・交通》
ジマン　スル[dʑimaɴ suru]

■しみ【染み】《衣》
シミ[ʃimi]【名】タベコボシノ　ア¬トガ　──ニ　ナ¬ル（食いこぼしのあとが，染みになる）。

■じみ【地味】《衣》
ジミ[dʑimi]【名】──ナ　キモノガ　オイ¬ー（地味な着物が多い）。

■しめなわ【注連縄】《民俗》
シメナワ[ʃimenawa]【名】

しつける〜しゅうかく　77

■しめる【閉める】《住》
シメ⌐ル[ʃimeru]〖動〗シメ⌐ン，シ⌐メタ，シメマス。ト⌐ー　――（戸を閉める）。
タテ⌐ル[tateru]〖動〗タテ⌐ン，タ⌐テタ，タ⌐テマス。方言的な言い方。最近はあまり用いない。ト⌐ー　――（戸を閉める）。
■しめる【湿る】《時間・空間・数量》
シメ⌐ル[ʃimeru]〖動〗シメラ⌐ン，シメ⌐ッタ，シメ⌐リマス。フトンガ　――（布団が湿る）。
■じめん【地面】《天地・季候》
ジメ⌐ン[dʑimen]〖名〗
■しも【下】《天地・季候》
シモ⌐[ʃimo]〖名〗カワノ　――（川の下）。
■しも【霜】《天地・季候》
シモ⌐[ʃimo]〖名〗
■しゃがむ《人体》
ツクナ⌐ム[tsukunamu]〖動〗ツクナマン，ツクナンダ，ツクナ⌐ミマス。クタビ⌐レタカラ　ツクナンデ　マ⌐ッチョル（くたびれたから，しゃがんで待っている）。オナカー　オセァ⌐ーテ　ツクナジョ⌐ル（おなかを押さえてしゃがんでいる）。
カガ⌐ム[kagamu]【屈む】〖動〗カガマン，カガンダ，カガ⌐ミマス。体を低くすることの意もある。カガンデ　ト⌐ール（体を低くして通る）。オト⌐シタ　モノー　カガンデ⌐トル（落とした物をかがんで取る）。
■しゃくし【杓子】《食》
オシャ⌐クシ[oʃakuʃi]【御杓子】〖名〗――デ　オツ⌐ユー　ツグ（お杓子で，お汁を注ぐ）。
■しゃし【斜視】《人体》
ヒンガラメ[çingarame]〖名〗
ヒ⌐ンガラ[çingara]〖名〗
■しゃっきん【借金】《勤怠・難易・経済》
シャ⌐ッキン[ʃakkin]〖名〗――ガ　タマッタ（借金がたまった）。
■じゃないか【断定強調の反語・断定強調の念押し】《助詞・助動詞・その他》
ジャーネァーカネ[dʑaːnæːkane]男性て乱

暴な言い方の時は，ジャーネァーカとなる。ハ⌐ー　ソレデ　エ⌐ージャーネァーカネ（もう，それでいいじゃないか）。
ジャーネァーンカネ[dʑaːnæːŋkane]男性で乱暴な言い方の時は，ジャーネァーカとなる。ハ⌐ー　ソレデ　エ⌐ーンジャネァーンカネ（もう，それでいいのじゃないか）。
■しゃぶる《食》
スワブ⌐ル[suwaburu]〖動〗スワブラン，スワブッタ，スワブ⌐リマス。ユビョ⌐ー　――（指をしゃぶる）。
■しゃべる【喋る】《人体》⇒いう，かたる，はなす
シャベ⌐ル[ʃaberu]〖動〗シャベラ⌐ン，シャベ⌐ッタ，シャベ⌐リマス。余計なことを話す。口数多く言う。アノ⌐　ヒタ⌐ー　ヨ⌐ー　――（あの人はよくしゃべる）。話す，言うの意味では，ヨケ⌐ーナ　コ⌐トー　イワ⌐ンデクダセァ⌐ー（余計なことを言わないでください）と言う。
■じゃま【邪魔】《勤怠・難易・経済》
ジャマ[dʑama]〖名〗ジャマー　スル（邪魔をする）。
■しゃれ【洒落】《勤怠・難易・経済》
該当する語形を得られなかった。
■じゃれる【戯れる】《動物》
スバエ⌐ル[subaeru]〖動〗スバエ⌐ン，スバエタ，スバエマス。コイヌガ　スバエ⌐ツク（小犬がじゃれつく）。
■じゃんけん【じゃん拳】《遊戯》
ジャ⌐ンケン[dʑaŋken]〖名〗手の出し方は，イシ⌐（石），ハサミ⌐（鋏），フロシキ⌐（風呂敷）の三種類。掛け声は，ジャ⌐ンケンポイ　ア⌐イコデショ。
■じゅういちがつ【十一月】《民俗》
ジューイチガツ⌐[dʑuɯitɕigatsu]〖名〗
■しゅうかく【収穫】《農・林・漁業》
シューカク⌐[ʃuːkaku]〖名〗良い結果，効果。キノ⌐ーノ　ハナシエァージャ⌐ー　ナンノ　――モ　ナ⌐カッタ（昨日の話し合いでは何の収穫もなかった）。シューカクは，日常

あまり用いない。
デキ[deki]【出来】〖名〗農作物の収穫。出来具合。コトシャ￣　オコメノ　――ガ　ワリ￣（今年はお米の出来が悪い）。
■しゅうかくいわい【収穫祝い】《民俗》
該当する語形を得られなかった。該当する行事もない。
■じゅうがつ【十月】《民俗》
ジューガツ￣[ʥuːgatsu]〖名〗十月には特別な行事はない。
■じゅうごや【十五夜】《民俗》
ジューゴヤ[ʥuːgoja]〖名〗
■しゅうぜん【修繕】《住》
ツクロェー[tsukurøː]【繕い】〖名〗イョ￣ーツクロ￣ー（家を修復する）。
■しゅうと【舅】《人間関係》
シュート[ʃuːto]〖名〗
■しゅうとめ【姑】《人間関係》
シュートメ[ʃuːtome]〖名〗
■じゅうにがつ【十二月】《民俗》
ジューニガツ[ʥuːɲigatsu]〖名〗
■しゅうにゅう【収入】《勤怠・難易・経済》
シューニュー[ʃuːɲuː]〖名〗共通語意識がある。方言では，これに該当する語はない。
■じゅうのう【十能】《住》
ジューノー￣[ʥuːnoː]〖名〗
■じゅうばこ【重箱】《食》
ジューバコ[ʥuːbako]〖名〗
■じゅくす【熟す】《植物》《農・林・漁業》
ジュク￣ス[ʥukusu]【動】ジュクサ￣ン，ジュク￣シタ，ジュク￣シマス。カキガ　ジュク￣シタ（柿が熟した）。「栗が熟す」，「稲が熟す」とは言わない。
ウレル[ureru]【熟れる】【動】ウレン，ウレタ，ウレ￣マス。カキガ　――（柿が熟れる）。
■じゅず【数珠】《民俗》
ジュズ￣[ʥuʣu]〖名〗
■しゅっさんいわい【出産祝い】《民俗》
シュッサンイ￣ワイ[ʃussaɲiwai]〖名〗知識語。日常は用いない。

■しょいこ【背負い子】《農・林・漁業》
オイコ[oiko]【負い子】〖名〗
■しょうが【生姜】《植物》
ショーガ[ʃoːga]〖名〗
■しょうがつ【正月】《民俗》
オショーガツ[oʃoːgatsu]【御正月】〖名〗
■しょうじ【障子】《住》
ショージ[ʃoːʥi]〖名〗
■しょうじきだ【正直だ】《行動・感情》
ショージキ￣ナ[ʃoːʥikina]【正直な】――ヒト（正直な人）。
■じょうず【上手】《教育》《時間・空間・数量》
ジョーズ￣[ʥoːʣu]〖名〗
■じょうだん【冗談】《社会・交通》
ジョーダン￣[ʥoːdaɴ]〖名〗ヨ￣ー　――ユー（よく冗談を言う）。
■しょうにん【商人】《職業》⇒しょうばい
ショーベァーニン[ʃoːbæːɲiɴ]【商売人】〖名〗
■しょうばい【商売】《職業》⇒しょうにん
ショ￣ーベァー[ʃoːbæː]〖名〗
■じょうひん・じょうひんだ【上品・上品だ】《衣》《社会・交通》
ジョーヒン￣[ʥoːçiɴ]〖名〗――ナ　イーカタ（上品な言い方）。
■しょうぶごと【勝負事】《遊戯》
ショーブゴト[ʃoːbugoto]〖名〗
■しょうぶのせっく【菖蒲の節句】《民俗》
ショーブノセック[ʃoːbunosekku]〖名〗知識として知っているだけ。
■しょうべん【小便】《人体》
オシ￣ッコ[oʃikko]〖名〗大人は，ショーベン，または，オコヨーを用いることが多い。
ショーベ￣ン[ʃoːbeɴ]〖名〗男性がよく用い，やや，荒っぽい感じがする。
オコヨー[okojoː]【お小用】〖名〗女性がよく用い，上品な感じがする。
■しょうゆ【醤油】《食》
オショーユ[oʃoːju]【御醤油】〖名〗
■しょうゆのかび【醤油の黴】《食》

該当する語形を得られなかった。
■しょくじ【食事】《食》
ゴハン[gohaŋ]【御飯】【名】――ニ スル（食事にする）。
■しょくじどき【食事時】《食》
ゴハンドキ[gohandoki]【御飯時】【名】―― ニャー ケァール（御飯時には帰る）。
■しょくたく【食卓】《住》
ハンデァー[handæː]【飯台】【名】最近はあまり聞かれない。
■しょくにん【職人】《職業》
ショクニン[ʃokuniŋ]【名】
■しょくよく【食欲】《食》
ショクヨク[ʃokujoku]【名】――ガ デル（食欲が出る）。
■しょくりん【植林】《農・林・漁業》
ショクリン[ʃokuriŋ]【名】共通語的である。「植林」、「伐採」は、日常語では、ヤマェー キョー ウエル（山に木を植える）。キョー キル（木を切る）のように言う。
■じょせいせいき【女性性器】《人体》
メンコ[meŋko]【名】
オチンチン[oʧinʧiŋ]【名】
■しょっぱい《食》
シオカレァー[ʃiokaræː]【塩辛い】【形】シオカローナル、シオカラケリャー。ソネー カケタラ シオカロー ナロー（そんなにかけたら塩辛くなるでしょう）。
■しらが【白髪】《人体》
シラガ[ʃiraga]【名】
シラ[ʃira]【白】【名】シラガの省略形であろう。シラガより方言的で古い感じ。
■しらみ【虱】《動物》
シラミ[ʃirami]【名】
■しり【尻】《人体》
オシリ[oʃiri]【名】
オイド[oido]【名】オシリの方が一般的だが、年輩の女性で、オイドと言う人もある。劣勢。
■しりはしょり【尻端折り】《衣》

■シリカラゲ[ʃirikarage]【尻紮げ】【名】シリカラギョー シチョル（尻からげをしている）。
■しりょう【飼料】《農・林・漁業》⇒えさ
エサ[esa]【餌】【名】シリョーは理解語であり、日常はエサを用いる。
■しる【汁】《食》
オツユ[otsuju]【御汁】【名】
■しる【知る】《教育》
シル[ʃiru]【動】、シラン、シッタ、シリマス。①分かる。悟る。ソネーナ コター メァーカラ シッチョル（そんなことは前から知っている）。②理解する。アノヒター フランスゴー シッチョル（あの人は、フランス語を知っている）。③気がつく。ドロボーガ ヘァータノー シランジャッタ（泥棒が入ったのを知らなかった）。④人と交際する。アノヒトノ コターヨー シッチョル（あの人のことは、よく知っている）。
■しろ【白】《天地・季候》《時間・空間・数量》
シロ[ʃiro]【名】
■しろい【白い】《時間・空間・数量》
シロェー[ʃirøː]【形】シローナル、シロケリャー。――ホーガ エー（白い方が良い）。
■しろかき【代掻き】《農・林・漁業》
該当する語形を得られなかった。
■しわ【皺】《天地・季候》《人体》
シワ[ʃiwa]【名】①ひだ。②顔のしわ。――ガ フエル（しわがふえる）。
■じんじゃ【神社】《民俗》
オミヤ[omija]【御宮】【名】
■しんせつ・しんせつだ【親切・親切だ】《行動・感情》
シンセツ[ʃinsetsu]【名】①ヒトノ――ガ ミニ シミル（人の親切が身にしみる）。②アノヒター――ナ（あの人は親切だ）。
■しんぞう【心臓】《人体》
シンゾー[ʃindzoː]【名】

■しんのあるめし【芯の有る飯】《食》
ナカゴメ[nakagome]【中米】【名】ご飯の炊き方が悪く，完全に蒸れていないようなご飯をナカゴメとか，ナカゴメゴ⌐ハンと言う。
■しんぱい【心配】《行動・感情》
シンペァー[ʃimpæː]【名】コドモノ コト⌐ー —— スル(子供のことを心配する)。
■しんるい【親類】《人間関係》
シンルィー[ʃinrʷiː]【名】

す

■す【州】《天地・季候》⇨あさせ
該当する語形を得られなかった。
■す【巣】《動物》
ス[su]【名】トリノ ——(鳥の巣)。ク⌐モノ ——(蜘蛛の巣)。
■す【酢】《食》
オス[osu]【御酢】【名】
■すいか【西瓜】《植物》
スイカ[suika]【名】
■すいじ【炊事】《食》
スィージ[sʷiːʑi]【名】
■すいしゃ【水車】《農・林・漁業》
ス⌐イシャ[suiʃa]【名】
■すう【吸う】《食》
スー[suː]【動】スワン，スータ，スィーマス。① イ⌐キョー ——(息を吸う)。② ミズ————(水を吸う)。
■すえ【末】《時間・空間・数量》
スエ⌐[sue]【名】スエノ コ(末の子)。
■すえっこ【末っ子】《人間関係》
スエッコ[suekko]【名】
オト⌐ンボ[otombo]【名】オ⌐トンボとも言う。
■すがた【姿】《天地・季候》《人体》
スガ⌐タ[sugata]【名】日常生活で用いることは，あまりない。
■すき【鋤】《農・林・漁業》
スキ[suki]【名】
■すぎ【杉】《植物》
スギ[sugi]【名】
■すきだ【好きだ】《行動・感情》
スキ⌐[suki]ミカ⌐ンガ ——(みかんが好きだ)。
■すぎな【杉菜】《植物》
スギ⌐ナ[sugina]【名】スギナとも。
■すきま【隙間】《天地・季候》
エァーダ[æːda]【間】【名】—— ガ エァーチョル(隙間が空いている)。
■すぐ【直ぐ】《時間・空間・数量》
ス⌐グ[sugu]① 時間的。—— ヘンジョ⌐ースル(すぐ返事をする)。② 距離的。—— ソコ⌐デス(すぐそこです)。
■すくない【少ない】《時間・空間・数量》
スクネァ⌐ー[sukunæː]【形】スク⌐ノーナル，スク⌐ナケリャー。オユガ スク⌐ノーナッタ(お湯が少なくなった)。
■すこし【少し】《時間・空間・数量》
スコ⌐ーシ[sukoːʃi]① 程度。—— エ⌐ー(少し良い)。② 量。—— ア⌐メガ フル(少し雨が降る)。
チート⌐[tʃiːto]子供が用いる。—— デ エ————(少しで良い)。
■すし【鮨】《食》
オス⌐シ[osuʃi]【御鮨】【名】種類としては，マキズ⌐シ，イナリ⌐ズシ，チラシ⌐ズシ，オシ⌐ズシ，ニギリ⌐ズシなどがある。バラ⌐ズシという語は，理解語。
マキズ⌐シ[makiʑuʃi]【巻き鮨】【名】海苔で巻いた鮨。
イナリ⌐ズシ[inariʑuʃi]【稲荷鮨】【名】
チラシ⌐ズシ[tʃiraʃiʑuʃi]【散らし鮨】【名】鮨飯の上に，金糸卵その他の具を散らしたもの。
オシ⌐ズシ[oʃiʑuʃi]【押し鮨】【名】鮨飯を，型押ししたもの。

ニギリ⌐ズシ[ɲigiri⌐ʣuʃi]【握り鮨】《名》鮨飯の上に、魚類をのせて握った、いわゆる江戸前鮨。
■すす【煤】《住》
ス⌐ス[susu]《名》──ガ デ⌐ル(煤が出る)。
■すすき【薄】《植物》
ススキ[susuki]《名》
■すすはらい【煤払い】《民俗》新のみ
ススハ⌐レァー[susuharæː]《名》
■すずめ【雀】《動物》
スズメ[suʣume]《名》
■すずり【硯】《教育》
スズリ[suʣuri]《名》
■すする【啜る】《食》⇒すう
ススル[susuru]《動》ススラ⌐ン、ススッタ、スス リ⌐マス。オカユー──(お粥をすする)。
■すそ【裾】《衣》
ソ[suso]《名》
■すだれ【簾】《住》
スダレ[sudare]《名》
■すたれる【廃れる】《衣》《社会・交通》
スタル[sutaru]【廃る】《動》スタラン、スタッタ、スタリ⌐マス。ハヤリ⌐スタリノ スクナイ モノ(はやり廃りの少ないもの)。
■ずつ【宛】《時間・空間・数量》
ズツ[ʣutsu]スコーシ⌐── タベ⌐ル(少しずつ食べる)。ヒトツ⌐── アゲル(一つずつあげる)。
アテ[ate]ズツと同じように用いられる。スコーシ⌐── タベル(少しずつ食べる)。ヒトツ⌐── アゲル(一つずつあげる)。
■ずつう【頭痛】《人体》
アタマ⌐ガ イタァー[atamaga itæː]【頭が痛い】
■すっかり《時間・空間・数量》
マルッキリ[marukkiri]【丸きり】── ワスレチョ⌐ッタ(すっかり忘れていた)。
■すっぱい【酸ばい】《食》
スィー[suiː]【酸い】《形》ス⌐ユーナル、ス

イケリャー。クチガ ス⌐ユーナル(口が酸っぱくなる)。
■すてる【捨てる】《時間・空間・数量》
ステル[suteru]《動》ステン、ステタ、ステ⌐マス。ゴミョ⌐── ──(ごみを捨てる)。
■すな【砂】《天地・季候》⇒いし
スナ[suna]《名》
■すなお・すなおだ【素直・素直だ】《行動・感情》
スナ⌐オナ[sunaona]【素直な】── セーシツ(素直な性質)。──ナ ジ⌐(素直な字)。
■すね【脛・臑】《人体》
スネ[sune]《名》スネカ⌐ジリ、ムコーズネなどのような場合がほとんど。単独で用いることはない。
ムコーズネ[mukoːzune]【向こう脛】《名》脛の前の部分。ムコーズニョ⌐── ウッタ(向こう脛を打った)。
■すねる【拗ねる】《人間関係》
該当する語形を得られなかった。類似の表現は次の通り。
ジラー ユー[ʥiraː juː]甘えて我がままを言う。だだをこねる。
オージ⌐ラー[oːʥiraː]《名》だだをこねる人。
■すべる【滑る】《時間・空間・数量》
スベ⌐ル[suberu]《動》スベラ⌐ン、スペッタ、スペ⌐リマス。コーリノ ウエ⌐デ スペッタ(氷の上で滑った)。
■すみ【隅】《天地・季候》
ス⌐ミ[sumi]《名》ス⌐マと言う人もある。畠、庭、部屋などにより、言い分けることはない。
ス⌐マ[suma]《名》ス⌐マは、劣勢。
■すみ【炭】《住》
スミ[sumi]《名》
■すみ【墨】《教育》
スミ[sumi]《名》
■すみません【済みません】《社会・交通》
スィーマセン[sʷiːmasen]ワスレチョ⌐ッテ ──(忘れていてすみません)。
■すみれ【菫】《植物》

スミレ[sumire]【名】

■すむ【住む】《住》
ス￢ム[sumu]【動】スマ￢ン，ス￢ンダ，ス￢ミマス。オ￢ル(居る)の語で表すことが多い。ド￢コェー　オ￢ッテンデスカ(どこに住んでいるのですか)。

■すもう【相撲】《遊戯》
スモー[sumoː]【名】

■すりきれる【擦り切れる】《衣》
スリキレ￢ル[surikireru]【動】スリキレ￢ン，スリキ￢レタ，スリキ￢レマス。①「ただ擦れて薄くなっただけ」の時は，切れてはいないので，スリキレ￢ルとは言わず，スレ￢ルとだけ言う。②「擦れてあながあく」の方が，スリキレ￢ルの意に近いが，スリキレ￢ルと言う場合は，穴があくと言うよりも，衣服で言えば，袖口や，裾など，折れた部分が磨耗して，切れたような時の表現に用いることが多い。

■すりこぎ【擂り粉木】《食》⇒すりばち
スリ￢コギ[surikogi]【名】

■すりばち【擂り鉢】《食》⇒すりこぎ
スリバ￢チ[suribatʃi]【名】

■する【為る】《行動・感情》
スル[suru]【動】セ￢ン，シタ，シ￢マス。ベンキョー　――(勉強をする)。

■ずるい【狡い】《勤怠・難易・経済》
ズル￢ィー[dzurʷiː]【形】ズル￢ーナル，ズ￢ルケリャー。――　ヒトァ￢ー　キレァー(ずるい人は嫌いだ)。

■すわる【座る】《人体》《住》
スワル[suwaru]【動】スワラ￢ン，スワッタ，スワリ￢マス。①座る。タタミー　――(畳に座る)。②腰掛ける。コシカケ￢ー　――(椅子に座る)。③しっかりする。アカンボ￢ー　ノ　クビガ　――(赤ん坊の首が座る)。

せ

■せ【背】《人体》
セー[seː]【名】身長。――　ガ　タケァ￢ー(背が高い)。「後ろ」の意ではセーと言わず，セナ(背中)を用いる。⇨せなか

■ぜいきん【税金】《勤怠・難易・経済》
ゼーキン[dzeːkin]【名】――オ　オサメ￢ル(税金を納める)。

■せいこうする【性交する】《人体》
メンコ　スル[meŋko suru]

■せいざ【正座】《人体》
カシコマ￢ル[kaʃikomaru]【畏る】【動】カシコマラ￢ン，カシコマ￢ッタ，カシコマ￢リマス。正座する。「正座」に該当する名詞形はない。オギョーギ　ヨ￢ー　カシコマ￢ッチョル(お行儀良く，正座している)。カシコマ￢ッテ　ゴハンオ　タベ￢ル(正座してご飯を食べる)。

■せいしつ【性質】《行動・感情》
セーシツ[seːʃitsu]【名】アノ　ヒトァ￢ー　――　ガ　エ￢ー(あの人は性質が良い)。

■ぜいたく【贅沢】《勤怠・難易・経済》
ゼータク[dzeːtaku]【名】ゼータク￢ー　ユ￢ー(ぜいたくを言う)。

■せいぼ【歳暮】《民俗》
オセーボ[oseːbo]【御歳暮】【名】年末に贈答する品物。――　オ　オクル(お歳暮を贈る)。「年の暮れ」の意では用いない。

■せおう【背負う】《人体》《職業》
オ￢ウ[ou]【負う】【動】オワ￢ン，オ￢ータ，オ￢イマス。①ア￢カチャンオ　オータヒト(赤ちゃんを，おんぶした人)。コドモ￢ー　オ￢ーテ　イク(子供をおんぶして行く)。②背中で物を支え持つ。オイコ￢ー　――(しょいこを負う)。オ￢ーとも言う。

カル￢ー[karuː]【担う】【動】カルワ￢ン，カ

ルータ, カルイマス。背中と肩で物を支
え持つ。オーキナ フロシキョー ——
(大きな風呂敷包みを背負う)。
■せき【堰】《天地・季候》
イデ[ide]【名】小川などをせき止め
ているもの。「用水取り入れのため水をせ
き止めているもの」、「そこから流れて行く
水路」については, 該当する語形が得られ
なかった。
■せき【咳】《人体》
セキ[seki]【名】カジョー ヒーテ ——ガ
デル(風邪をひいてせきが出る)。「せきを
する」は次の言い方をする。カジョー
ヒーテ セキョー スル(風邪をひいてせき
をする)。コツルとも言う。
コツル[kotsuru]【動】コツラン, コツッ
タ, コツリマス。せきをする。——ト
ヨケー ワルー ナル(せきをするとよ
けい悪くなる)。ヨナカジュー コツッチ
ョッタ(夜の間中せきをしていた)。コツ
リガ ツク(せき込む)と言うこともある。
■せきたん【石炭】《天地・季候》⇒せきゆ
セキタン[sekitan]【名】セキタンとも。
■せきゆ【石油】《天地・季候》⇒せきたん
セキユ[sekiju]【名】灯油。
■せきれい【鶺鴒】《動物》
セキレイ[sekirei]【名】セキレーとも。
■せっけん【石鹸】《衣》《住》
セッケン[sekkeɲ]【名】明治生まれの人で,
シャボンと言う人もあるが, ほとんど聞か
れない。
■ぜっこう【絶交】《社会・交通》
ゼッコー スル[dzekkoː suru]【絶交する】
ゼッコーだけで表現することは, 少ない。
■せつぶん【節分】《民俗》
セツブン[setsubuɲ]【名】
■せなか【背中】《人体》
セナ[sena]【名】背①背中。——ガ イテ
ァー(背中が痛い)。②後ろ。オヒサマァ
—— セナー ムケテ タツ(お日様に背中

を向けて立つ)。
■せぼね【背骨】《人体》
セボネ[sebone]【名】
■せまい【狭い】《時間・空間・数量》
セマァー[semæː]【形】セモーナル, セ
マケリャー。①面積が少ない。ニワガ
——(庭が狭い)。②カタミーガ ——(肩身
が狭い)。
■せみ【蝉】《動物》
セミ[semi]【名】
■せり【芹】《植物》
セリ[seri]【名】水辺に自生する深緑の葉草。
特有の臭いを持ち, おひたしにして食べる
こともある。
■せる・させる【強制・許容】《助詞・助動詞・その
他》
セル[seru]①強制。ノミトーネァー ヒ
テェー オサキョー ノマセル(飲みた
くない人にお酒を飲ませる)。②許容。ノ
ミテァーダケ ノマセル(飲みたいだけ
飲ませる)。
サセル[saseru]①強制。ムリー オモチ
ャー ステサセル(無理におもちゃを捨て
させる)。②許容。ステァーチューカラ
ステサセル(捨てたいと言うので捨てさせ
る)。
■せわ【世話】《社会・交通》
セワ[sewa]【名】セワー スル(世話をする)。
セワとも言う。
■ぜん【膳】《食》
オゼン[odzeɲ]【御膳】【名】
ハンダァー[handæː]【飯台】【名】古くは,
こう言う人も多かった。
■せんげつ【先月】《時間・空間・数量》
センゲツ[seŋgetsu]【名】
■せんこう【線香】《民俗》
オセンコー[oseŋkoː]【御線香】【名】
■せんせい【先生】《教育》
センセー[seɲseː]【名】
■せんぞ【先祖】《人間関係》

セ¯ンソ[seɲso]〖名〗

■せんたく【洗濯】《衣》

センタク[sentaku]〖名〗センタク¯ー シタ(洗濯をした)。センタク¯とも言う。

■せんちょう【船長】《農・林・漁業》⇨せんどう

セ¯ンチョー[sentʃoː]〖名〗

■せんどう【船頭】《農・林・漁業》⇨せんちょう

センドー¯[sendoː]〖名〗

■ぜんぶ【全部】《時間・空間・数量》

ゼ¯ンブ[dzembu]① ——ノ カ¯モクガ マ¯ンテン¯ ジャッタ(全部の課目が満点だった)。② コ¯コノ ホ¯ンワ —— ヨ¯ンデ シモ¯ータ(ここの本は全部読んでしまった)。

■せんべい【煎餅】《食》

オセンベー[osembeː]〖御煎餅〗〖名〗米粉のせんべいは、言わない。米粉のものは、せんべいという認識はない。

オカ¯キ[okaki]〖名〗米粉のせんべい。古くは、市販されておらず、名称もなかった。家庭で作るもので、似たものに、カキモ¯チがある。⇨もち

■ぜんまい【薇】《植物》

ゼンマァー[dzemmæː]〖名〗春、わらびと同様、野に自生し、山菜として、ごまあえなどにして食用する。

そ

■ぞ【強い断定】《助詞・助動詞・その他》⇨さ

ヨ[jo]断定を表す。ソコェ¯ー ア¯ルヨ(そこにあるよ)。

■そいつ【其奴】《助詞・助動詞・その他》⇨あいつ、こいつ

ソレ[sore]〖其れ〗

■そいつら【其奴等】《助詞・助動詞・その他》

ソレ¯ラ[sorera]〖其れ等〗

■そう【然う】《助詞・助動詞・その他》⇨ああ、こう

ソネー[soneː]

■ぞうきん【雑巾】《住》

ゾーキ¯ン[dzoːkiɲ]〖名〗

■そうじ【掃除】《住》

ソ¯ージ[soːdʒi]〖名〗—— ガ ヘタ(掃除が下手だ)。

■そうしき【葬式】《民俗》

オソーシキ[osoːʃiki]〖御葬式〗〖名〗

■ぞうすい【雑炊】《食》

オジヤ[odʒija]〖名〗かゆ状のご飯に、しょうゆ味をつけ、野菜その他適当な具を入れた食物。

■そうそふ【曽祖父】《人間関係》

ヒージ¯ーチャン[çiːʒiːtʃaɲ]〖名〗

■そうそぼ【曽祖母】《人間関係》

ヒーバ¯ーチャン[çiːbaːtʃaɲ]〖名〗

■そうだ【様態・伝聞】《助詞・助動詞・その他》

ソーナ[soːna]①様態。ソ¯トアー ダ¯ーブン サムソーナヨ(外はだいぶ寒そうな様子よ)。ソノ オカ¯シャー オイシソーナネ(そのお菓子はおいしそうだね)。②伝聞。アノ コアー ゴーカク シタソーナヨ(あの子は合格したそうだよ)。

■そうだん【相談】《社会・交通》

ソー¯ダン[soːdaɲ]〖名〗オィエア¯ー —— スル(親に相談する)。

■ぞうり【草履】《衣》

ゾーリ[dzoːri]〖名〗婦人用草履も、その他のものもゾーリと言う。特に材質を問題にする必要のある時は以下のように言うが、最近は、実物がない。

カワゾ¯ーリ[kawadzoːri]〖皮草履〗〖名〗たけのこの皮で編んだ草履。

チリゾ¯ーリ[tʃiridzoːri]〖名〗わらで編んだ草履。

ゴムゾ¯ーリ[gomudzoːri]〖ゴム草履〗〖名〗ゴム製の草履。

■そうりょ【僧侶】《職業》

オボ¯ーサン[oboːsaɲ]〖御坊さん〗〖名〗

オ˥ッサマ[ossama]【和尚様】【名】カンネ˥ンジノ ── (観念寺〈寺名〉の和尚様)。
■そこ【底】《天地・季候》
ソコ[soko]【名】カワノ ── (川の底)。
■そこ【其処】《助詞・助動詞・その他》⇒あそこ
ソ˥コ[soko]
■そこら【其処ら】《助詞・助動詞・その他》
ソコラー˥[sokoraː]
■そだつ【育つ】《植物》《民俗》
ソダ˥ツ[sodatsu]【動】ソダタ˥ン，ソダ˥ッタ，ソダ˥チマス。①植物が育つ。クサ─ ヒト˥リデ ── (草は一人でに育つ)。②子供が成長する。ヒナガ ── (ひなが育つ)。コドモ─ ソダテ˥ル(子供を育てる)。
■そだてる【育てる】《動物》《教育》新のみ
ソダテ˥ル[sodateru]【動】ソダテ˥ン，ダ˥テタ，ソダ˥テマス。コドモ─ ── (子供を育てる)。ヒヨコ─ ソダ˥テタ コト˥ガ ア˥ル(ひよこを育てたことがある)。
■そちら【其方ら】《天地・季候》《助詞・助動詞・その他》⇒そっち，あちら，こちら
ソッチ[sottɕi]
■そっち【其方】《助詞・助動詞・その他》新のみ⇒そちら
ソッチ[sottɕi]⇒そちら
■そっと《行動・感情》
ソ˥ット[sotto]①ハジメ˥テノ コドモ─ ── ダク(初めての子供をそっと抱く)。②コ─フン シチョ˥ルカラ ── シチョ˥ク(興奮しているのでそっとしておく)。③── ナミ˥ダ─ フク(そっと涙をふく)。
■そで【袖】《衣》
ソデ[sode]【名】ソデの種類には，ナガソデ˥，ハンソデ˥，ヒチブソデ˥など長さに関するものが日常生活の主なるもので，その他は，洋和裁などの時，専門語的に知るものである。
■そと【外】《天地・季候》《時間・空間・数量》

ソト[soto]【名】①外側。②家の外。イエノ ── (家の外)。
■その【其の】《助詞・助動詞・その他》⇒あの，この
ソノ[sono]
■そのかた【其の方】《助詞・助動詞・その他》⇒あのかた，このかた，そのひと
ソノ˥カタ[sonokata]
■そのひと【其の人】《助詞・助動詞・その他》⇒そのかた
ソノ˥ヒト[sonoçito]
■そのまま【其の儘】《時間・空間・数量》
ソノマ˥マ[sonomama]── ガ エ˥─(そのままが良い)。
■そば【蕎麦】《植物》《食》
ソ˥バ[soba]【名】①植物としてのそば。②食物の話題の時は，オソ˥バと言うのが普通。
オソ˥バ[osoba]【御蕎麦】【名】日本そばだけでなく，中華そばのこともさす。
ソバ˥コ[sobako]【蕎麦粉】【名】蕎麦の粉。お湯をかけて，掻きまぜ，酢じょうゆをつけて食べる。ソバコ─ カ˥ク(そば粉を掻く)。
■そば【側】《時間・空間・数量》
ヘリ˥[heri]【縁】【名】イエノ ヘリ˥─ オイチョク(家のそばに置いておく)。
■そふ【祖父】《人間関係》
オジ─チャン[odʑiːtɕaɴ]【御爺ちゃん】【名】
■そぼ【祖母】《人間関係》
オバ─チャン[obaːtɕaɴ]【御婆ちゃん】【名】
■そら【空】《天地・季候》
ソラ[sora]【名】
■そらまめ【蚕豆・空豆】《植物》
ソラマメ[soramame]【名】
■そり【橇】《社会・交通》
ソリ˥[sori]【名】── デ ハコブ(そりで運ぶ)。
■そる【剃る】《衣》

ソル[soru]【動】ソラ⌐ン, ソ⌐ッタ, ソ⌐リマス。カオー ――(顔を剃る)。
■それ【其れ】《助詞・助動詞・その他》⇨あれ, これ
ソレ[sore]
■それら【其れら】《助詞・助動詞・その他》⇨あれら, これら
ソレラー⌐[soreraː]
■そろそろ《行動・感情》
ソロ⌐ソロ[sorosoro]① ―― デカケヨー(そろそろ出かけよう)。② ―― ア⌐ツーナッテ キタ(そろそろ暑くなって来た)。③ ―― アル⌐ク(そろそろ歩く)。
■そろばん【算盤】《教育・勤怠・難易・経済》
ソロバン[sorobaɲ]【名】―― ガ ジョーズ(そろばんが上手)。
■そん【損】《勤怠・難易・経済》
ソン⌐[soɲ]【名】―― オ スル(損をする)。
■ぞんざい・ぞんざいだ《時間・空間・数量》
アラ⌐マシジャ[aramaʃiʥa]アラ⌐マシナ ヤリカタ(粗略なやり方)。
■そんとく【損得】《勤怠・難易・経済》
ソン⌐トク[sontoku]【名】――ダ⌐ケジャー デキ⌐ン(損得だけではできない)。
■そんな《助詞・助動詞・その他》
ソネーナ[soneːna]

た

■た【田】《農・林・漁業》
タ⌐[ta]【名】
タンボ[tambo]【田圃】【名】
■た【過去】《助詞・助動詞・その他》
タ[ta]テガミョー ケァ⌐ータ(手紙を書いた)。ケ⌐サー トッテモ ネムカッタ(今朝はとっても眠かった)。
ダ[da]ホ⌐ンオ ヨ⌐ンダ(本を読んだ)。
■だ【断定】《助詞・助動詞・その他》

ジャ[ʥa]コリャー ワタシノ ホ⌐ンジャネ(これは私の本だよ)。
■たい【鯛】《動物》
ティー⌐[tæː]【名】ティーとも言う。
■たい【希望】《助詞・助動詞・その他》
ティー[tæː]オヤ⌐ー アンシンサセティー(親を安心させたい)。ハ⌐ヨー イキティー(早く行きたい)。
■だいく【大工】《職業》
ディー⌐クサン[dæːkusaɲ]【大工さん】【名】
■たいくつだ【退屈だ】《行動・感情》
シンキナ[ʃiŋkina]シンキナ ジャッタラ(退屈なら)。ナンニモ スルコト⌐ガ ネァーカラ ――(何もすることがないので退屈だ)。
■たいこ【太鼓】《遊戯》
ティーコ[tæːko]【名】
■だいこん【大根】《植物》
ディー⌐コン[dæːkoɲ]【名】食物の話題の時は, オディー⌐コンとも言う。
■だいじ・だいじにする【大事・大事にする】《勤怠・難易・経済》
ディージニスル[dæːʥinisuru]スキナ モ⌐ナー ――(好きな物は大事にする)。
■だいず【大豆】《植物》
ディー⌐ズ[dæːʣu]【名】
■だいどころ【台所】《住》
ディー⌐ドコロ[dæːdokoro]【名】
■たいひ【堆肥】《農・林・漁業》
ティー⌐ヒ[tæːçi]【名】
■たいふう【台風】《天地・季候》
ティーフ⌐ー[tæːɸuː]【名】
■だいべん【大便】《人体》
ダイベ⌐ン[daibeɲ]【名】日常生活では, 大人は, オチョー⌐ズ, 子供はウン⌐コが多い。
オチョー⌐ズ[oʨoːʣu]【名】ダイベ⌐ンやウン⌐コのように直接的な感じがなく上品な感じ。女性に多く使われる。
ウン⌐コ[uŋko]【名】主として, 幼児が用いる。

■たいよう【太陽】《天地・季候》
ターヨー[tæːjoː]【名】ティーヨーとも。
オヒサマ[oçisama]【御日様】【名】太陽に親しみをこめて言う語。

■たいら・たいらだ【平ら・平らだ】《時間・空間・数量》
ヒラタァー[çirataeː]【平たい】【形】ヒラトーナル, ヒラタケリャー。── トコロ（平らな所）。

■たうえ【田植え】《農・林・漁業》
タウエ[taue]【名】

■たおこし【田起こし】《農・林・漁業》
該当する語形を得られなかった。

■たおす【倒す】《時間・空間・数量》
タオス[taosu]【動】タオサン, タオシタ, タオシマス。キオ ──（木を倒す）。

■たおれる【倒れる】《時間・空間・数量》新のみ
タオレル[taoreru]【動】タオレン, タオレタ, タオレマス。キガ タオレタ（木が倒れた）。

■たかい【高い】《時間・空間・数量》
タケァー[takæː]【形】タコーナル, タカケリャー。①セーガ ル──（背が高い）。②ヤマガ ──（山が高い）。③ソラガ ──（空が高い）。

■たかげた【高下駄】《衣》
タカゲタ[takageta]【名】共通語の意識のもとに用いることはあるが, 方言形は, ブクリである。
ブクリ[bukuri]【名】最近は生活の中で, 高下駄を用いることは, ほとんど無くなったので, ブクリということばを用いることもほとんどない。

■たがやす【耕す】《農・林・漁業》
タガヤス[tagajasu]【動】タガヤサン, タガヤシタ, タガヤシマス。ター ──（田を耕す）。深さによる言い方の違いはない。

■たき【滝】《天地・季候》
タキ[taki]【名】日常生活ではあまり用いな

い。

■たきぎ【薪】《住》《農・林・漁業》
タキツケ[takitsuke]【焚き付け】【名】種類分けはしない。

■たきび【焚き火】《住》
タキビ[takibi]【名】共通語的な感じがある。

■たく【炊く】《食》⇒にる
タク[taku]【動】タカン, タァータ, タキマス。ゴハンオ ──（ご飯を炊く）。

■だく【抱く】《人体》
ダク[daku]【動】ダカン, ダァータ, ダキマス。身体の前面に密着させて両腕で支え持つ。アカンボー ──（赤ん坊を抱く）。対象物による違いはない。

■たくあん【沢庵】《食》
タクワン[takuwaɴ]【名】
オコーコ[okoːko]【御香香】【名】タクワンと同じもの。

■たくさん【沢山】《時間・空間・数量》⇒おおい
ヨーケ[joːke]【余計】── アル（たくさんある）。

■たけ【竹】《植物》
タケ[take]【名】

■たけ【丈】《衣》
タケ[take]【名】── ガ ナゲァー（丈が長い）。

■だけ【量的限定・範囲の限定】《助詞・助動詞・その他》
ダケ[dake]①量的限定。テー モタレル ダケ モトー（手に持てるだけ持とう）。②範囲の限定。ワタシダケ イク（私だけ行く）。

■たけうま【竹馬】《遊戯》
タケウマ[takeuma]【名】

■たけのこ【筍】《植物》
タケノコ[takenoko]【名】

■たこ【蛸】《動物》
タコ[tako]【名】

■たこ【胼胝】《人体》
タコ[tako]【名】

■たこ【凧】《遊戯》
タコ[tako]【名】タコˈーˈ アゲル(凧を揚げる)。
■だし【出汁】《食》
ダシ[daʃi]【名】オダシˈとも言う。ダショˈートˈル(出しをとる)。材料による言い分けはしない。カツォーブシノ ——(鰹節の出し)。コブノ ——(昆布の出し)。ニボシノ ——(煮干しの出し)。
■だし【山車】《民俗》
オミˈコシ[omikoʃi]【御神輿】【名】
■だす【出す】《時間・空間・数量》
ダˈス[dasu]【動】ダサˈン、ダˈシタ、ダˈシマス。①外に示す。コˈヨー ダˈス(声を出す)。②テˈオ ——(手を出す)。
■たすき【襷】《衣》
タスキ[tasuki]【名】タスキョー カケˈル(たすきを掛ける)。運動会などで組分けのために用いる頭に巻く紐も、タスキと言う。
■たずねる【尋ねる・訪ねる】《行動・感情》
キク[kiku]【聞く】【動】キカン、キイタ、キˈマス。質問する。カンジノ ヨミカˈター ——(漢字の読み方を聞く)。
サガス[sagasu]【探す】【動】サガサン、サガシタ、サガシˈマス。探し求める。シャシンオ テガˈカリー ハハˈー ——(写真を手掛かりに母を探す)。
イク[iku]【行く】【動】イカン、イッタ、イキˈマス。訪れる。センパーノ イエˈー ——(先輩の家に行く)。
■たたく【叩く】《社会・交通》《時間・空間・数量》
タタˈク[tataku]【動】タタカˈン、タタˈイタ、タタˈキマス。ティーコー ——(太鼓を叩く)。ボーデ ——(棒で叩く)。ヒラテデ ——(平手で叩く)。
シバˈク[ʃibaku]【動】シバカˈン、シバˈイタ、シバˈキマス。タタˈクは、共通語的感じがあり、シバˈク、ビシャˈクは、俚言形意識があり、荒っぽいことばという意識があるので、そのような場面で聞かれる。ボーデ ——シバカˈレタ(棒で叩かれた)。
ビシャˈク[biʃaku]【動】ビシャカˈン、ビシャˈイタ、ビシャˈキマス。シバˈク、ビシャˈクの意味用法の違いは、はっきりしないが、ビシャˈクの方が、平らなもので叩く感じがする。ヒラテデ ビシャカˈレタ(平手で叩かれた)。
■たたみ【畳】《住》
タタミ[tatami]【名】
■たたむ【畳む】《衣》
タタム[tatamu]【動】タタマン、タタンダ、タタミˈマス。キモノー ——(着物を畳む)。
■たつ【立つ】《人体》《住》
タˈツ[tatsu]【動】タタˈン、タˈッタ、タˈチマス。ヒトˈガ タˈッチョル(人が立っている)。ヒトˈリデ ——(一人で立つ)。
■だって【強調】《助詞・助動詞・その他》
デモ[demo]コドモデˈモ シッチョˈル(子供でも知っている)。
■だって【疑問】《助詞・助動詞・その他》
テー[teː]提示された事柄への疑問を表す。ハー クˈルンテー(えっ、来るのだって)。
■たて【縦】《天地・季候》《時間・空間・数量》
タˈテ[tate]【名】
■たてる【建てる】《住》
タテˈル[tateru]【動】タテˈン、タˈテタ、タˈテマス。イヨー ——(家を建てる)。
■たな【棚】《住》
タナ[tana]【名】
■たなばた【七夕】《民俗》
タナバタ[tanabata]【名】
■たに【谷】《天地・季候》
タニ[taɲi]【名】日常生活では用いない。
■たにし【田螺】《動物》
ニーナˈ[niːna]【名】
■たぬき【狸】《動物》
タヌˈキ[tanuki]【名】
■たね【種】《植物》
タˈネ[tane]【名】

■サネ【核】《名》
サネ[sane]《名》タネと同意。——ガ　オ
イ¬ー(種が多い)。
■たねまき【種蒔き】《農・林・漁業》
タネ¬マキ[tanemaki]《名》
■たのしい【楽しい】《行動・感情》
タノシ¬ー[tanoʃiː]《形》タノ¬シューナル，
タノ¬シケリャー。エンソカー　——(遠足
は楽しい)。
タノシミ¬ナ[tanoʃimina]【楽しみな】楽し
みだ。コドモノ　セーチョーダ¬ケガ
——(子供の成長だけが楽しみだ)。
■たのむ【頼む】《社会・交通》
タノ¬ム[tanomu]《動》タノマ¬ン，タノ¬ン
ダ，タノ¬ミマス。ルス¬ー　——(留守を
頼む)。
■たばこ【煙草】《食》《農・林・漁業》
タバコ[tabako]《名》タバコー　スー(煙草
を吸う)。
■たはた【田畑】《農・林・漁業》
タ¬ハタ[tahata]《名》口語ではあまり用い
ない。
■たび【足袋】《衣》
タ¬ビ[tabi]《名》タ¬ビョー　ハク(足袋を履
く)。
■たび【旅】《社会・交通》
タビ¬[tabi]《名》——ガ　スキ¬ナ　ヒト¬
(旅が好きな人)。
■たぶん【多分】《行動・感情》
タブ¬ン[tabuɲ]——　アシタ¬ー　アメジ
ャロー(たぶん明日は雨だろう)。「多分に
疑わしい」，「多分の寄付を頂く」は，日常
会話では用いない。
キット[kitto]共通語的な言い方。該当する
方言形は得られなかった。ア¬メァー
——　フル(雨はきっと降る)。
■たべもの【食べ物】《食》
タベモノ¬[tabemono]《名》——ガ　ワル
イ¬ー(食物が悪い)。
■たま【玉・球・弾】《天地・気候》
タマ¬[tama]《名》——ガ　レ¬タ(《電球の》

球が切れた)。
■たまご【卵】《動物》
タマ¬ゴ[tamago]《名》
■だます【騙す】《社会・交通》
ダマ¬ス[damasu]《動》ダマサ¬ン，ダマ¬シ
タ，ダマ¬シマス。ヒト¬ー　——(人を騙
す)。
■たまねぎ【玉葱】《植物》《食》
タマネ¬ギ[tamanegi]《名》
■たまる【溜る】《時間・空間・数量》
タマル¬[tamaru]《動》タマラ¬ン，タマッタ，
タマリ¬マス。①一箇所に集まって滞る。
ミズガ　タマッタ(水がたまった)。②とど
まって多くなる。オカネガ　——(お金が
たまる)。
■だまる【黙る】《社会・交通》
ダマ¬ル[damaru]《動》ダマラ¬ン，ダマ¬ッ
タ，ダマ¬リマス。ダマ¬ッチョッチャー
ワカラ¬ン(黙っていては，わからない)。
■だめ【駄目】《時間・空間・数量》
ダメ¬ジャ[dameʒa]ダメ¬ナ　コト(だめな
こと)。
■ためる【貯める】《勤怠・難易・経済》
タメル¬[tameru]《動》タメン¬，タメタ，タ
メ¬マス。オカネョー　——(お金をため
る)。
■たもあみ【攩網】《農・林・漁業》
該当する語形を得られなかった。
■たもと【袂】《衣》
タモト¬[tamoto]《名》
■たよる【頼る】《社会・交通》
タヨル¬[tajoru]《動》タヨラン，タヨッタ，
タヨリ¬マス。オイェァ¬ー　——(親に頼
る)。
■たらい【盥】《衣》
タレァー¬[taræː]《名》タレァーと言えば，
洗濯や，赤ちゃんが入浴できる程度の大き
さのものを言う。材質にはあまり関係ない
が，昔は，木製の方が多かった。
カナダレァー¬[kanadaræː]【金盥】《名》洗

面用程度の大きさの，金属製のたらい。洗面器。
■だらしない《衣》《行動・感情》
ダラシガネァー[daraʃiganæː]アノヒトァー ジカ˥ンニ ──(あの人は時間にだらしがない)。
ホートクネァー[hoːtokunæː]【形】他の活用形は用いない。── カッコ─(だらしない格好)。
■たりない【足りない】《時間・空間・数量》
タラン[taraɲ]【足らん】タル(足りる)の打ち消し形。オカネガ ──(お金が足りない)。
■たるき【垂木】《住》
該当する語形は得られなかった。
■だろう【推量】《助詞・助動詞・その他》
ジャロー[ʤaroː]ソッカラナラ ヨ─ミエ˥ルジャロー(そこからなら，良く見えるだろう)。
■たわし【束子】《食》
タワシ[tawaʃi]【名】
ソ─ラ[soːra]【名】明治生まれの人が，用いているのを聞いたことがある。
■たわら【俵】《農・林・漁業》
タワラ˥[tawara]【名】
■だんご【団子】《食》
オダンゴ[odaŋgo]【御団子】【名】
■たんじょう【誕生】《民俗》
該当する語形は，得られなかった。第一回目の誕生日だからといって，特別な言い方はない。
■たんす【箪笥】《住》
タンス[taɲsu]【名】
■だんせいせいき【男性性器】《人体》
オチンチ˥ン[otʃiɲtʃiɲ]【名】
チンコ[tʃiŋko]【名】
キン˥[kiɲ]【金】【名】男女ともに言う。
キンタマ[kintama]【金玉】【名】睾丸。
■だんだん【段段】《時間・空間・数量》
ダンダン[dandan]── ヨーナ˥ル(だんだ

ん良くなる)。
■たんぽぽ【蒲公英】《植物》
タン˥ポポ[tampopo]【名】

ち

■ち【血】《人体》
チ[tʃi]【名】① 血液。② 血統の意味では劣勢。ス˥ジ，チスジを用いる。
ス˥ジ[suʥi]【筋】【名】血統。年長者が用いることが多い。──ガ エ─(血統が良い)。
チスジ[tʃisuʥi]【血筋】【名】血統。ス˥ジより共通語的。──ガ エ─(血統が良い)。
■ちいさい【小さい】《時間・空間・数量》⇒こまかい，ほそい
コメァ─[komæː]【細い】【形】コ˥モーナル，コ˥マケリャー。カラダガ ──(体が小さい)。⇒こまかい
■ちかい【近い】《時間・空間・数量》
チケァ─[tʃikæː]【形】チ˥コーナル，チ˥カケリャー。チ˥カケリャー アルィ─テイク(近ければ歩いて行く)。
■ちから【力】《人体》
チカ˥ラ[tʃikara]【名】チカラとも言う。
■ちち【乳】《人体》《食》
オチ˥チ[otʃitʃi]【御乳】【名】① 乳房。② 母乳。牛乳はギューニュー，ミルクはミ˥ルクと言う。乳児に対しては，「牛乳，ミルク」の意でオチ˥チと言う。
ギューニュー[gjuːɲuː]【牛乳】【名】乳児が哺乳びんで飲む時は，オチ˥チと言う。
ミ˥ルク[miruku]【名】加工乳のことを言う。
■ちち【父】《人間関係》
トーチャン[toːtʃaɲ]【父ちゃん】【名】
■ちゃ【茶】《植物》《食》
オチャ[otʃa]【御茶】【名】① 植物としての茶。② 飲み物としての茶。オチャー ヘァ─ル(お茶が入る)。

■ちゃづけ【茶漬け】《食》
オチャズケ[otʃaʣuke]【御茶漬け】【名】オチャズキョー　タベ┐ル(御茶漬けを食べる)。

■ちゃわん【茶碗】《食》
オチャワン[otʃawaɴ]【御茶碗】【名】あえて言えば、ゴハンジャ┐ワン(ご飯茶碗)、オカズジャ┐ワン(おかず茶碗)の二種類がある。

■ちゅうい【注意】《行動・感情》
キオツケ┐ル[kiotsukeru]【気を付ける】【動】キオツケ┐ン、キオツ┐ケタ、キオツ┐ケマス。クルマニ　——(車に気を付ける)。

■ちゅうげん【中元】《民俗》
オチューゲン[otʃuːgeɴ]【御中元】【名】——オ　オクル(お中元を贈る)。

■ちょう【蝶】《動物》
チョーチョ[tʃoːtʃo]【蝶蝶】【名】——ガ　トビヨル(蝶々が飛んでいる)。チョ┐ーチョとも言う。

■ちょう【腸】《人体》
チョ┐ー[tʃoː]【名】

■ちょうし【銚子】《食》
トック┐リ[tokkuri]【徳利】【名】種類による名称はない。

■ちょうじょ【長女】《人間関係》
ソーリョーム┐スメ[soːrjoːmusume]【総領娘】【名】

■ちょうど【丁度】《時間・空間・数量》
チョード[tʃoːdo]——　エ┐カッタ(ちょうど良かった)。

■ちょうなん【長男】《人間関係》
ソーリョーム┐スコ[soːrjoːmusuko]【総領息子】【名】

■ちょっと《時間・空間・数量》
チョット[tʃotto]——　マッテ(ちょっと待って)。

■ちらかす・ちらかっている【散らかす・散らかっている】《住》
ツラカッチョ┐ル[tsurakattʃoru]ヘヤ┐ガ　——(部屋が散らかっている)。

■ちりとり【塵取り】《住》
ゴミトリ┐[gomitori]【ごみ取り】【名】

■ちる【散る】《植物》
チル[tʃiru]【動】チラン、チッタ、チリ┐マス。ハナ┐ガ　チッタ(花が散った)。

つ

■つい《行動・感情》
ツィ┐ー[tsʷiː]①時間的にほんのわずか。——　イマサ┐ッキマデ　ソ┐コェー　オ┐ッタ(つい先ほどまでそこに居た)。②うっかり。——　ワスレチョ┐ッタ(つい忘れていた)。

■ついていく【付いて行く】《社会・交通》
ツィ┐ーテ　クル[tsʷiːte kuru]オヤ┐ー　——(親についてくる)。

■つえ【杖】《衣》
ツ┐エ[tsue]【名】ツヨー┐　ツク(杖をつく)。

■つかい【使い】《社会・交通》
オツケァー[otsukæː]【御使い】【名】

■つかむ【掴む】《行動・感情》
ツカ┐ム[tsukamu]【動】ツカマ┐ン、ツカ┐ンダ、ツカ┐ミマス。①握り持つ。ウデョ┐ーツカ┐ンデ　ハナサ┐ン(腕をつかんで放さない)。②手に入れる。ターキンオ　ツカ┐ンダ(大金をつかんだ)。

■つかれる【疲れる】《人体》
ツカレル[tsukareru]【動】ツカレ┐ン、ツカレ┐タ、ツカレ┐マス。①労働による疲労。イッショーケ┐ンメー　ハタレァータカラ　ツカレタ(一所懸命働いたので疲れた)。②病気による疲労。カラダガ　ワル┐イカラ　ツカレヤスイ(体が悪いので疲れやすい)。
クタビレ┐ル[kutabireru]【草臥れる】【動】クタビレ┐ン、クタビ┐レタ、クタビ┐レマス。①労働・病気による疲労ともに用いられるが、ツカレルより力言的で、年長者間

で多く用いられるようである。ヨー　ア
ソンデ　クタビ￣レタンジャロー　ネテ￣
シモータ(よく遊んで，くたびれたのだろ
う，寝てしまった)。

エレァ￣ー[eræ:]【形】エローナル，エラ
ケリャー。疲れた状態。労働・病気による
疲労ともに用いる。エローテ　イケン(き
つくてたまらない〈心身ともに〉)。

■つき【月】《天地・季候》《時間・空間・数量》
ツキ￣[tsuki]【名】ツキョ￣ー　カゾェー￣ル
(月を数える)。

■つぎ【継ぎ】《衣》⇨つくろう
ツギ[tsugi]【名】——ガ　アテチャ￣ル(補綴
が当ててある)。

■つぎ【次】《時間・空間・数量》
ツギ￣[tsugi]【名】——ノヒニ　イッタ(次の
日に行った)。

■つきあう【付き合う】《社会・交通》
ツキア￣ウ[tsukiau]【動】ツキアワ￣ン，ツキ
オータ，ツキア￣イマス。オトナリト
——お隣と交際する)。

■つきあたり【突き当たり】《社会・交通》
ツキアタリ[tsukiatari]【名】——ガ　ビョ
ーインデ￣ス(突き当たりが病院です)。

■つく【搗く】《食》《農・林・漁業》
ツ￣ク[tsuku]【動】ツカ￣ン，ツィータ・ツ￣
イタ，ツ￣キマス。オモチョー　——(お餅
を搗く)。オコメョー　——(お米を搗く)。

■つく【付く・着く】《時間・空間・数量》
ツ￣ク[tsuku]【動】ツカ￣ン，ツ￣イタ，ツキ
マス。ゴミ￣ガ　——(ごみが付く)。

■つぐ【注ぐ】《食》
ツグ[tsugu]【動】ツガン，ツィーダ，ツギ￣
マス。オサキョー　——(お酒を注ぐ)。

■つくえ【机】《住》《教育》新のみ
ツクエ[tsukue]【名】

■つくし【土筆】《植物》
ツクシ[tsukuʃi]【名】

■つくる【作る】《勤怠・難易・経済》《職業》⇨した
く

ツクル￣[tsukuru]【動】ツクラ￣ン，ツク￣ッ
タ，ツク￣リマス。モノ￣ー　——コトガ
ジョーズ(物を作ることが上手)。

■つくろう【繕う】《衣》⇨つぎ
ツクロー[tsukuro:]【動】ツクロワ￣ン，ツ
クロータ，ツクロ￣イマス。フトンオ　ツ
クロ￣ーテ　モロータ(蒲団を繕ってもらっ
た)。

■つげぐち【告げ口】《社会・交通》
ツゲグ￣チ[tsugeguʧi]【名】センセ￣ーニ　ツ
ゲグ￣チョー　スル(先生に告げ口をする)。

■つけもの【漬物】《食》
オツケ￣モノ[otsukemono]【御漬物】【名】ツ
ケ￣モノとも言う。

■つごう【都合】《行動・感情》
ツゴー[tsugo:]【名】①手はず。——ガ
カ￣ン(都合がつかない)。②事情。イエノ
——デ　コラレン(家の都合で来られない)。
③機会。ツゴーヨー　イエ￣ー　オッタ
カラ　タノ￣ンダ(都合よく家に居たので頼
んだ)。④やりくり。オカネョー　イチマ
ンエンホド　——　シテ　クダセャ￣ー(お
金を一万円ばかり都合してください)。

■つち【土】《天地・季候》
ドロ￣[doro]【泥】【名】「つち」も「どろ」も
区別なくドロ￣と言う。ドロー　ホ￣ル(土
を掘る)。⇨どろ

■つち【槌】《農・林・漁業》
ツ￣チ[tsuʧi]【名】

■つつみ【堤】《天地・季候》
ドテ[dote]【土手】【名】

■つつむ【包む】《衣》
ツツ￣ム[tsutsumu]【動】ツツマ￣ン，ツツ￣ン
ダ，ツツ￣ミマス。オベントーオ　——(お
弁当を包む)。

■つて【伝】《社会・交通》
ツテ￣[tsute]【名】——ガ　ア￣ル(つてがあ
る)。

■つとめる【勤める・務める・努める】《職業》
ツトメル￣[tsutomeru]【動】ツトメ￣ン，ツ

トメタ, ツトメマス。①勤務する。ケーシャー ニジューネン ツトメチョル（会社に二十年勤めている）。②精を出して仕事をする。セーシンセーイ ──（誠心誠意努める）。③役目の仕事をする。ケーチョーオ ツトメル（会長を務める）。④我慢する。ヒトメーデ ナミダー ミセンヨーニ ──（人前で涙を見せないように努める）。

オツトメ[otsutome]【御勤め】《名》勤行。アーサユー ツトミョー スル（朝夕お勤めをする）。

■つな【綱】《住》《農・林・漁業》
ツナ[tsuna]《名》麻紐の様に細いものは、ヒモと言い、太いものをツナと言う。
ナワ[nawa]《名》

■つなぐ【繋ぐ】《時間・空間・数量》
ツナグ[tsunagu]《動》ツナガン, ツナイダ, ツナギマス。①離れないように, 紐などで結わえる。イヌー ──（犬をつなぐ）。②結んで一つにする。ヒモー ──（紐をつなぐ）。

■つなみ【津波】《天地・季候》
ツナミ[tsunami]《名》

■つねる【抓る】《社会・交通》
ヒネキル[çinekiru]【捻切る】《動》ヒネキラン, ヒネキッタ, ヒネキリマス。テョー ヒネキッタ（手をつねった）。ヒネクルとも言う。

■つば【唾】《人体》
ツバ[tsuba]《名》ツバー ハク（唾を吐く）。
ツズ[tsuʣu]《名》口中の唾液というよりも、唾を吐く時のような, 汚いイメージがある。

■つばき【椿】《植物》
ツバキ[tsubaki]《名》

■つばめ【燕】《動物》
ツバメ[tsubame]《名》

■つぶ【粒】《天地・季候》
ツブ[tsubu]《名》

■つぶす【潰す】《時間・空間・数量》
ツブス[tsubusu]《動》ツブサン, ツブシタ, ツブシマス。アンオ ──（あんをつぶす）。

■つぼ【壷】《食》
ツボ[tsubo]《名》

■つぼみ【蕾】《植物》
ツボミ[tsubomi]《名》

■つま【妻】《人間関係》
カネー[kanæː]【家内】《名》

■つまさき【爪先】《人体》
ツマサキ[tsumasaki]《名》

■つまずく【躓く】《人体》
ツマズク[tsumaʣuku]《動》ツマズカン, ツマズイタ, ツマズキマス。イシニ ツマズイテ コケタ（石につまずいて転んだ）。

■つまらない《行動・感情》
ツマラン[tsumaraɴ]ツマランョーニナル, ツマランナラ。ツマラナクナル, ツマランケリャーとは言わない。ハナシガ ──（話がつまらない）。

■つまる【詰まる】《時間・空間・数量》
ツマル[tsumaru]《動》ツマラン, ツマッタ, ツマリマス。ハナガ ──（鼻が詰まる）。

■つむ【摘む】《植物》
ツム[tsumu]《動》ツマン, ツンダ, ツミマス。ハナー ──（花を摘む）。カミョー ──（髪を摘む）。⇨かる

■つむ【積む】《時間・空間・数量》
ツム[tsumu]《動》ツマン, ツンダ, ツミマス。ニョー ──（荷を積む）。

■つむぐ【紡ぐ】《農・林・漁業》
ツムグ[tsumugu]《動》ツムガン, ツムイダ, ツムギマス。イトー ──（糸を紡ぐ）。

■つむじ【旋毛】《分野4 人体》
メァーメァー[mæːmæː]《名》

■つめ【爪】《分野2 動物》《人体》
ツメ[tsume]《名》ツミョー ツム（爪を切る）。

ツミョー　キ⌐ルとも言わなくはないが共通語的。——ガ　ノ⌐ビタ(爪がのびた)。

■**つめたい**【冷たい】《天地・季候》
ヒヤ⌐ー[çijaː]【冷や】【形】ヒヨ⌐ーナル，ヒヤケリャー。——　モノ⌐ー　タベョ⌐ー(冷たい物を食べよう)。ヒヤ⌐イとも言う。

■**つや**【通夜】《民俗》
オツ⌐ーヤ[otsuːja]【御通夜】【名】

■**つゆ**【露】《天地・季候》
ツユ[tsuju]【名】

■**つゆ**【梅雨】《天地・季候》
ツユ[tsuju]【名】——ガ　アケタ(梅雨が明けた)。

■**つよい**【強い】《時間・空間・数量》
ツョェ⌐ー[tsujøː]【強い】【形】ツョ⌐ーナル，ツ⌐ヨケリャー。①ヒモガ　——(紐が強い)。②カゼガ　——(風が強い)。

■**つらい**【辛い】《行動・感情》
センネァ⌐ー[sennæː]【形】セン⌐ノーナル，セン⌐ナケリャー。ワカレルノガ　——(別れるのがつらい)。

■**つらら**【氷柱】《天地・季候》
ツララ[tsurara]【名】

■**つり**【釣り】《農・林・漁業》⇒つる
ツリ[tsuri]【名】

■**つる**【鶴】《動物》
ツ⌐ル[tsuru]【名】

■**つる**【蔓】《植物》
ツル⌐[tsuru]【名】

■**つる**【釣る】《農・林・漁業》⇒つり
ツル[tsuru]【動】ツラン，ツッタ，ツリ⌐マス。サカナー　——(魚を釣る)。

■**つるはし**【鶴嘴】《農・林・漁業》
ツル⌐ハシ[tsuruhaʃi]【名】名称は知っているが，日常生活では用いない。

て

■**て**【手】《人体》⇒うで
テ[te]【名】①腕のつけ根から指先まで。②手首から先の部分。ミギテー　オハ⌐ショー　モ⌐ツ(右手におはしを持つ)。③手の平。テョ⌐ー　タタ⌐ク(手をたたく)。⇒うで，てのひら

■**て**【理由】《助詞・助動詞・その他》
テ[te]アシ⌐ガ　イ⌐トーテ　アルケン⌐(足が痛くて歩けない)。

■**で**【場所・手段・方法・原因・理由】《助詞・助動詞・その他》
デ[de]①場所。カワ⌐デ　アソンダ(川で遊んだ)。②手段。ペ⌐ンデ　カク(ペンで書く)。③原因・理由。カゼデ　コケル(風で倒れる)。

■**てあし**【手足】《人体》新のみ
テ⌐アシ[teasi]【名】——ガ　ヒエ⌐ル(手足が冷える)。

■**てある**【結果存続】《助詞・助動詞・その他》
チャル[tʃaru]存続している状態を表す。ホ⌐ンガ　オイチャ⌐ル(本が置いてある)。

■**ていさい**【体裁】《社会・交通》新のみ
テーセァー[teːsæː]【名】

■**ていねい・ていねいだ**【丁寧・丁寧だ】《時間・空間・数量》
ネツィ⌐ー[netsʷiː]【形】ネツ⌐ーニ(丁寧に)。——　コトバ(丁寧なことば)。

■**ている**【進行・既然】《時間・空間・数量》
ヨル[joru]動詞の連用形に接続して，進行を表す。イ⌐マ　トナリデ　キモノー　キ⌐ヨル(今，隣で着物を着ている)。
チョル[tʃoru]既然。撥音の前ではジョルとなる。キョ⌐ーワ　アケァー　ヨーフクー　キチョ⌐ル(今日は，赤い洋服を着ている)。ガクゲーケァワ　ハ⌐ー　ス⌐ンジョルカ

モ シレン(学芸会は，もう済んでいるかもしれない)。

■でかせぎ【出稼ぎ】《職業》
該当する語形を得られなかった。

■てがみ【手紙】《教育》《社会・交通》
テガミ[tegami]《名》──ガ キ⌐タ(手紙が来た)。

■できもの【出来物】《人体》
デキモノ[dekimono]《名》アセモ⌐，ニキ⌐ビ，メン⌐チョーなども，皮膚にできるものではあるが，これらはデキモノまたはデキモンとは呼ばない。オデ⌐キと言うこともあるが，共通語意識がある。

■てくび【手首】《人体》
テクビ[tekubi]《名》──ガ イタ⌐ー(手首が痛い)。

■てしまう・てしまった【終結・完了】《助詞・助動詞・その他》
テシモータ[teʃimoːta]バサー ハー イッテシモ⌐ータ(バスはもう行ってしまった)。

■です・でした【丁寧な断定】《助詞・助動詞・その他》
デス[desu]トッテモ キレ⌐ーナ ハナ⌐デス(とってもきれいな花です)。
デ アリマス[de arimasu]デスよりも丁寧な言い方。年長者が用いることが多い。トッテモ キレ⌐ーナ ハナ⌐デ ア⌐リマス(とってもきれいな花でございます)。

■てつ【鉄】《天地・季候》
テツ[tetsu]《名》

■てつだい【手伝い】《職業》
テツ⌐ダァー[tetsudæː]《名》
テゴ[tego]《名》高年層が用いる。テゴ⌐ー シテ クレルヨ⌐ーニ ナッタ(手伝いをしてくれるようになった)。

■てっぽう【鉄砲】《遊戯》《農・林・漁業》
テッポー[teppoː]《名》テッポ⌐ーとも。テッポ⌐ーデ ウ⌐ツ(鉄砲で撃つ)。

■てぬぐい【手拭い】《仕》

つめたい～てる　95

■てぬぎ[tenugiː]《名》洗面や，浴用のタオルも含めてテヌギーと言う。

■てのこう【手の甲】《人体》
テノコ⌐ー[tenokoː]《名》

■てのひら【手の平・掌】《人体》
テノヒラ⌐[tenoçira]《名》──デ タタ⌐ク(手の平で叩く)。⇨て

■てぶくろ【手袋】《衣》
テブ⌐クロ[tebukuro]《名》テブ⌐クロー ハメル(手袋をする)。テブ⌐クロー アテル，テブ⌐クロー スルとも言う。

■てほん【手本】《教育》
テホン⌐[tehoɴ]《名》オテホンとも言う。①シュージノ ── ケァ⌐ーテ モラウ(習字のお手本を書いてもらう)。②オヤ⌐ー──ニシテ オーキューナ⌐ル(親を手本にして大きくなる)。

■てま【手間】《職業》
テマ[tema]《名》──ガ カカ⌐ル(手間が，かかる)。

■ても・でも【逆接】《助詞・助動詞・その他》
テモ[temo]アシタ⌐ー ア⌐メガ フッテモ イク(明日は雨が降っても行く)。
デモ[demo]ナンボー ノ⌐ンデモ ヨワ⌐ン(いくら飲んでも酔わない)。

■でも【提示的限定】《助詞・助動詞・その他》
ネァート[næːto]デモも用いるが共通語意識でのこと。オチャネァート ノモ⌐ー(お茶でも飲もう)。

■でもどり【出戻り】《民俗》
「嫁が勝手に里に帰ること」に該当する語形は得られなかった。
デモドリ[demodori]《名》嫁いだ人で，離婚して帰って来た人。

■てら【寺】《民俗》
オテラ⌐[otera]《御寺》《名》

■てる【照る】《天地・季候》
テ⌐ル[teru]《動》テラ⌐ン，テ⌐ッタ，テ⌐リマス。── ヒニャー カ⌐サー モッティ⌐ク(照る日には，日傘を持っていく)。

■でる【出る】《時間・空間・数量》
デ⌐ル[deru]〖動〗デ⌐ン，デ⌐タ，デ⌐マス。①外に移る。ゲ⌐ンカンカラ ——（玄関から出る）。②体の外へ流れる。ハナジガ ——（鼻血が出る）。
■てんき【天気】《天地・季候》
テン⌐キ[teŋki]〖名〗晴天，及び天気の意味に用いる。
ヒヨリ[çijori]〖日和〗〖名〗空模様。晴天。
オヒヨリ[oçijori]〖御日和〗〖名〗ヒヨリの丁寧形。
■てんじょう【天井】《住》
テンジョー[tenʤoː]〖名〗
■てんびんぼう【天秤棒】《農・林・漁業》
オーコ⌐[oːko]〖朸〗〖名〗
■てんぷら【天麩羅】《食》
テンプラ[tempura]〖名〗テンプラー アゲル（てんぷらを揚げる）。

と

■と【戸】《住》
ト[to]〖名〗——ガ シマ⌐ル（戸が閉まる）。
■とい【樋】《住》
ト⌐ヒ[toçi]〖名〗
■どいつ【何奴】《助詞・助動詞・その他》
ダレ[dare]【誰】
■どいつら【何奴等】《助詞・助動詞・その他》
ダレラー⌐[dareraː]【誰等】
■どう【銅】《天地・季候》
ドー[doː]〖名〗
■どう【胴】《人体》
ド⌐ー[doː]〖名〗
■どう【如何】《助詞・助動詞・その他》
ドネー[doneː]
■とうがらし【唐辛子】《植物》《食》
トンガラシ[toŋgaraʃi]〖唐辛子〗〖名〗
■とうき【陶器】《食》

セトモノ[setomono]〖瀬戸物〗〖名〗陶器一般を言う。
■とうげ【峠】《天地・季候》
タオ[tao]〖名〗
■とうじ【冬至】《民俗》
トージ[toːʤi]〖名〗
■どうそじん【道祖神】《民俗》新のみ
該当する語形を得られなかった。
■とうに【疾うに】《時間・空間・数量》
トー⌐ニ[toːɲi]—— オワッタ（とっくに終わった）。
■とうふ【豆腐】《食》
オトーフ[otoːɸu]〖御豆腐〗〖名〗トーフとも言う。
■どうぶつ【動物】《動物》
ドー⌐ブツ[doːbutsu]〖名〗——ガ スキ（動物が好き）。
■とうもろこし【玉蜀黍】《植物》《農・林・漁業》
ナンマ⌐ン[nammaɴ]〖南蛮〗〖名〗若年層及び，共通語意識のときは，トーモ⌐ロコシも用いる。
■どうらく【道楽】《遊戯》新のみ
ドーラク[doːraku]〖名〗
■とお【十】《時間・空間・数量》
トー⌐[toː]〖名〗
■とおい【遠い】《時間・空間・数量》
トイー[toiː]〖形〗トゥーナ⌐ル，トイケ⌐リャー。—— トコェ⌐ー イク（遠い所へ行く）。
■とおせんぼう【通せん坊】《遊戯》
トーセ⌐ンボ[toːsembo]〖名〗共通語意識がある。
■とかい【都会】《社会・交通》
トケァー[tokæː]〖名〗——ガ スキ⌐ナ ヒト⌐モ オイ⌐ー（都会が好きな人も多い）。
■とかげ【蜥蜴】《動物》⇒かまきり，かなへび
トカキ⌐リ[tokakiri]〖名〗蜥蜴を見ると運が良いという諺がある。—— ミツケテ マンガ エ⌐ー（蜥蜴を見て，運が良い）。
■とかす【梳かす】《人体》⇒とく

トク[toku]【動】トカ˥ン，ト˥イタ，ト˥キマス。結った髪について言う。
カ˥ク[kaku]【動】カカ˥ン，カ˥イタ，カ˥キマス。朝起きて，髪にブラシをかける程度は，カ˥クと言う。

■とき【時】《時間・空間・数量》
トキ˥[toki]【名】── ガ タ˥ツ(時がたつ)。ク˥ル ── ニ ミエ˥ル(来る時に見える)。
■ときどき【時々】《時間・空間・数量》
トキド˥キ[tokidoki]── ア˥ウ(時々会う)。
■とく【梳く・解く】《衣》⇒とかす
ト˥ク[toku]【動】トカ˥ン，ト˥イタ，ト˥キマス。結った髪に櫛を入れること。カミョ˥ー クシデ ──(髪を櫛でとく)。
カ˥ク[kaku]【掻く】【動】カカ˥ン，カ˥イタ，カ˥キマス。日々，髪の乱れに櫛を入れること。カミョ˥ー ──(髪をとく)。
■とく【得】《勤怠・難易・経済》
トク[toku]【名】トク˥ー スル(得をする)。
■とぐ【研ぐ】《食》新のみ
ト˥グ[togu]【動】トガ˥ン，ト˥イダ，ト˥ギマス。①オコメヨ˥ー ──(お米を研ぐ)。②ホーチョー ──(包丁を研ぐ)。「鉛筆の芯を研ぐ」とは言わない。
■どく【毒】《人体》《食》
ドク˥[doku]【名】フグニャー ── ガ ア˥ル(河豚には毒がある)。
■とくい【得意】《行動・感情》《職業》
オトクィー[otokʷiː]【御得意】【名】── オダージニ スル(お得意を大切にする)。
■とくいがお【得意顔】《行動・感情》
該当する語形は得られなかった。
■どくだみ【蕺草】《植物》
ドクダメ[dokudame]【名】
■とげ【刺】《植物》
イギ[igi]【名】バラのとげ，竹のささくれなどの言い分けはない。
イガ[iga]【名】
■とける【溶ける】《天地・季候》

トケ˥ル[tokeru]【動】トケ˥ン，ト˥ケタ，ト˥ケマス。ユキガ ト˥ケタ(雪が溶けた)。
■どこ【何処】《助詞・助動詞・その他》
ドコ[doko]
■とこや【床屋】《職業》
サンパツヤ[sampatsuja]【散髪屋】【名】
■どこら【何処等】《助詞・助動詞・その他》
ドコラー˥[dokoraː]
■とさか【鶏冠】《動物》
エボシ[eboʃi]【烏帽子】【名】
■とし【年】《人間関係》《時間・空間・数量》
トシ˥[toʃi]【名】年齢。トショ˥ー ト˥ル(年を取る)。
■としのくれ【年の暮れ】《民俗》⇒せいぼ
ネンマツ[nemmatsu]【年末】【名】
セッキ[sekki]【節季】【名】年末のこと。高年層が用いる。
■どじょう【泥鰌】《動物》
ドジョー[doʤoː]【名】
■としより【年寄り】《人間関係》
トシヨリ˥[toʃijori]【名】
■とじる【閉じる】《時間・空間・数量》⇒しめる
ト˥ジル[toʤiru]【動】トジ˥ン，ト˥ジタ，ト˥ジマス。ホ˥ンー ──(本を閉じる)。
■どそう【土葬】《民俗》
ドソー[dosoː]【名】最近は禁止されている。
■とだな【戸棚】《住》
トダナ[todana]【名】
■どちら【何方】《助詞・助動詞・その他》⇒どっち
ドッチ[dotʧi]⇒どっち
■どっち【何方】《助詞・助動詞・その他》⇒どちら
ドッチ[dotʧi]⇒どちら
■とどく【届く】《行動・感情》《時間・空間・数量》⇒つく
トド˥ク[todoku]【動】トドカ˥ン，トド˥エタ，トド˥キマス。ユービンガ トド˥エタ(郵便が届いた)。テガミガ ──(手紙が届く)。
タ˥ウ[tau]【動】タツ˥ン，ト˥タ，ター˥マ

ス。手が届く。テ˥ガ　タワン(手が届かない)。タウカ(〈手が〉届くか)。

■とどける【届ける】《社会・交通》
トドケル[todokeru]【動】トドケ˥ン，トド˥ケタ，トド˥ケマス。ヤクバ˥ー——(役場へ届ける)。

■となり【隣】《社会・交通》《時間・空間・数量》
トナリ[tonari]【名】トナリー　スワル(隣に座る)。——ガ　チケ˥ー(隣が近い)。

■どなる【怒鳴る】《社会・交通》
ドナ˥ル[donaru]【動】ドナラ˥ン，ドナ˥ッタ，ドナ˥リマス。ダレーデモ　——(誰にでも怒鳴る)。

■どの【何の】《助詞・助動詞・その他》
ドノ[dono]

■どのかた【何の方】《助詞・助動詞・その他》新のみ
ドノ˥カタ[donokata]

■どのひと【何の人】《助詞・助動詞・その他》
ドノ˥ヒト[donoçito]

■とびうお【飛魚】《動物》
トビウ˥オ[tobiuo]【名】

■とぶ【飛ぶ・翔ぶ】《動物》
トブ[tobu]【動】トバン，トンダ，トビ˥マス。①空を飛ぶ。トリガ　——(鳥が飛ぶ)。②跳ねる。ウサギガ　——(兎が跳ぶ)。

■とぶくろ【戸袋】《住》
トブクロ˥[tobukuro]【名】

■どま【土間】《住》
タタキ˥[tataki]【三和土】【名】家屋の中の地面を言う。

■とまと【赤茄子】《植物》
トマ˥ト[tomato]【名】

■とまる【止まる・留まる・泊まる】《時間・空間・数量》
トマル[tomaru]【動】トマラン，トマッタ，トマリマス。①留まる。トリガ　キニ　——(鳥が木にとまる)。②停車する。バスガ　テーリュウショ˥ニ　——(バスが停留所に止まる)。③流れなくなる。ミズノ

ナガレ˥ガ　——(水の流れが止まる)。④動かなくなる。トケーガ　——(時計が止まる)。

■とまる【泊まる】《住》
トマル[tomaru]【動】トマラン，トマッタ，トマリ˥マス。シンルィー　トマッテ　キ˥タ(親類に泊まって来た)。ヒトノイエ˥ー　——(他人の家に泊まる)。

■とめる【止める】《時間・空間・数量》
トメル[tomeru]【動】トメン，トメタ，トメ˥マス。①ナガリョ˥ー　——(流れを止める)。②トケーオ　——(時計を止める)。

■とも【艫】《農・林・漁業》
トモ[tomo]【名】名称は知っているが，日常生活では用いない。

■ともだち【友達】《人間関係》
トモダチ[tomodaʧi]【名】

■どもる【吃る】《人体》
ドモ˥ル[domoru]【動】ドモラ˥ン，ドモ˥ッタ，ドモ˥リマス。名詞形はド˥モリ。

ド˥モリ[domori]【吃り】【名】

■どよう【土用】《民俗》
ドヨー˥[dojoː]【名】

■とら【虎】《動物》
トラ˥[tora]【名】

■とらえる【捕らえる】《動物》
ツカマエル[tsukamaeru]【捕まえる】【動】ツカマエ˥ン，ツカマ˥エタ，ツカマ˥エマス。①ネ˥コガ　ネズミオ　——(猫が鼠を捕まえる)。②ドロボーオ　——(泥棒を捕まえる)。

ト˥ル[toru]【捕る】【動】トラ˥ン，ト˥ッタ，ト˥リマス。ネ˥コガ　ネズミオ　——(猫が鼠を捕らえる)。

■とり【鳥】《動物》
トリ[tori]【名】

■とりかご【鳥籠】《農・林・漁業》
トリカ˥ゴ[torikago]【名】

■とりごや【鳥小屋】《農・林・漁業》
トリゴヤ[torigoja]【名】

■とる【取る・捕る・採る・執る・撮る】《社会・交通》《時間・空間・数量》
ト⌐ル[toru]【動】トラ⌐ン，ト⌐ッタ，ト⌐リマス。エーヨーオ ── (栄養を取る)。エンピツー ── (エンピツを取る)。カキョー ── (柿を取る)。
■どれ【何れ】《助詞・助動詞・その他》
ドレ[dore]
■どれら【何れら】《助詞・助動詞・その他》
ドレラ⌐ー[dorera:]
■どろ【泥】《天地・季候》
ドロ⌐[doro]【名】「どろ」と「つち」の区別はない。⇨つち
■どろだらけ【泥だらけ】《衣》
ドロマ⌐ブレ[doromabure]【泥まぶれ】【名】 ── ニ ナ⌐ッテ アソブ(泥まぶれになって遊ぶ)。
■どろぼう【泥棒】《社会・交通》
ドロボー[dorobo:]【名】共通語的。
ヌスット⌐[nusutto]【盗人】【名】もともとの言い方。
■どんな《助詞・助動詞・その他》
ドネーナ[done:na]
■どんぶり【丼】《食》
オドンブ⌐リ[odomburi]【御丼】【名】
■とんぼ【蜻蛉】《動物》
トンボ[tombo]【名】
■とんや【問屋】《職業》
トイヤ[toija]【名】

な

■な【菜】《植物》《農・林・漁業》
オナ⌐[ona]【御菜】【名】女性が主として用いる。食物の話題の時に用いる。
ナ⌐ッパ[nappa]【菜っ葉】【名】葉野菜の総称として用いる。
■な【禁止・軽い命令】《助詞・助動詞・その他》

ナ[na]禁止。カ⌐サー ワスレサ⌐ンナヨ(傘を忘れるな)。
ナセァー[nasæ:]軽い命令。ハヨー イキナセァー(早く行きなさい)。
■ない【無い】《時間・空間・数量》
ネァ⌐ー[næ:]【形】ネァ⌐ーヨーニナル，ナケ⌐リャー。カゼガ ── (風が無い)。
■ない【打ち消し】《助詞・助動詞・その他》
ン[n]ワタシャー ナンニセ シラン(私は何も知らない)。
■ないしょく【内職】《衣》
ネァーショク[næ:ʃoku]【名】①副業。②主婦が家計を助けるためにする賃仕事。
アルバイト[arubaito]【名】アルバイト。
■なう【綯う】《農・林・漁業》
ナ⌐ウ[nau]【動】ナワ⌐ン，ノ⌐ータ，ナ⌐イマス。ナワ⌐ー ── (網をなう)。
■なえ【苗】《農・林・漁業》
ネァ⌐ー[næ:]【名】
■なおす【直す・治す】《職業》
ナオ⌐ス[naosu]【動】ナオサ⌐ン，ナオ⌐シタ，ナオ⌐シマス。①修理する。トケーオ ナオ⌐シタ(時計を直した)。②治療する。ビョーキョー ナオ⌐シタ(病気を治した)。
■なか【中】《天地・季候》《時間・空間・数量》
ナ⌐カ[naka]【名】
■ながい【長い】《時間・空間・数量》
ナガァ⌐ー[nagæ:]【形】ナ⌐ゴーナル，ナ⌐ガケリャー。ヒモガ ── (紐が長い)。ハナシ⌐ガ ── (話が長い)。
■ながし【流し】《住》
ハシリ⌐[haʃiri]【走り】【名】最近は，ナガシ⌐と言う人も多くなった。
■なかゆび【中指】《人体》
ナカタカ⌐ユビ[nakatakajubi]【中高指】【名】幼児語として，タカタカ⌐ユビとも言う。
タカタカ⌐ユビ[takatakajubi]【高高指】【名】子供を高く抱き上げて喜ばせる時，タカタカーと言う。その連想からか，子供の

ころは，中指のことをタカタカ⌐ユビと言った。
■ながら【同時】《助詞・助動詞・その他》
ナガラ[nagara]ノミナ⌐ガラ　ハナ⌐シマショー(飲みながら話しましょう)。
■なぎ【凪】《天地・季候》
ナギ⌐[nagi]【名】調査地の近辺には海がないので日常生活語ではない。
■なきむし【泣き虫】《人間関係》
ビータレ⌐[biːtare]【名】
ナキビータレ[nakibiːtare]【名】
■なく【鳴く】《動物》
ナク[naku]【動】ナカン，ナイタ，ナキ⌐マス。①トリガ　──(鳥が鳴く)。②ケダモノガ　──(獣が鳴く)。獣はホエ⌐ルとも言う。③ムシガ　──(虫が鳴く)。⇨ほえる
■なく【泣く】《人体》《人間関係》
ナク[naku]【動】ナカン，ナイタ，ナキ⌐マス。カナシュー⌐テ　──(悲しくて泣く)。
■なぐる【殴る】《社会・交通》
ナグル[naguru]【動】ナグラ⌐ン，ナグ⌐ッタ，ナグ⌐リマス。ヒト⌐ー　──(人を殴る)。
■なげる【投げる】《時間・空間・数量》
ナゲル[nageru]【動】ナゲン，ナ⌐ゲタ，ナ⌐ゲマス。イショー　──(石を投げる)。
■なこうど【仲人】《民俗》
ナコ⌐ード[nakoːdo]【名】
■なし【梨】《植物》
ナ⌐シ[naʃi]【名】
■なす【茄子】《植物》
ナス⌐ビ[nasubi]【茄子】【名】
■なぜ【何故】《行動・感動》
ナ⌐シテ[naʃite]──　イカンノ(なぜ行かないの)。文末は上昇調。
■なだれ【雪崩】《天地・季候》
ナダレ⌐[nadare]【名】
■なつ【夏】《天地・季候》
ナツ⌐[natsu]【名】

■なっとう【納豆】《食》
ナットー[nattoː]【名】
■ななつ【七つ】《時間・空間・数量》
ナナ⌐ツ[nanatsu]【名】
■ななめ【斜め】《時間・空間・数量》
ナナ⌐メ[naname]【名】
■なにか【何か】《時間・空間・数量》
ナ⌐ニカ[naɲika]──　ホシー(何か欲しい)。ナンカと言うこともある。
■なのはな【菜の花】《植物》
ナノ⌐ハナ[nanohana]【名】大根の花で黄色をしている。菜種油とどのように関連しているかは不明である。
■なべ【鍋】《食》
オナ⌐ベ[onabe]【御鍋】【名】
■なべしき【鍋敷き】《食》
ナベシキ[nabeʃiki]【名】
■なま【生】《食》
ナ⌐マ[nama]【名】オサカナー　──デタベル(お魚を生で食べる)。
■なまえ【名前】《社会・交通》
ナメァー[namæː]【名】
■なまけもの【怠け者】《行動・感情》⇨なまける
ナマケモノ[namakemono]【名】
■なまける【怠ける】《勤怠・難易・経済》⇨なまけもの
ナマケ⌐ル[namakeru]【動】ナマケ⌐ン，ナマ⌐ケタ，ナマ⌐ケマス。──トクセ⌐ンナル(怠けると癖になる)。
■なみ【波】《天地・季候》
ナミ⌐[nami]【名】
■なみだ【涙】《人体》
ナミ⌐ダ[namida]【名】カナシュー⌐テ　──ガデル(悲しくて涙が出る)。
■なめくじ【蛞蝓】《動物》
ナメクジ⌐[namekudʒi]【名】
■なめる【嘗める】《食》
ネブ⌐ル[neburu]【舐る】【動】ネブラ⌐ン，ネブ⌐ッタ，ネブ⌐リマス。アミョー　──(飴をなめる)。

■なや【納屋】《住》《農・林・漁業》
ナヤ˥[naja]【名】
■なやむ【悩む】《行動・感情》
ナヤ˥ム[najamu]【動】ナヤマ˥ン，ナヤ˥ンダ，ナヤ˥ミマス。①精神的に苦しむ。コ˥イ ── (恋に悩む)。ショ˥ーレァーニ ツィーテ ── (将来について悩む)。②肉体的に苦しむ。ズツーニ ナヤマサレ˥ル(頭痛に悩まされる)。
■ならう【習う】《教育》
ナラ˥ウ[narau]【動】ナラワ˥ン，ナロ˥ータ，ナラ˥イマス。ガッコーデ ナロ˥ータ(学校で習った)。
■なる【生る】《植物》《農・林・漁業》
ナ˥ル[naru]【動】ナラ˥ン，ナ˥ッタ，ナ˥リマス。カキガ ナ˥ッチョル(柿の実がなっている)。
■なる【為る】《時間・空間・数量》
ナ˥ル[naru]【動】ナラ˥ン，ナ˥ッタ，ナ˥リマス。①別のありさまに変わる。オーキューナ˥ッタラ オイシャー ── (大きくなったらお医者になる)。②変化する。キュ˥ーニ アメ˥ー ── (急に雨になる)。
■なるこ【鳴子】《農・林・漁業》
ナルコ[naruko]【名】日常生活では用いない。
■なわ【縄】《農・林・漁業》
ナワ˥[nawa]【名】
■なわしろ【苗代】《農・林・漁業》
ネァーシロ[næːʃiro]【苗代】【名】ネァーシロ ツク˥ル(苗代を作る)。
■なわとび【縄跳び】《遊戯》
ナワトビ[nawatobi]【名】縄跳びの遊び方は，二人が両端で縄を歌に合わせて回しながら，一人が回っている縄に合わせて飛ぶ。
ゴム˥トビ[gomutobi]【名】【ゴム跳び】【名】輪ゴムを継いで，紐状にして高さを変えながら跳びこえる遊び。

ナワトビ　　　　ゴム˥トビ

■なんか【例示】《助詞・助動詞・その他》
ナンカ[naŋka]カ˥サナンカ ハ˥ー イラン(傘なんか，もういらない)。
■なんぎ【難儀】《勤怠・難易・経済》
該当する語形を得られなかった。

に

■に【目的・場所】《助詞・助動詞・その他》
ニ[ɲi]目的。ホ˥ンー ケァーニ イク(本を買いに行く)。
エ[e]場所。ツクエノ ウエ˥ー オク(机の上に置く)。前接語の語末の母音によって融合の相が変わる。
■にあう【似合う】《衣》
ニア˥ウ[ɲiau]【動】ニアワ˥ン，ニオ˥ータ，ニア˥イマス。ヨ˥ー ニオ˥ーチョル(良く似合っている)。
■におい【匂い・臭い】《人体》
ニオイ[ɲioi]【名】におい一般。芳香も悪臭もニオイ˥と言う。
■にがい【苦い】《食》
ニゲァ˥ー[ɲigæː]【形】ニ˥ゴーナル，ニ˥ガケリャー。コリャー ニ˥ゴーテ タベラレン(これは苦くて食べられない)。
■にかいだて【二階建て】《住》
ニケァーダテ[ɲikæːdate]【名】
■にがつ【二月】《民俗》
ニ˥ガツ[ɲigatsu]【名】
■にぎりめし【握り飯】《食》

オニ⌐ギリ[oɲiɡiri]【御握り】【名】

■にぎる【握る】《人体》
ニギル[ɲiɡiru]【動】ニギラン，ニギッタ，ニギリ⌐マス。①アイテノ　ティョー⌐ッョー　——（相手の手を強く握る）。②物をつかむ。ハンドルー　——（ハンドルを握る）。「作る」の意はない。この場合はツク⌐ルを用いる。オニ⌐ギリョー　ツク⌐ル（お握りを作る）。

■にく【肉】《人体》《食》
ニク[ɲiku]【名】①「あの子はこのごろ肉がついた。」という言い方はあまりしない。②豚，羊など，食用のものを主として言う。女性では，オニクと言う人も多い。オニクァー　キレャー（お肉は，嫌い）。⇨ふとる

■にくい【憎い】《行動・感情》
ニクィー[ɲikʷiː]【形】ニ⌐クーナル，ニ⌐クケリャー。アノ⌐ヒトガ　——（あの人が憎い）。

■にぐるま【荷車】《社会・交通》
ニグ⌐ルマ[ɲiɡuruma]【名】荷物を運ぶ車を一般にニグ⌐ルマと言うが，昔は，シャリ⌐キ（大八車）が荷車の代表であった。ニグ⌐ルマー　ヒク（荷車を引く）。

シャリ⌐キ[ʃariki]【車力】【名】大八車。——デ　ハコブ（車力で運ぶ）。

■にげる【逃げる】《社会・交通》
ニゲ⌐ル[ɲiɡeru]【動】ニゲン，ニ⌐ゲタ，ニ⌐ゲマス。イヌ⌐ガ　ニ⌐ゲタ（犬が逃げた）。トリガ　——（鳥が逃げた）。

■にごりざけ【濁り酒】《食》
ドブロク[doburoku]【濁醪】【名】

■にごる【濁る】《時間・空間・数量》
ニゴ⌐ル[ɲiɡoru]【動】ニゴラ⌐ン，ニゴ⌐ッタ，ニゴ⌐リマス。ミズガ　——（水が濁る）。

■にし【西】《天地・季候》
ニシ[ɲiʃi]【名】

■にじ【虹】《天地・季候》
ニジ⌐[ɲiʒi]【名】

■にじむ【滲む】《時間・空間・数量》

ニジム[ɲiʒimu]【動】ニジマン，ニジンダ，ニジミ⌐マス。ア⌐セガ　——（汗がにじむ）。

■にせもの【偽物】《時間・空間・数量》
ニセモノ[ɲisemono]【名】
アヤカシモノ[ajakaʃimono]【名】年長者の間で聞かれる。——ジャ⌐ッタ（贋物だった）。

■にひゃくとうか【二百十日】《民俗》
ニヒャクトー⌐カ[ɲiçakutoːka]【名】

■にぶい【鈍い】《時間・空間・数量》
ニブィ⌐ー[ɲibʷiː]【形】ニ⌐ブーナル，ニ⌐ブケリャー。アタマ⌐ガ　——（頭が鈍い）。

■にぼし【煮干し】《食》
ニボシ[ɲiboʃi]【名】
イリ⌐コ[iriko]【炒り子】【名】ニボシとイリコの違いは不明。作り方に違いがあったのだろうと言われる。

■にもの【煮物】《食》
ニモノ[ɲimono]【名】焼き物に対することば。主として，野菜の煮たものを言う。

■にらむ【睨む】《人体》
ニラ⌐ム[ɲiramu]【動】ニラマン，ニラ⌐ンダ，ニラ⌐ミマス。ヨコメデ　ニラ⌐ンジョル（横目でにらんでいる）。

■にる【煮る】《食》
ニル[ɲiru]【動】ニン，ニタ，ニ⌐マス。オデァーコ⌐ンー　——（お大根を煮る）。

■にる【似る】《時間・空間・数量》
ニル[ɲiru]【動】ニン，ニタ，ニ⌐マス。オイェァ⌐ー　——（親に似る）。

■にわ【庭】《住》
ニワ[ɲiwa]【名】仕事場，前栽について特別な言い分けはしない。

■にわとり【鶏】《動物》
ニワトリ[ɲiwatori]【名】

■にんぎょう【人形】《遊戯》
ニンギョー[ɲiŋɡjoː]【名】

■にんしん【妊娠】《民俗》⇨にんぷ
ニンシン[ɲinʃin]【名】知識語。日常生活では，「妊娠する」は，ア⌐カチャンガ　デキ

ル(赤ちゃんが出来る)とか、オナカガ オーキー(お腹が大きい)などと表現する。
■にんじん【人参】《植物》
ニンジン[ɲinʥiɴ]【名】
■にんにく【大蒜】《植物》
ニンニク[ɲiɲɲiku]【名】
■にんぷ【妊婦】《民俗》⇒にんしん
ニ￢ンプ[ɲimpu]【名】知識語的。

ぬ

■ぬう【縫う】《衣》
ヌ￢ー[nuː]【動】ヌワ￢ン、ヌ￢ータ、ヌ￢イマス。キモノ￢— ——(着物を縫う)。
■ぬか【糠】《農・林・漁業》
ヌカ￢[nuka]【名】——ガ デキ￢ル(米糠ができる)。
■ぬかみそ【糠味噌】《食》
ヌカミソ[nukamiso]【名】ヌカミソ￢— ツケル(糠みそを漬ける)。
■ぬぐ【脱ぐ】《衣》
ヌ￢グ[nugu]【動】ヌガ￢ン、ヌ￢イダ、ヌ￢ギマス。
■ぬすむ【盗む】《社会・交通》
ヌス￢ム[nusumu]【動】ヌスマ￢ン、ヌス￢ンダ、ヌス￢ミマス。モノ￢— ——(物を盗む)。
■ぬの【布】《衣》
キレ￢[kire]【切れ】【名】織物のこと。種類は、モメンノ——(木綿の布)、キ￢ヌノ——(絹の布)のように言う。
■ぬま【沼】《天地・季候》
ヌマ￢[numa]【名】
■ぬる【塗る】《時間・空間・数量》
ヌル[nuru]【動】ヌラン、ヌッタ、ヌリ￢マス。イロ￢— ——(色を塗る)。
■ぬれる【濡れる】《天地・季候》《衣》
ヌレ￢ル[nureru]【動】ヌレン、ヌレ￢タ、ヌレ

マス。ホシモノ￢ガ ——(干し物が濡れる)。「雨に濡れて、着物がくさる」という言い方はない。ア￢メニ ヌレテシモ￢ータ(雨に濡れてしまった)。

ね

■ね【根】《植物》
ネ￢[ne]【名】
■ねえ【感動】《助詞・助動詞・その他》
ネー[neː]ホントニ ゲ￢ンキガ エ￢ーネー(実に元気がいいねえ)。
■ねぎ【葱】《植物》《食》
ネ￢ギ[negi]【名】食物の話題の時は、オネギとも言う。
■ねこ【猫】《動物》
ネ￢コ[neko]【名】
■ねころぶ【寝転ぶ】《人体》
ネコロガ￢ル[nekorogaru]【寝転がる】【動】ネコロガ￢ッタ。他の活用形は用いない。あまり日常用いないが、あえて言えば見出し語のようになる。クサノウエ￢— ネコロガ￢ッタラ キモチガ エカロ￢ーネ(草の上に寝転んだら気持ちが良かろうね)。
■ねずみ【鼠】《動物》
ネズミ[neʣumi]【名】
■ねだる【強請る】《人間関係》
ネダ￢ル[nedaru]【動】ネダラン、ネダッタ、ネダ￢リマス。あまり使用することはない。また、知識語的。
■ねだん【値段】《勤怠・難易・経済》
ネダン[nedaɴ]【名】——ガ タケ￢ー(値段が高い)。
■ねつ【熱】《人体》
ネ￢ツ[netsu]【名】
■ねぼう【寝坊】《住》
ネ￢ボー[neboː]【名】① よく寝る人。——ジャカラ コマ￢ル(寝坊だから困る)。② 寝

過ごすこと。ケ⌐サー ── シテシモ⌐タ(今朝は寝坊してしまった)。

■ねまき【寝巻き・寝間着】《衣》
ネマキ[nemaki]【名】ネマキョー キテ ネル(寝巻きを着て寝る)。

■ねむる【眠る】《人体》
ネル[neru]【寝る】【動】ネン, ネタ, ネ⌐マス。ヒゴロカラ ハ⌐ヨー ネル コト⌐ニ シチョ⌐ル(日ごろから,早く寝ることにしている)。「眠る」と「寝る」は区別しない。⇒ねる
ネムル[nemuru]【動】ネムラン,ネムッタ,ネムリ⌐マス。共通語として用いることはあるが,普通はネル(寝る)と区別しない。

■ねる【寝る】《人体》《住》
ネル[neru]【動】ネン,ネタ,ネ⌐マス。①休む。カジョー ヒーテ ──(風邪を引いて寝る)。②横になる。ネテ ホ⌐ンオ ヨ⌐ム(横になって本を読む)。休息の目的を持つ時は,ヨコンナ⌐ルを用いることが多い。③床に就く。ヨ⌐ル ジュー⌐ジニャ ── (夜十時には寝る)。④眠る。ヨ⌐ー ネチョル(良く眠っている)。トコェー ──(布団に寝る)。

■ねんねこ《民俗》
ネンネコバ⌐ンテン[nennekobanteɴ]【ねんねこ半纏】【名】ネンネ⌐コと略して言うこともある。

の

■の【所有・疑問】《助詞・助動詞・その他》
ン[ɴ]①所有。ソリャー ワタシ⌐ンヨ(それは私のよ)。②疑問。コレカラ ドーナ⌐ルンカネ(これからどうなるのかな)。

■のうか【農家】《農・林・漁業》⇒のうぎょう
ヒャクショ⌐ーヤ[çakuʃoːja]【百姓家】【名】

■のうかんき【農閑期】《農・林・漁業》⇒のうはんき
ノーカン⌐キ[noːkaŋki]【名】

■のうぎょう【農業】《農・林・漁業》⇒のうか
ヒャクショー⌐[çakuʃoː]【百姓】【名】アレーカタ⌐ー ──ヤ(あの家は農家だ)。

■のうはんき【農繁期】《農・林・漁業》⇒のうかんき
ノーハン⌐キ[noːhaŋki]【名】

■のか【疑問】《助詞・助動詞・その他》
ンカ[ŋka]イクン⌐カ イカンノ⌐カ ワカラ⌐ン(行くのか行かないのかわからない)。

■のき【軒】《住》
ヤダレ[jadare]【名】家の表側,裏側による言い分けはない。──デ アマヤ⌐ドリョー シタ(軒下で雨宿りをした)。

■のこぎり【鋸】《住》《農・林・漁業》
ノコ[noko]【鋸】【名】

■のせる【載せる・乗せる】《時間・空間・数量》⇒かつぐ
ノセル[noseru]【動】ノセン,ノセタ,ノセマス。①物を上に置く。アタマァ⌐ー ──(頭に載せる)。タネァー ──(棚に載せる)。②入れる。カセァー ──(傘に入れる)。⇒いれる
ノス[nosu]【動】ノサン,ノシタ,ノシ⌐マス。物を上に置く。アタマァ⌐ー ──(頭に載す)。タネァー ──(棚に載す)。

■のち【後】《時間・空間・数量》
該当する語形は得られなかった。口語では用いない。⇒あと

■ので【原因・理由】《助詞・助動詞・その他》
カラ[kara]アタマ⌐ガ イタ⌐ーカラ オキラレ⌐ン(頭が痛いので起きられない)。

■のど【喉】《人体》⇒のどぼとけ
ノド[nodo]【名】①咽頭。カゼオ ヒーテ ──ガ イタ⌐ー(風邪を引いてのどが痛い)。②首の前面,あごの下の部分。③声。シブ⌐イ ノ⌐ドー キカセル(渋いのどを聞かせる)。但し,あまり用いない。

■のどぼとけ【喉仏】《人体》⇒のど

ノド⌐マメ[nodomame]【喉豆】《名》

■のに【逆接的前提】《助詞・助動詞・その他》
ノニ[noɲi]セッカク ウエタ⌐ノニ カレテ シモ⌐ータ(せっかく植えたのに枯れてしまった)。

■のびる【伸びる】《植物》
ノ⌐ビル[nobiru]《動》ノビ⌐ン, ノ⌐ビタ, ノ⌐ビマス。老年層から, ノブ⌐というのを聞いたことがある。①セ⌐ーガ ──(背丈が伸びる)。②ゴ⌐ムガ ──(ゴムが伸びる)。

■のぼる【昇る・登る・上る】《行動・感情》
ノボル[noboru]《動》ノボラン, ノボッタ, ノボリ⌐マス。①高い所へ行く。キ⌐ー ──(木に登る)。高く上がるはオヒサマ⌐ガ アガル(お日様が昇る)と言う。②ヒゲ⌐ァー⌐シャー ヒャ⌐クニンニ ──(被害者は百人に上る)。③アタマ⌐ァー⌐ チガ ──(頭に血がのぼる)。

■のみ【蚤】《動物》
ノミ⌐[nomi]《名》

■のみや【呑み屋・飲み屋】《職業》
ノミ⌐ヤ[nomija]《名》

■のむ【飲む・呑む】《人体》《食》
ノ⌐ム[nomu]《動》ノマ⌐ン, ノ⌐ンダ, ノ⌐ミマス。①飲む。ミズ⌐ー ──(水を飲む)。②飲み下す。クスリョ⌐ー ──(薬を飲む)。「吸う」の意はない。スーと言う。タバコ⌐ー スー(煙草を吸う)。「すする」の意はない。タベ⌐ルと言う。オミソシ⌐ルー タベ⌐ル(みそ汁を食べる)。⇨くう

■のらしごと【野良仕事】《農・林・漁業》
ハタケシ⌐ゴト[hatakeʃigoto]【畑仕事】《名》「野良仕事」とぴったり一致しないが, この語が, 最も近い意味で用いられている。──ガ オ⌐ーチョル(畑仕事が合っている)。

■のり【糊】《天地・季候》《衣》《教育》
ノリ⌐[nori]《名》

■のり【海苔】《食》

ノリ⌐[nori]《名》

■のる【乗る】《社会・交通》《時間・空間・数量》
ノル[noru]《動》ノラン, ノッタ, ノリ⌐マス。フネ⌐ー ──(舟に乗る)。クルマ⌐ー ──(車に乗る)。

は

■は【葉】《植物》
ハ[ha]《名》

■は【歯】《人体》
ハ⌐[ha]《名》ハ⌐ー ミガク(歯を磨く)。ハ⌐ガ イタ⌐ー(歯が痛い)。ハとも言う。
デバ⌐[deba]【出歯】《名》出っ歯。
イレ⌐バ[ireba]【入れ歯】《名》

■は【取り立て】《助詞・助動詞・その他》
ワ[wa]エァータ⌐ー アシタ⌐モ キ⌐テクレル(あなたは明日も来てくれる?)。前接語と融合して現れることが多い。

■はい【灰】《住》
ヘァー⌐[hæː]《名》

■はい《社会・交通》
ヘァー[hæː]返事のことば。
ハイ[hai]注意を促すことば。── コッチョー ムィーテ(はい, こっちを向いて)。

■はいたもの【吐いた物】《食》⇨はく
ハキ⌐[haki]【吐き】《名》

■はう【這う】《人体》《行動・感情》
ハウ⌐[hau]《動》ハワン, ホ⌐ータ, ヘァー⌐マス。ア⌐カチャンガ ──(赤ちゃんが這う)。カメ⌐ガ ハ⌐イヨル(亀が這っている)。

■はえ【蠅】《動物》
ヘァー⌐[hæː]《名》

■はえる【生える】《植物》
ヘァー⌐ル[hæːru]《動》ハエ⌐ン, ヘァー⌐タ, ハエマス。①クサ⌐ガ ──(草が生える)。②カビガ ハ⌐エマス(黴が生えます)。

■はおり【羽織】《衣》
ハオリ[haori]【名】ハオリョー キル(羽織を着る)。
■はか【墓】《民俗》
オハカ[ohaka]【御墓】【名】
■ばかだ【馬鹿だ】《行動・感情》
バ゛カ[baka]【馬鹿】【名】
■はかどる【捗る】《職業》
ハカド゛ル[hakadoru]【動】ハカドラ゛ン, ハカド゛ッタ, ハカド゛リマス。ミンナガ テツド゛ータカラ ハカド゛ッタ(皆が,手伝ったからはかどった)。
■はかま【袴】《衣》
ハカマ゛[hakama]【名】
■はかまいり【墓参り】《民俗》
オハカメァ゛ーリ[ohakamæːri]【御墓参り】【名】
■はがゆい【歯痒い】《行動・感情》
ハガイ゛ー[hagaiː]【形】ハガ゛ユーナル, ハガ゛イケリャー。オモイド゛ーリニ イカンデ ——(思い通りにいかなくてはがゆい)。
■ばかり【限定・距離的程度】《助詞・助動詞・その他》
バッカリ[bakkari]限定。優勢。アメバッカリ フ゛ッチョル(雨ばかり降っている)。
グレァー[guræː]距離的程度。イチリグレァー アルィータ(一里ばかり歩いた)。
■はかる【計る・図る・測る・量る・謀る・諮る】《時間・空間・数量》
ハカ゛ル[hakaru]【動】ハカラ゛ン, ハカ゛ッタ, ハカ゛リマス。オコメョー ——(お米を量る)。
■はきもの【履物】《衣》
ハキモノ[hakimono]【名】足に履く下足類を言い,靴下,足袋類は言わない。
■はく【吐く】《人体》《食》
ハ゛ク[haku]【動】ハカ゛ン, ヘァータ, ハキマス。①吐き出す。ツバ゛ー ——(唾を吐く)。②戻す。タ゛ベタ モノー ——(食べた物を吐く)。ヘァータラ ナオ゛ル(吐いたら治る)。この場合,アゲル, モド゛スとも言い,ハクより方言的。③吸った息を出す。スータ イ゛キョ ——(吸った息を吐く)。④ことばに出す。ホンニョー ——(本音を吐く)。

アゲル[ageru]【上げる】【動】アゲ゛ン, アゲ゛タ, アゲ゛マス。食べた物を吐く。戻す。アカチャンガ ミルクォー アゲタ(赤ちゃんがミルクを吐いた)。ハキョ゛ー アゲチョ゛ル(嘔吐物を吐いている。)

モド゛ス[modosu]【戻す】【動】モドサ゛ン, モド゛シタ, モド゛シマス。食べたり,飲んだりしたものを吐くこと。戻す。タ゛ベタ モノー モド゛シタ(食べた物を戻した)。ノミ゛ギテ モド゛シタ(飲み過ぎて戻した)。
■はく【履く・穿く・佩く】《人体》《衣》
ハク[haku]【動】ハカン, ハイタ, ハキ゛マス。下半身にまとうこと。タ゛ビョー ——(足袋を穿く)。ゾーリョー ——(草履を履く)。ゲター ——(下駄を履く)。クツ゛ー ——(靴を履く)。ズボ゛ンオ ——(ズボンを穿く)。
■はく【掃く】《住》
ハ゛ク[haku]ハカ゛ン, ハ゛イタ, ハ゛キマス。ニワー ——(庭を掃く)。
■はぐき【歯茎】《人体》
ハブシ゛[habuʃi]【歯節】【名】——カラ チガ デル(歯茎から血が出る)。
ハブ゛[habu]【名】ハブシ゛の略形。—— ガ ハレル(歯茎がはれる)。
■はげあたま【禿頭】《人体》
キンカア゛タマ[kiŋkaatama]【金柑頭】【名】光るところから,このように言うのだという。
ハ゛ゲ[hage]【禿】【名】
■はげる【禿げる】《人体》
ハゲ゛ル[hageru]【動】ハゲ゛ン, ハゲ゛タ, ハゲ゛マス。アタマガ ——(頭がはげる)。

■はこ【箱】《住》
ハコ[hako]【名】
■はこぶ【運ぶ】《社会・交通》《職業》
ハコブ[hakobu]【動】ハコバン，ハコンダ，ハコビ⌐マス。ニ⌐モツー ──(荷物を運ぶ)。
■はこべ【繁縷】《植物》
「はこべ」は理解語としては聞いて知っているが，生活語にはない。
■はさみ【鋏】《衣》
ハサミ⌐[hasami]【名】
■はさむ【挟む】《時間・空間・数量》
ハサ⌐ム[hasamu]【動】ハサマ⌐ン，ハサ⌐ンダ，ハサ⌐ミマス。カミョ⌐ー ──(紙を挟む)。
■はさん【破産】《勤怠・難易・経済》
ハサンスル[hasansuru]【破産する】知識語的。日常語としては，ツブレルを用いる。
ツブレル[tsubureru]【潰れる】【動】ツブレン，ツブレタ，ツブレ⌐マス。アノ ミセァ⌐ー ツブレタ(あの店は破産した)。
■はし【箸】《食》
オハ⌐シ[ohaʃi]【御箸】【名】
オセァーバ⌐シ[osæːbaʃi]【御菜箸】【名】共同の食物をとるためのお箸。
■はし【橋】《社会・交通》
ハシ⌐[haʃi]【名】ハショ⌐ー ワタル(橋を渡る)。
■はし【端】《時間・空間・数量》
ハシ[haʃi]【名】
ハ⌐ナ[hana]【端】【名】ハシより方言的。ハ⌐ナー アブネァー(端は危い)。
■はしご【梯子】《住》
ハシゴ[haʃigo]【名】
■はじまる【始まる】《教育》
ハジマル[haʤimaru]【動】ハジマラン，ハジマッタ，ハジマリ⌐マス。[1]新たな状態に移る。シンガッキガ ──(新学期が始まる)。[2]新たな行動が行われる。ケンカ⌐ー チョ⌐ットシタコト⌐カラ ──(けん

かはちょっとしたことから始まる)。
■はじめる【始める】《職業》
ハジメル[haʤimeru]【動】ハジメン，ハジメタ，ハジメ⌐マス。ジ⌐ギョーオ ──(事業を始める)。
ハネァール[hanæːru]【動】ハナエン，ハネァータ，ハネァー⌐マス。シゴト⌐ー ハネァータ(仕事を始めた)。
■ばしょ【場所】《時間・空間・数量》
バ⌐ショ[baʃo]【名】── ガ ネァ⌐ー(場所が無い)。
■はしら【柱】《住》
ハシラ[haʃira]【名】大黒柱，勝手柱などの特定な名称は用いない。
■はしる【走る】《人体》
カッケ⌐ル[kakkeru]【駆ける】【動】カッケラ⌐ン，カッケ⌐ッタ，カッケ⌐リマス。カッケ⌐リャー マニア⌐ウ(走れば，間に合う)。
■はす【蓮】《植物》
ハス[hasu]【名】蓮根もハスと言う。
■バス【乗合自動車】《社会・交通》
バ⌐ス[basu]【名】── ガ ク⌐ル(バスが来る)。
■はずかしい【恥かしい】《社会・交通》
ハズカシ⌐ー[hazukaʃiː]【形】ハズカ⌐シューナル，ハズカ⌐シケリャー。ハズカ⌐シューテ モノ⌐ガ イエン(恥ずかしくて，ことばが言えない)。
■はずす【外す】《衣》
ハズス[hazusu]【動】ハズサン，ハズシタ，ハズシ⌐マス。[1]テブクロ⌐ー ──(手袋を外す)。ユビワ ──(指輪を外す)。ボタンー ──(ボタンを外す)。タ⌐ビノ コハ⌐ジョー ──(足袋のこはぜを外す)。メガニョー ──(眼鏡を外す)。マスクー ──(マスクを外す)。[2]ガクー ──(額を外す)。ショ⌐ージョー ──(障子を外す)。カンバンー ──(看板を外す)。[3]マト ──(的を外す)。[4]セキョー

──(席を外す)。
■はずれ【外れ】《社会・交通》
該当する語形は得られなかった。
■はだ【肌】《人体》
ハ⌐ダ[hada]〖名〗──ノ イロ⌐ガ シロェ⌐ー(肌の色が白い)。──ガ キレーナ(肌がきれいだ)。「肩を出す」の意で「肌を脱いで風を入れる」のような言い方はしない。
■はだか【裸】《衣》
ハダカ[hadaka]〖名〗
■はたき【叩き】《住》
ハタキ⌐[hataki]〖名〗
■はたけ【畑】《農・林・漁業》
ハタケ[hatake]〖名〗
■はだける【開ける】《衣》
ハタケル[hatakeru]〖動〗ハタケン, ハタケタ, ハタ⌐ケマス。マ⌐ヨー ハタケテ ミットモネァ⌐ー(前をはだけてみっともない)。
■はだし【裸足】《衣》
ハダシ[hadaʃi]〖名〗──デ アル⌐ク(はだしで歩く)。
■はたらきもの【働き者】《行動・感情》⇒はたらく
ハタラキモノ[hatarakimono]〖名〗
■はたらく【働く】《職業》⇒はたらきもの
ハタラク[hataraku]〖動〗ハタラカン, ハタライタ, ハタラキ⌐マス。ハタケデ ──(畑で働く)。
■はち【蜂】《動物》
ハチ[hatʃi]〖名〗──ガ サ⌐シタ(蜂が刺した)。
■はち【鉢】《食》
オハチ[ohatʃi]【御鉢】〖名〗共同で食べられるように盛り合わせる大きめの器。
■はちがつ【八月】《民俗》
ハチガツ⌐[hatʃigatsu]〖名〗
■はちまき【鉢巻き】《衣》
ハチマ⌐キ[hatʃimaki]〖名〗共通語意識あり。方言では, これに対する適当な言い方はない。

■はちみつ【蜂蜜】《食》
ハチミツ[hatʃimitsu]〖名〗
■ばった【飛蝗】《動物》
ギース[giːsu]〖名〗──ガ トンダ(ばったが飛んだ)。
■ばってん【罰点】《教育》
ペケ[peke]〖名〗ペケョー ツケ⌐ル(×印を付ける)。
■はで【派手】《衣》
ハデ[hade]〖名〗──ニ スル(派手にする)。
■はと【鳩】《動物》
ハト⌐[hato]〖名〗
■はな【花】《植物》
ハナ⌐[hana]〖名〗
■はな【鼻】《人体》
ハナ[hana]〖名〗①鼻。──ガ ヒクィ⌐ー(鼻が低い)。②鼻汁。ハナー シュム(鼻をかむ)。
■はなお【鼻緒】《衣》
ハナオ[hanao]〖名〗ハナオは, 下駄の緒の総称に用いる場合と, 前緒のみをさす場合とがある。

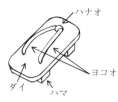

■はなす【話す】《人体》⇒いう, かたる, しゃべる
ハナ⌐ス[hanasu]〖動〗ハナサ⌐ン, ハナ⌐シタ, ハナ⌐シマス。①話す。モット ユー ニ ハナ⌐シテ クダセァ⌐ー(もっとゆっくり話してください)。ジジョーオ ──(事情を話す)。「悩みを話す」という場合には, ナヤミョ⌐ー キーテモロー(悩みを聞いてもらう)のように言う。「語る」の意では使わず次のように言う。ムカシバ⌐ナ ショー スル(昔話をする)。
モノ⌐ー ユー[monoː juː]〖物を言う〗①あいさつをする。モノ⌐ー ユーテ カラ ケァ⌐ル(あいさつしてから帰る)。②話をする。ダレト⌐モ モノ⌐ー イワン(誰と

はずれ～はらう　109

も話をしない）。
■**はなす**【離す】《時間・空間・数量》新のみ⇨はなれる
ハナ⌐ス[hanasu]【動】ハナサ⌐ン，ハナ⌐シタ，ハナ⌐シマス。テ⌐オ ──（手を離す）。
■**はなぢ**【鼻血】《人体》
ハナジ[hanaʒi]【名】── ガ デ⌐タ（鼻血が出た）。
■**はなどり**【鼻取り】《農・林・漁業》
該当する語形は得られなかった。
■**はなび**【花火】《遊戯》
ハナ⌐ビ[hanabi]【名】
センコーハ⌐ナビ[seŋkoːhanabi]【線香花火】【名】
■**はなみず**【鼻水】《人体》
ハナミズ⌐[hanamizu]【名】ハナミズ⌐ーダ⌐シチョル（鼻水を出している）。ハナミズとも言う。
■**はなむこ**【花婿】《民俗》
オム⌐コサン[omukosaɴ]【御婿さん】【名】
■**はなよめ**【花嫁】《民俗》
オヨメサン[ojomesaɴ]【御嫁さん】【名】
■**はなれる**【離れる】《時間・空間・数量》⇨はなす
ハナレ⌐ル[hanareru]【動】ハナレ⌐ン，ハナ⌐レタ，ハナ⌐レマス。フ⌐ネガ キショ── ──（舟が岸を離れる）。
■**はね**【羽】《動物》
ハネ[hane]【名】── オ ヒロゲル（羽を広げる）。
■**はね**【跳ね】《衣》
アトバネ⌐[atobane]【後跳ね】【名】歩いていて，自分自身の後に上がる跳ね泥のこと。
ドロバネ⌐[dorobane]【泥跳ね】【名】そばを通る車などが，跳ねかける泥水。
■**はねる**【跳ねる】《時間・空間・数量》
ハネ⌐ル[haneru]【動】ドロガ ──（泥が跳ねる）。
■**はは**【母】《人間関係》
カ⌐ーチャン[kaːtʃaɴ]【母ちゃん】【名】
■**はま**【浜】《天地・季候》

ハマ⌐[hama]【名】日常あまり用いない。
■**はまぐり**【蛤】《動物》
ハマグ⌐リ[hamaguri]【名】浅蜊や蛤を区別なくハマグ⌐リと言っているようである。生物学的に言う蛤と一致しているかどうか，はっきりしない。
■**はめる**【嵌める】《衣》
ハメル[hameru]【動】ハメ⌐ン，ハメ⌐タ，ハメ⌐マス。テブ⌐クロー ──（手袋をはめる）。ユビワー ──（指輪をはめる）。ボタンオ ──（ボタンをはめる）。
■**はやい**【早い・速い】《時間・空間・数量》
ハイェァ⌐ー[hajæː]【形】ハ⌐ヨーナル，ハ⌐ヤケリャー。①時間。ケァ⌐ールンガ ──（帰るのが早い）。②動作。アル⌐クンガ ──（歩くのが速い）。
■**はやし**【林】《天地・季候》
ハヤシ[hajaʃi]【名】共通語的。林は山と区別せずヤマ⌐と言うのが本来の言い方。⇨やま
■**はやる**【流行る】《衣》《社会・交通》《職業》
ハヤ⌐ル[hajaru]【動】ハヤラ⌐ン，ハヤ⌐ッタ，ハヤ⌐リマス。ノースリ⌐ーブガ ──（袖なしの洋服が流行する）。コトシャ⌐ー シマガ⌐ラガ ──（今年は，縞柄が流行する）。
■**はら**【腹】《人体》
オナカ[onaka]【名】①体の前面で，胸の下方，内臓のあるところ。腹部。── ガ イ⌐ターー（おなかが痛い）。②胃または腸。── ガ スク（おなかがすく）。③母の胎内。オナカ⌐ー イ⌐タメタ コ（おなかを痛めた子）。④── ガ スク（空腹になる）。
■**ばら**【薔薇】《植物》
バラ[bara]【名】野生のものと区別しない。
■**はらう**【払う】《勤労・難易・経済》
ハラウ⌐[harau]【動】ハラワ⌐ン，ハロ⌐ータ，ハラ⌐イマス。①代金などを渡す。オカンジョー ──（お勘定を払う）。②「除き清める」の意ではフルーと言う。ホコリョー

フルー(ほこりを，ふるう)。③「邪魔な部分を取り除く」の意ではオト˥スと言う。キ˥ノエダー オト˥ス(木の枝を落とす)。

■はらわた【腸】《動物》
ハラワタ˥[harawata]〖名〗

■はり【針】《衣》
ハ˥リ[hari]〖名〗——ガ タ˥ッタ(針が立った)。

■はり【梁】《住》
該当する語形は得られなかった。

■はりがね【針金】《住》
ハリガネ[harigane]〖名〗

■はりのあな【針の穴】《衣》
ミ˥ド[mido]【溝】〖名〗ハ˥リノ ミ˥デー イトー トー˥ス(針の穴へ糸を通す)。

■はる【春】《天地・季候》
ハ˥ル[haru]〖名〗

■はれ【晴れ】《天地・季候》
ハ˥レ[hare]〖名〗晴天。

■はれる【晴れる】《天地・季候》
ハレ˥ル[hareru]〖動〗ハレ˥ン，ハ˥レタ，ハ˥レマス。キョーワ ——ジャロー(今日は晴れるだろう)。

■はれる【腫れる】《人体》
ハレ˥ル[hareru]〖動〗ハレ˥ン，ハ˥レタ，ハ˥レマス。①腫れる。キズノ マ˥ーリガ ——(傷の周りが腫れる)。②むくむ。カオガ ——(顔が腫れる)。

■はんじょう【繁盛】《職業》
ハンジョー[handʑoː]〖名〗

■はんてん【半纏】《衣》
該当する語形は得られなかった。

■はんにち【半日】《時間・空間・数量》
ハンニチ˥[haɲɲitɕi]〖名〗——ガ ス˥ギタ(半日が過ぎた)。

■はんまい【飯米】《農・林・漁業》
該当する語形は得られなかった。

■ばんめし【晩飯】《食》
バンゴ˥ハン[baŋgohaŋ]【晩御飯】〖名〗ユーハンと言う人もいる。

ひ

■ひ【火】《天地・季候》《住》
ヒ˥[çi]〖名〗ヒョ˥— タク(火を焚く)。

■ひ【日】《時間・空間・数量》
ヒ[çi]〖名〗——ガ タ˥ツ(日が経つ)。

■ひえ【稗】《植物》
ヒエ[çie]〖名〗

■ひえる【冷える】《食》
ヒエ˥ル[çieru]〖動〗ヒエ˥ン，ヒ˥エタ，ヒ˥エマス。①冷たくなる。ヨ˥— ヒ˥エタ スイカ(よく冷えた西瓜)。②気温が下がる。アケガタニャー ヒ˥エテクル(明け方には冷えてくる)。

■ひかげち【日陰地】《天地・季候》
ヒカ˥ゲ[çikage]【日陰】〖名〗ヒカ˥ゲー ヘァーロ˥—(日陰に，はいろう)。

■ひがし【東】《天地・季候》
ヒガシ[çigaʃi]〖名〗

■ひかり【光】《天地・季候》
ヒカリ˥[çikari]〖名〗日のヒカリとは言うが，月は，アカリと言う方が自然。

■ひかる【光る】《天地・季候》《時間・空間・数量》
ヒカ˥ル[çikaru]〖動〗ヒカラ˥ン，ヒカ˥ッタ，ヒカ˥リマス。①ウ˥ミガ ——(海が光る)。②ホシガ ——(星が光る)。

■ひがん【彼岸】《民俗》
オヒガン[oçigan]【御彼岸】〖名〗

■ひがんばな【彼岸花】《植物》
ヒガン˥バナ[çigambana]〖名〗

■ひきがえる【蟇蛙】《動物》
ヒ˥キ[çiki]【蟇】〖名〗ひき蛙のことを，特にヒ˥キと言う場合もあるが，普通には，ケァールと言う。トノサマガ˥エル，アオガ˥エルは言い分ける。アオガ˥エルは，アマガ˥エルとも言う。

トノサマガヱ˥—ル[tonosamagæːru]【殿

様蛙】【名】
アオガェール[aogæːru]【青蛙】【名】雨蛙。アマガェールという言い方は老年層で用いられる。
■ひく【碾く・挽く】《農・林・漁業》
ヒク[çiku]【動】ヒカン, ヒータ, ヒキ⌐マス。ウ⌐スデ コ⌐ ──(臼で粉をひく)。
■ひく【引く】《農・林・漁業》
ヒク[çiku]【動】ヒカン, ヒータ, ヒキ⌐マス。①「引っ張る」の意ではヒッパ⌐ルとも言う。ヒモ⌐ ヒッパ⌐ル(紐を引っ張る)。②減らす。ジュ⌐ーカラ ゴ⌐オ ──(十から五を引く)。③引きずる。カタアショ⌐ー ヒーテ アル⌐ク(片足を引いて歩く)。④線を長く書く。カミ⌐ー アケァー セ⌐ノオ ──(紙に赤い線を引く)。⑤抜き出す。クジョ⌐ー ──(くじを引く)。
■ひくい【低い】《時間・空間・数量》
ヒクィ⌐ー[çikʷiː]【低い】【形】ヒ⌐クーナル, ヒ⌐クケリャー。①セー⌐ガ ──(背が低い)。②ヤマ⌐ガ ──(山が低い)。③ソ⌐ラガ ──(空が低い)。
■ひげ【髯】《人体》
ヒゲ[çige]【名】ヒギョ⌐ ソ⌐ル(髯を剃る)。
クチヒ⌐ゲ[kutɕiçige]【口髯】【名】口の上の部分に生えている髯。
アゴ⌐ヒゲ[agoçige]【顎髯】【名】顎先に生えている髯。アゴヒゲとも言う。
■ひざ【膝】《人体》
ヒザ[çiza]【名】①すねの上端とももの下端との間の関節。②ひざ頭。ヒザボーサとも。③ももの前面。
ヒザボーサ[çizaboːsa]【膝坊さ】【名】ひざ頭。特に強調するときに言う。
ヒザボーシ[çizaboːʃi]【名】特に, ひざ頭を強調するときに言う。
■ひさし【庇・廂】《住》
該当する語形は得られなかった。
■ひじ【肘】《人体》
ヒジ⌐[çiʑi]【名】ツクェー ヒジョ⌐ー ツ

クナ⌐ー オギョーギガ ワル⌐イヨ(机にひじをつくのは, お行儀が悪いよ)。ヒジョ⌐ー ツ⌐ク(肘をつく)。
■ひしゃく【柄杓】《食》
シャク[ʃaku]【杓】【名】── デ ミズ⌐ー ク⌐ム(杓で水を汲む)。
■びしょぬれ【びしょ濡れ】《衣》
ビッシャ[biʃʃa]【名】ビショビショの意。ビ⌐ッシャン ナッテ ハ⌐ヨー ヌガ⌐ンニャー(びしょぬれになって! 早く脱がなくては)。
ビッシャコ[biʃʃako]【名】幼児語。
■びじん【美人】《衣》
ビジン[biʑin]【美人】【名】美しい女の人のこと。
ベッピンサン[beppinsaŋ]【別嬪さん】【名】美しく, かわいらしい娘さんのこと。
■ひだ【襞】《天地・季候》
ヒザ[çidza]【名】── ガ ヨーケ⌐ー アル (ひだがたくさんある)。
■ひたい【額】《人体》
ヒタァー[çitæː]【名】やや, 硬い感じがあり, 日常はオデ⌐コ, デ⌐コ, デブチ⌐ンなどが聞かれる。オデ⌐コは女性語, デ⌐コ, デブチ⌐ンは主に男性が使う。また, これらは額の広いことや出っ張っていること, 及びその人をもさす。
オデ⌐コ[odeko]【名】主として女性が使う。
デ⌐コ[deko]【名】主に男性が使う。
デブチ⌐ン[debutɕiɲ]【名】主に男性が使う。
■ひだり【左】《時間・空間・数量》
ヒダリガワ[çidarigawa]【左側】【名】
ヒダリ[çidari]【名】
■びっこ【跛】《人体》
ヒットコー ヒク[çittokoː çiku]
■ひっこし【引越し】《住》
ヒッコシ[çikkoʃi]【名】共通語的。引越しと言うことは, あまり無かったのでよくわからない。学校の先生が, 転任して移って行かれる時は, センセ⌐ーガ ニ⌐ゲテ(先生

が転任して行かれる)と言っていた。
- ■ひでり【日照り】《天地・季候》《農・林・漁業》
 ヒデリ[çideri]【名】
- ■ひと【人】《人間関係》
 ヒト˥[çito]【名】
- ■ひどい【酷い・非道い】《行動・感情》
 ヒデェー[çidøː]【形】ヒドーナ˥ル，ヒドケ˥リャー。アノ˥ヒトノ　シウチガ　──(あの人の仕打ちがひどい)。
- ■ひとさしゆび【人差し指】《人体》
 ヒトサシ˥ユビ[çitosaʃijubi]【名】親指の隣の指で，人や物を指し示すことが多い。
- ■ひとだま【人魂】《民俗》
 ヒノタマ˥[çinotama]【火の玉】【名】──ガ　トブ(火の玉が飛ぶ)。
- ■ひとつ【一つ】《時間・空間・数量》
 ヒト˥ツ[çitotsu]【名】
- ■ひとばんじゅう【一晩中】《時間・空間・数量》
 ヒトバンジュー[çitobandʒuː]【名】
- ■ひとみ【瞳】《人体》
 メダマ˥[medama]【目玉】【名】
 ク˥ロメ[kurome]【黒目】【名】目の玉の内，黒い部分をク˥ロメ，白い部分をシ˥ロメと言う。
- ■ひとやま【一山】《時間・空間・数量》
 ヒト˥ヤマ[çitojama]【名】
- ■ひとり【一人・独り】《時間・空間・数量》
 ヒト˥リ[çitori]【名】──デ　アソブ(一人で遊ぶ)。
- ■ひとりもの【独り者】《人間関係》新のみ
 ヒトリモン˥[çitorimoɴ]【独り者】【名】①適齢期の未婚の男女，②適齢期を過ぎて未婚の人，③結婚後死別または離婚して独りでいる人について言う。
 ゴ˥ケ[goke]【後家】【名】ゴケサンとも言う。結婚後死別して独りでいる女性。
- ■ひなた【日向】《天地・季候》
 ヒナ˥タ[çinata]【名】
- ■ひなたぼっこ【日向ぼっこ】《遊戯》
 ヒナタボッコ[çinatabokko]【名】ヒナタ

ボッコー　スル(ひなたぼっこをする)。
- ■ひにく【皮肉】《社会・交通》
 ヒニク[çiɲiku]【名】ヒニクー　ユー(皮肉を言う)。
- ■ひのき【檜】《植物》
 ヒノ˥キ[çinoki]【名】
- ■ひのこ【火の粉】《住》
 ヒノ˥コ[çinoko]【名】──ガ　トブ(火の粉が飛ぶ)。
- ■ひばち【火鉢】《住》新のみ
 ヒバ˥チ[çibatʃi]【名】
- ■ひばり【雲雀】《動物》
 ヒバリ[çibari]【名】
- ■ひふ【皮膚】《人体》
 ヒ˥フ[çiɸu]【名】
- ■ひま【暇】《時間・空間・数量》
 ヒマ[çima]【名】──ガ　ア˥ル(暇がある)。
- ■ひまご【曾孫】《人間関係》
 ヒー˥マゴ[çiːmago]【名】
- ■ひも【紐】《衣》
 ヒモ[çimo]【名】──ガ　モツレタ(紐がもつれた)。
- ■ひもの【干物】《食》
 ヒモノ˥[çimono]【名】主として，魚の干したものを言う。
- ■ひやとい【日雇い】《職業》
 ヒヤトェー[çijatøː]【名】
- ■ひよう【費用】《勤怠・難易・経済》
 ヒ˥ヨー[çijoː]【名】──ガ　カカル(費用がかかる)。
- ■ひょう【雹】《天地・季候》
 ヒョー[çoː]【名】
- ■びょうき【病気】《人体》
 ビョーキ[bjoːki]【名】──ガ　ナオ˥ル(病気が治る)。「病む」などの動詞形はなく，ビョーキョー　スル(病気をする)のように言う。
- ■ひょうたん【瓢箪】《植物》
 ヒョータン[çoːtaɴ]【名】
- ■ひよけ【日除け】《農・林・漁業》

ひでり～ふきのとう　113

ヒヨケ[çijoke]【名】
■ひよこ【雛】《動物》
ヒヨコ[çijoko]【名】
■ひよめき【顋門】《人体》
オドリ[odori]【名】幼児の前頭と後頭の骨と骨とのすきま。成人の女子(子供を生んだり，育てたりした経験のある人)が，特に用いることばで，男性では，知らない人も多い。育児に関係のある語のためか。
■ひらく【開く】《時間・空間・数量》
ヒラ⌐ク[çiraku]【動】ヒラカ⌐ン，ヒラ⌐イタ，ヒラ⌐キマス。ハナ⌐ガ　ヒレァ⌐ータ(花が開いた)。
■ひらや【平家】《住》
ヒラヤ[çiraja]【名】
■びり《分野10　教育》
ド⌐ベ[dobe]【名】競争などで，最後のこと。
■ひる【昼】《時間・空間・数量》
ヒル⌐[çiru]【名】女性は，オヒル⌐というコとも多い。①夜に対する昼を主としてヒル⌐(または，オヒル⌐)と言うが，ヨナカ⌐に対して，ヒナカがある。②午前に対して午後のことをヒル⌐とは言わない。
ヒナカ[çinaka]【日中】【名】ヨナカ⌐に対する昼日中。ヒナカ⌐ー　アツィ⌐ー(日中は，暑い)。
■ひる【簸る】《農・林・漁業》
フルー[furuː]【簸う】【動】フルワン，フルータ，フルイ⌐マス。トーミデ　モミョー　——(唐箕で籾を簸る)。
■ひるね【昼寝】《住》
ヒルネ⌐[çirune]【名】昼間寝ること。仮眠のことが多い。
■ひるめし【昼飯】《食》
ヒルゴ⌐ハン[çirugohaŋ]【昼御飯】【名】ヒルゴ⌐ハンは，朝食のアサゴ⌐ハンや，夕食のバンゴ⌐ハンに比べて用いることが少ない。
オヒル⌐[oçiru]【御昼】【名】昼ご飯。
■ひれ【鰭】《動物》
ヒレ⌐[çire]【名】ヒレ⌐とも言う。

■ひろい【広い】《時間・空間・数量》
ヒロェ⌐ー[çirøː]【広い】【形】ヒロ⌐ーナル，ヒロケリャー。①ニワガ　——(庭が広い)。②カオガ　——(顔が広い)。
■ひろう【拾う】《時間・空間・数量》
ヒロー[çiroː]【動】ヒラワン，ヒロータ，ヒライ⌐マス。イショ⌐ー　ヒロータ(石を拾った)。
■びわ【枇杷】《植物》
ビワ⌐[biwa]【名】
■びんぼう【貧乏】《勤怠・難易・経済》
ビンボー[bimboː]【名】——デモ　エ⌐ー(貧乏でもよい)。

ふ

■ふ【麩】《食》
ヤキ⌐フ[jakiɸu]【焼き麩】【名】焼いた麩。
■ふうせんだま【風船玉】《遊戯》
フーセン[ɸuːseŋ]【風船】【名】紙製も，ゴム製も共にフーセンと言うが，あえて使い分けが必要な場合は，カミフ⌐ーセン，ゴムフ⌐ーセンと言うことがある。
■ふうふ【夫婦】《人間関係》
フ⌐ーフ[ɸuːɸu]【名】
■ふえ【笛】《遊戯》
フエ[ɸue]【名】フョー　フ⌐ク(笛を吹く)。
■ふえる【殖える・増える】《時間・空間・数量》
フエ⌐ル[ɸueru]【動】フエ⌐ン，フエタ，フエマス。①繁殖する。コドモガ　——(子供が殖える)。②数量が増える。ミズガ　——(水が増える)。
■ふかい【深い】《天地・季候》
フケァ⌐ー[ɸukæː]【形】フ⌐カケリャー，フコ⌐ーナル。——　フチ(深い淵)。
■ふき【蕗】《植物》
フキ[ɸuki]【名】
■ふきのとう【蕗の薹】《植物》

フキノトー[Fukinotoː]【名】フキノトーとも言う。
■ふきん【布巾】《食》
フイキン[Fuɯikiŋ]【名】——オ　アロータ（布巾を洗った）。
■ふく【吹く・噴く】《住》
フク[Fuku]【動】フカン, フィータ, フキマス。①カゼガ　——（風が吹く）。②マッチノ　ヒョー　フィーテ　ケス（マッチの火を吹いて消す）。③アツィー　モノー　フィーテ　サマス（熱い物を吹いて冷ます）。④クチブョー　——（口笛を吹く）。
■ふく【拭く】《住》
フク[Fuku]【動】フカン, フイタ, フキマス。ローカー　——（廊下を拭く）。
■ふぐ【河豚】《動物》
フーグ[Fugu]【名】下関市などではフクと言う。
■ふくらはぎ【脹ら脛】《人体》
フクラハギ[Fukurahagi]【名】——ガ　フトェー（ふくらはぎが太い）。
■ふくろ【袋】《衣》
フクロ[Fukuro]【名】
■ふくろう【梟】《動物》
フルツク[Furutsuku]【名】
■ふけ【雲脂】《人体》
フケ[Fuke]【名】
■ふさく【不作】《農・林・漁業》
フサク[Fusaku]【名】名称は知っているが, 日常生活では用いない。
■ふさぐ【塞ぐ】《住》
フサグ[Fusagu]【動】フサガン, フサイダ, フサギマス。①閉ざす。クチョー　——（口をふさぐ）。②詰める。スキマー　——（隙間をふさぐ）。③さえぎる。ミチョー　——（道をふさぐ）。「戸をふさぐ」とは言わない。
■ふざける【巫山戯る】《人間関係》
フザケル[Fuʣakeru]【動】フザケン, フ

ザケタ, フザケマス。
■ふし【節】《植物》
フシ[Fuʃi]【名】
■ふじ【藤】《植物》
フジ[Fuʥi]【名】
■ぶしょう【無精・不精】《行動・感情》
ブショー[buʃoː]【名】——ナ　ヒト（不精な人）。
■ふすま【襖】《住》
フスマ[Fusuma]【名】
■ふた【蓋】《住》
フタ[Futa]【名】
■ぶた【豚】《動物》
ブタ[buta]【名】
■ふたご【双子・二子】《人間関係》
フタゴ[Futago]【名】
■ふたつ【二つ】《時間・空間・数量》
フターツ[Futaːtsu]【名】
■ふたり【二人】《時間・空間・数量》
フターリ[Futaːri]【名】
■ふだんぎ【普段着】《衣》
ヘーゼーギ[heːzeːgi]【平生着】【名】古い言い方。
フダンギ[Fudaŋgi]【名】新しい言い方。
■ふち【淵】《天地・気候》
フーチ[Futʃi]【名】フチー　オチール（淵に落ちる）。
■ぶつかる《時間・空間・数量》
ブッツカル[buttsukaru]【動】ブッツカラン, ブッツカッタ, ブッツカリマス。ジドーシャガ　デンシンバシレァー　ブッツカッタ（自動車が電信柱にぶつかった）。
■ブッツケル[buttsukeru]【動】ブッツケン, ブッツケタ, ブッツケマス。クルマー　ブッツケタ（車をぶつけた）。
■ぶつだん【仏壇】《民俗》
ブツダン[butsudaŋ]【名】
■ふで【筆】《教育》
フデ[Fude]【名】
■ふでばこ【筆箱】《教育》

フデイレ[Fudeire]【筆入れ】【名】

■ふとい【太い】《時間・空間・数量》
フトェー[Futøː]【太い】【形】フトーナル，フトケリャー。ヒモガ フトケリャーエー(紐が太ければ良い)。

■ふところ【懐】《衣》
フトコロ[Futokoro]【名】——エ イレル(懐に入れる)。

■ふとる【太る】《人体》
コエル[koeru]【肥える】【動】コエン，コエタ，コエマス。チカゴロ コエテ キタ(近ごろ，太ってきた)。ヨー コエタ アカンボー(よく太った赤ん坊)。

■ふとん【布団】《住》
フトン[Futoŋ]【名】夏，冬など季節による言い分けは，あまりしないが，あえて言えば，ナツモノ(夏物)，フユモノ(冬物)，アイノモノ(合いの物)などで言い分けるであろう。

■ふな【鮒】《動物》
フナ[Funa]【名】

■ふね【舟・船】《社会・交通》《農・林・漁業》
フネ[Fune]【名】——ガ ミエル(船が見える)。

■ふみだい【踏み台】《住》
該当する語は得られなかった。踏み台として，特別なものはないので，名称もない。

■ふむ【踏む】《人体》《時間・空間・数量》
フム[Fumu]【動】フマン，フンダ，フミマス。タタミノ フチョー フマンヨーニ アルク(畳の縁を踏まないように歩く)。アショー ——(足を踏む)。

■ふもと【麓】《天地・季候》
フモト[Fumoto]【名】日常生活では用いない。

■ふやかす《食》
該当する語形は得られなかった。

■ふゆ【冬】《天地・季候》
フユ[Fuju]【名】

■ぶよ【蚋】《動物》

ブト[buto]【蚋】【名】

■ぶらんこ《遊戯》
ブランコ[buraŋko]【名】——ガ ユレヨル(ぶらんこが揺れている)。ブランコとも言う。

■ふる【降る】《天地・季候》
フル[Furu]【動】フラン，フッタ，フリマス。アメガ ——(雨が降る)。

■ふる【振る】《時間・空間・数量》
フル[Furu]【動】フラン，フッタ，フリマス。①揺り動かす。ハター ——(旗を振る)。テョー ——(手を振る)。②散布する。オベントーエ ゴマシオー ——(弁当にごま塩を振る)。③割り当てる。シベァーノ ヤクー ——(芝居の役を振る)。④オンネァー フラレル(女に振られる)。

■ふるい【古い】《時間・空間・数量》
フルィー[Furʷiː]【形】フルーナル，フルケリャー。クツガ フルーナッタ(靴が古くなった)。

■ふるい【篩】《農・林・漁業》
フルイ[Furui]【名】フリョー カケル(ふるいを用いる)。

■ふろ【風呂】《住》
オフロ[oFuro]【御風呂】【名】場所を示す時は，フロバと言うことが多い。
フロバ[Furoba]【風呂場】【名】浴室。フロベァー オイチャル(風呂場に置いてある)。

■ふろしき【風呂敷】《衣》
フロシキ[Furoʃiki]【名】——デ ツツンデアゲル(風呂敷で包んであげる)。

■ぶんけ【分家】《人間関係》
ブンケ[buŋke]【名】

■ぶんすいれい【分水嶺】《天地・季候》
該当する語形は得られなかった。

■ふんどし【褌】《衣》
フンドシ[Fundoʃi]【名】フンドショー シメル(褌を締める)。

へ

■へ【屁】《人体》
オナラ[onara]【名】オナラー スル(おならをする)。
ヘ˥[he]【名】男性で下品な言い方の時に用いられる。──オ ヒ˥ル(屁をする)。

■へ《方向・場所》《助詞・助動詞・その他》
エ[e] ①方向。マチ˥エ イク(町へ行く)。/ Ci+'e/ は融合しかかっている。②場所。ハコノ ナ˥ケァー イレル(箱の中へ入れる)。前接語の語末の母音によって融合の相が変わる。

■へい【塀】《住》
ヘー[heː]【名】

■へいたんち【平坦地】《天地・季候》
ターラナトコロ[tæːranatokoro]【平らな所】【名】

■へさき【舳先】《農・林・漁業》
ヘサキ[hesaki]【名】

■へそ【臍】《人体》
オヘ˥ソ[oheso]【御臍】【名】

■へそくりがね【臍繰り金】《勤怠・難易・経済》
ヘソクリ[hesokuri]【臍繰り】【名】

■へた【蔕】《植物》
ヘタ[heta]【名】

■へた【下手】《教育》
ヘタ˥[heta]【名】

■へちま【糸瓜】《植物》
ヘチマ˥[heʧima]【名】ヘチマとも言う。

■べに【紅】《衣》
ベ˥ニ[beɲi]【名】化粧用品として用いる時は、通常、ホーベ˥ニ、クチベ˥ニと言い、単に、ベ˥ニと言うことは、少ない。
ホーベ˥ニ[hoːbeɲi]【頬紅】【名】頬につける紅。
クチベ˥ニ[kuʧibeɲi]【口紅】【名】口につける紅。

■へび【蛇】《動物》
ヘ˥ビ[hebi]【名】──ガ サラー メァーチョ˥ル(蛇がとぐろを巻いている)。
サラ[sara]【皿】【名】とぐろ。

■へる【減る】《時間・空間・数量》
ヘル[heru]【動】ヘラン、ヘッタ、ヘリ˥マス。①減少する。ミズカサガ ──(水量が減る)。②すり減る。エンピツガ ──(鉛筆が減る)。

■べんきょう【勉強】《教育》
ベンキョー[beŋkjoː]【名】ガッコーデ ── スル(学校で勉強をする)。

■へんじ【返事】《社会・交通》
ヘンジョ˥ー スル[henʤoː suru]【返事をする】ヨバレタ˥ラ ス˥グ ──(呼ばれたらすぐ返事をする)。

■べんじょ【便所】《住》
オベンジョ˥[obenʤo]【御便所】【名】年長者の女性が、丁寧な意識で、ゴフジョーと言うことも多い。また、オテア˥レァーとも言う。
ゴフジョー[goɸuʤoː]【御不浄】【名】便所のこと。女性が多く用いる。
オテア˥レァー[otearæː]【御手洗い】【名】便所のことを、丁寧に言ったことば。

■べんしょう【弁償】《社会・交通》
マド˥ー[madoː]【動】マドワ˥ン、マド˥ータ、マド˥イマス。ヒトノモノ˥ー ヤブッタラ マドワ˥ンニャー イケン(人の物を壊したら、弁償しなければいけない)。

■べんとう【弁当】《食》
オベント˥ー[obentoː]【御弁当】【名】── オ タベ˥ル(お弁当を食べる)。

ほ

■ほ【穂】《植物》

ホ⌐[ho]〖名〗
■ほ【帆】《農・林・漁業》
ホ[ho]〖名〗——オ アゲル(帆を上げる)。若年層では，ホ⌐となる。
■ぼう【棒】《天地・季候》《住》
ボー[boː]〖名〗
ボクットー[bokuttoː]〖名〗荒っぽい言い方。棒のうちでも太いもの，というニュアンスがある。——ガ コロガッチョ⌐ル(〈太い〉棒が，転がっている)。
■ほうがく【方角】《天地・季候》
ム⌐キ[muki]【向き】〖名〗
■ぼうかんぎ【防寒着】《衣》
オーバー[oːbaː]〖名〗オーバー。和服用の防寒着は別にない。
■ほうき【箒】《住》
ホー⌐キ[hoːki]〖名〗
タケボー⌐キ[takeboːki]【竹箒】〖名〗竹の穂を集めて作った庭用の箒。
シビボー⌐キ[ʃibiboːki]【稭箒】〖名〗シビで作った箒。
■ほうさく【豊作】《農・林・漁業》
ホーサク[hoːsaku]〖名〗名称は知っているが，日常生活では用いない。
■ほうじ【法事】《民俗》
ホージ[hoːʑi]〖名〗
■ぼうし【帽子】《衣》
ボー⌐シ[boːʃi]〖名〗ボー⌐ショー カブ⌐ル(帽子をかぶる)。
■ほうせんか【鳳仙花】《植物》
ツマグリソー[tsumagurisoː]〖名〗
■ほうちょう【包丁】《食》
ホーチョー[hoːtʃoː]〖名〗
■ぼうふら【孑孑】《動物》
ボーフラ[boːɸura]〖名〗——ガ ワイタ(ぼうふらがわいた)。
■ほうもん【訪問】《社会・交通》
イク[iku]【行く】〖動〗イカン，イッタ，イ⌐キマス。アシタ トーキョーエ ——(明日，東京へ行く)。

■ほえる【吠える】《動物》
ホエ⌐ル[hoeru]【動】ホエ⌐ン，ホエタ，ホ⌐エマス。イヌ⌐ガ ——(犬がほえる)。ケダモノガ ——(獣がほえる)。
■ほお【頬】《人体》
ホー⌐[hoː]〖名〗ホーは共通語的。
ホーベ⌐タ[hoːbeta]【頬べた】〖名〗よく用いる。
ホータ⌐ン[hoːtaŋ]〖名〗ホーベ⌐タより方言形意識が強い。よく用いる。
■ほおかぶり【頬被り】《人体》《衣》
ホーカ⌐ブリ[hoːkaburi]〖名〗ホーカ⌐ブリョー スル(頬かぶりをする)。
■ほおずき【酸漿】《植物》
ホーズキ[hoːʑuki]〖名〗ホーズキとも言う。
■ほか【他・外】《時間・空間・数量》
ホカノ⌐[hokano]【他の】ホカノ⌐ー モッテキテ ホシ⌐ー(ほかのを持って来てほしい)。
■ぼく【僕】《助詞・助動詞・その他》
ワタシ[wataʃi]【私】女性がよく用いる。
オレ⌐[ore]【俺】男性がよく用いる。
■ほくとせい【北斗星】《天地・季候》
ホクトヒチ⌐セー[hokutoçitʃiseː]【北斗七星】〖名〗あまり用いることはない。
■ぼくら【僕等】《助詞・助動詞・その他》
ワタシラ[wataʃira]【私等】女性が用いる。
オレラー⌐[oreraː]【俺等】男性が用いる。
■ほこり【埃】《住》
ホコリ[hokori]〖名〗主として砂ぼこりに用いる。共通語で「ほこり」といっている対象はゴミ⌐という場合が多い。⇒ごみ
■ほころびる【綻びる】《衣》
ホコロビ⌐ル[hokorobiru]【動】ホコロビ⌐ン，ホコロ⌐ビタ，ホコロ⌐ビマス。キモノノワキ⌐ガ ホコロ⌐ビタ(着物の脇がほころびた)。
■ほし【星】《天地・季候》
ホシ[hoʃi]〖名〗
■ほしい【欲しい】《行動・感情》

ホシー[hoʃiː]【形】ホˈシューナル，ホˈシケリャー。①カメラガ ── (カメラが欲しい)。②テツダˈーテ ── (手伝ってほしい)。

■ほす【干す】《衣》《農・林・漁業》
ホˈス[hosu]【動】ホサン，ホˈシタ，ホˈシマス。ヒニ ホˈシマス(日に干します)。

■ぼせき【墓石】《民俗》
ハカイシ[hakaiʃi]【墓石】【名】

■ほそい【細い】《時間・空間・数量》
ホソェー[hosøː]【細い】【形】ホˈソーナル，ホˈソケリャー。ホˈソーテモ ツヨェー(細くても強い)。

■ほたる【螢】《動物》
ホタˈル[hotaru]【名】── ガ トビˈヨル(蛍が飛んでいる)。

■ぼたん【牡丹】《植物》
ボタˈン[botaɴ]【名】

■ほど【量的程度・程度比較】《助詞・助動詞・その他》
ホド[hodo]①量的程度。サˈンジョーホドクダセャˈー(三升ほど下さい)。②程度比較。オーキケˈリャー オーキーホド エˈー(大きければ大きいほどいい)。

■ほどく【解く】《衣》
トˈク[toku]【解く】【動】トカˈン，トˈイタ，トˈキマス。クツノヒモー ── (靴の紐を解く)。

■ほとけ【仏】《民俗》
ホトケˈ[hotoke]【名】
ホトケサマ[hotokesama]【仏様】【名】日常生活ではこの言い方が一般的。
マˈンマサマ[mammasama]【まんま様】【名】仏様の幼児語。マˈンマサンと言うこともある。

■ほね【骨】《人体》
ホネˈ[hone]【名】── ガ オˈレタ(骨が折れた)。── ガ フトェ(骨が太い)。

■ほめる【褒める】《教育》
ホメˈル[homeru]【動】ホメˈン，ホˈメタ，ホメマス。コドモノ エˈオー ── (子供の絵を褒める)。

■ほら【法螺】《社会・交通》
ホˈラ[hora]【名】ホラー フˈク(ほらを吹く)。

■ほり【堀・濠】《天地・季候》
オホリ[ohori]【御堀】【名】城の周りの堀。── ノミズ(お堀の水)。日常あまり用いることはない。

■ほる【掘る・彫る】《天地・季候》《時間・空間・数量》
ホˈル[horu]【動】ホラˈン，ホˈッタ，ホˈリマス。①地面に穴をあける。アナˈー ── (穴を掘る)。ドロˈー ── (土を掘る)。── ヒト(掘る人)。③刻む。キョˈー ── (木を彫る)。

■ぼろ【襤褸】《衣》
ボˈロ[boro]【名】不用な布切れの意味と，上等でない衣服の意がある。ボロー シマˈツスル(不用布を始末する)。ヒゴラー ボロー キチョˈル(日ごろは，上等でない古い衣服を着ている)。

■ほん【本】《教育》
ホˈン[hoɴ]【名】文字の部分が主なもの。
エホン[ehoɴ]【絵本】【名】子供向けの，絵を中心にした本。

■ぼん【盆】《食》
オボン[oboɴ]【御盆】【名】

■ぼん【盂蘭盆】《民俗》
オボˈン[oboɴ]【御盆】【名】一か月遅れで行う(八月十三日から十六日まで)。

■ほんけ【本家】《人間関係》
ホˈンケ[hoŋke]【名】

■ほんとう【本当】《時間・空間・数量》
ホントー[hontoː]【名】── ノ コトˈーユー(本当のことを言う)。

ま

■まい【否定推量・否定意志】《助詞・助動詞・その他》

マー[maː] ①打消推量。マ˥ダ　トークィ￣ワ　イクマー(まだ遠くへは行くまい)。②打消意志。ニ˥ド￣ト　イクマー(二度と行くまい)。

■まいあさ【毎朝】《時間・空間・数量》

メァ￣ーアサ[mæːasa]《名》

■まいにち【毎日】《時間・空間・数量》

メァ￣ーニチ[mæːniʧi]《名》—— シゴト￣ー　スル(毎日、仕事をする)。

■まいばん【毎晩】《時間・空間・数量》

メァ￣ーバン[mæːbaŋ]《名》

■まえ【前】《時間・空間・数量》

メァ￣ー[mæː]《前》《名》①前面。イエノ ——(家の前)。②以前。—— ノ　コト(前のこと)。

■まえだれ【前垂れ】《衣》

メァーダレ[mæːdare]《名》古い言い方。最近、よく用いられる言い方は、メァーカケ、エ￣プロンである。

メァーカケ[mæːkake]【前掛け】《名》汚れよけに掛けるものの総称と同時に、前膝を垂れで覆う形のものをも示す。

エ￣プロン[epuroŋ]《名》上半身も被る前掛け。和服用の袖口の絞ったものは、カッポーマ￣エカケと言う人もある。

メァーカケ

■まえむき【前向き】《天地・季候》

メァームキ[mæːmuki]《名》

■まがる【曲がる】《社会・交通》《時間・空間・数量》⇨まげる

マガル[magaru]《動》マガラン、マガッタ、マガリ￣マス。①マチカ￣ドー ——(町角を曲がる)。ミチョー —— (道を曲がる)。②ハリガネガ ——(針金が曲がる)。

■まく【巻く】《時間・空間・数量》

マク[maku]《動》マカン、マイタ、マキ￣マス。イトー —— (糸を巻く)。

■まく【蒔く・播く・撒く】《農・林・漁業》

マ￣ク[maku]《動》マカン、メァ￣ータ、マキマス。マクというアクセントもある。

■まぐさ【秣】《農・林・漁業》

該当する語形は得られなかった。

■まくら【枕】《住》

マクラ[makura]《名》種類別の名称は、特にない。

■まぐろ【鮪】《動物》

マグロ[maguro]《名》

■まぐわ【馬鍬】《農・林・漁業》

該当する語形は得られなかった。

■まける【負ける】《社会・交通》

マケル[makeru]《動》マケン、マケタ、マケ￣マス。スモーデ —— (相撲で負ける)。

■まげる【曲げる】《時間・空間・数量》新のみ⇨まがる

マゲル[mageru]《動》マゲン、マゲタ、マゲ￣マス。ハリガネョー —— (針金を曲げる)。

■まご【孫】《人間関係》

マゴ[mago]《名》

■まざる【混ざる】《時間・空間・数量》新のみ

マザ￣ル[maʣaru]《動》マザラ￣ン、マザ￣ッタ、マザ￣リマス。イロ￣ガ　マザ￣ッタ(色が混ざった)。

■まじめだ【真面目だ】《行動・感情》

マジメナ[maʥimena]【真面目な】①アノ　ヒター ——(あの人はまじめだ)。②マジメン　ハタラク(まじめに働く)。

■ます【丁寧】《助詞・助動詞・その他》

マス[masu]イマカラ　ヤクベァ￣ー　イキ￣マス(今から役場へ行きます)。

■まずい【不味い】《食》
オイシュー　ナ￢イ[oiʃuː nai]おいしいの否定形。⇨うまい
■まずしい【貧しい】《勤怠・難易・経済》
マズシ￢ー[mazuʃiː]《形》マズ￢シケリャー，マズ￢シュ―ナル。――　トキモ　ア￢ル（貧しい時もある）。
■まぜごはん【混ぜ御飯】《食》
マゼゴ￢ハン[mazegohaɴ]《名》具の入ったご飯。
■ませる【老成る】《人間関係》
マセ￢ル[maseru]《動》マセ￢ン，マ￢セタ，マ￢セマス。日常では，マ￢セチョルという形をよく用いる。アノ￢コァー　マ￢セチョル（あの子はませている）。マ￢セタコトー　ユーコジャネー（ませたことを言う子だね）。
■まぜる【混ぜる】《時間・空間・数量》
マゼ￢ル[mazeru]《動》マゼ￢ン，マ￢ゼタ，マ￢ゼマス。オユー　――（お湯を混ぜる）。
■ません《丁寧な打ち消し》《助詞・助動詞・その他》
マ￢セン[maseɴ]ワタシャー　ナンニモ　シリ￢マセン（私は何も知りません）。
■また【股】《人体》
マタ￢[mata]《名》
■また【又】《時間・空間・数量》
マタ[mata]――　キ￢タ（また来た）。
■まだ【未だ】《時間・空間・数量》
マ￢ダ[mada]――　コ￢ン（まだ来ない）。
■まち【町】《社会・交通》
マチ￢[matʃi]《名》①商店の多く並んでいる所。ケァーモノシニ　マチ￢ー　イク（買い物をしに街へ行く）。②市街の小区画の名称。マチ￢（町）。③都会。ワカモノァー　マチ￢ー　デタガ￢ル（若者は街に出たがる）。
■まつ【松】《植物》⇨まつかさ
マ￢ツ[matsu]《名》「落ち松葉」について該当する語形は得られなかった。
■まつ【待つ】《社会・交通》
マ￢ツ[matsu]《動》マタ￢ン，マ￢ッタ，マ￢チマス。アシタ￢マデ　――（明日まで待つ）。
■まつかさ【松毬】《植物》新のみ⇨まつ
マンコロ[maŋkoro]《名》
■まつげ【睫】《人体》
マ￢ツゲ[matsuge]《名》
■まっすぐだ【真っ直ぐだ】《時間・空間・数量》
マッスグィ￢ー[massuɡʷiː]【真っ直ぐい】《形》マッス￢グーナル，マッス￢グケリャー。――　ミチ（真っすぐな道）。
■まつたけ【松茸】《植物》
マツタケ[matsutake]《名》きのこの総称はナバ。
■まっち【燐寸】《住》
マ￢ッチ[matʃi]《名》
■まつば【松葉】《農・林・漁業》⇨まつのおちば
マツバ[matsuba]《名》
■まつり【祭り】《民俗》
オマツリ[omatsuri]【御祭り】《名》秋，夏など，季節による名称の違いはない。あえて言えば，ナツマ￢ツリ，アキマ￢ツリと言えるかもしれないが，日常，このような言い方はしない。
■まつりのぜんじつ【祭りの前日】《民俗》
該当する語形は得られなかった。行事はあるようだが，名称は知らない。
■まつりのよくじつ【祭りの翌日】《民俗》
該当する語形は得られなかった。特別な名称はない。
■まど【窓】《住》
マ￢ド[mado]《名》――　ガ　エァーチョ￢ル（窓が開いている）。
■まどり【間取り】《住》
オヘヤ￢[oheja]【御部屋】《名》居間，茶の間など，特定の名称はない。離れた場所にある部屋（三室続き）をオヘヤ￢と言う。
■まないた【俎・俎板】《食》
キリバン[kiribaɴ]【切り板】《名》菜・魚など用途別に用いてはいるが，名称上の区別はない。方言意識あり。
■まにあう【間に合う】《時間・空間・数量》

マニア゛ウ[maɲiau]【動】マニアワ゛ン，マニオ゛ータ，マニアイマス。バ゛スニ マニオ゛ータ(バスに間に合った)。

■まね【真似】《教育》《社会・交通》
マネ゛[mane]【名】ヒトノ マネョ゛ー スル(人のまねをする)。

■まねく【招く】《社会・交通》
マネ゛ク[maneku]【動】マネカ゛ン，マネ゛ータ，マネ゛キマス。ヒト゛ー ——(人を招く)。

■まばたき【瞬き】《人体》
マバ゛タキ[mabataki]【名】マバ゛タキョー スル(まばたきをする)。

■まびく【間引く】《農・林・漁業》
マビ゛ク[mabiku]【動】マビカ゛ン，マビ゛ータ，マビ゛キマス。ナ゛ョー ——(苗を間引く)。

■まぶしい【眩しい】《人体》
マバイ゛ー[mabaiː]【形】マバ゛ユーナル，マバ゛イケリャー。マバ゛ユーテ イケン(まぶしくて困る)。マバ゛イケリャー ケシテ゛モ エ゛ー(まぶしければ消してもいい)。

■まぶた【瞼】《人体》
マ゛ブタ[mabuta]【名】

■ままごと【飯事】《遊戯》
ママ゛ゴト[mamagoto]【名】

■まままは【継母】《人間関係》
ママオヤ[mamaoja]【継親】【名】

■まむし【蝮】《動物》
ハミ゛[hami]【名】—— ガ カミツ゛イタ(まむしがかみついた)。

■まめ【豆】《植物》《農・林・漁業》
オマメ゛[omame]【御豆】【名】①豆科の植物。②食用としての豆科の実。オマメ゛ョー ニ テ タベル(お豆を，煮て食べる)。

■まめ【肉刺】《人体》
マメ゛[mame]【名】

■まめだ【忠実だ】《勤怠・難易・経済》
マメ[mame]【忠実】形容動詞。——ニ ハタラク(まめに働く)。

■まめまき【豆撒き】《民俗》
マメマキ゛[mamemaki]【名】

■まゆ【繭】《動物》《農・林・漁業》
マ゛ユ[maju]【名】——カラ イ゛トー ト゛ル(繭から糸を取る)。

■まゆ【眉】《人体》
マ゛ヒゲ[maçige]【目髭】【名】目の髭の意か。

■まり【毬】《遊戯》
テマリ゛[temari]【手毬】【名】

■まる【丸】《教育》《時間・空間・数量》
マル゛[maru]【名】

■まるい【丸い・円い】《時間・空間・数量》
マルィ゛ー[marʷiː]【丸い】【形】マルーナ゛ル，マルケ゛リャー。—— カゴ(丸いかご)。

■まるた【丸太】《農・林・漁業》
マルタ゛[maruta]【名】

■まわり【周り・回り】《社会・交通》《時間・空間・数量》
マワリ゛[mawari]【名】①周囲。周辺。イエ゛ノ ——(家の周り)。②身辺。ミノ ——(身の回り)。

■まわる【回る】《時間・空間・数量》
マワル[mawaru]【動】マワラン，マワッタ，マワリ゛マス。ミ゛テ——(見て回る)。

■まんげつ【満月】《天地・季候》⇒じゅうごや
マンゲツ゛[maŋgetsu]【名】マ゛ンゲツとも言う。

■まんじゅう【饅頭】《食》
オマンジュー[omandʑuː]【御饅頭】【名】

■まんちょう【満潮】《天地・季候》
マンチョー[mantʃoː]【名】日常生活では用いない。

■まんぷく【満腹】《食》
オナカイ゛ッペァー[onakaippæː]【御中一杯】【名】

み

■み【実】《植物》《食》
ミ[mi]〖名〗①果実。②汁の実。——ガ オイ￣ー(実が多い)。
■み【箕】《農・林・漁業》
テミー￣[temiː]【手箕】〖名〗
■みかづき【三日月】《天地・季候》
ミカズキ￣[mikadzuki]〖名〗
■みかん【蜜柑】《植物》
ミカ￣ン[mikaɴ]〖名〗
■みき【幹】《植物》
ミ￣キ[miki]〖名〗
■みぎ【右】《天地・季候》《時間・空間・数量》
ミギ[migi]〖名〗
ミギガワ[migigawa]【右側】〖名〗
■みさき【岬】《天地・季候》
該当する語形は得られなかった。
■みさげる【見下げる】《社会・交通》
ミサゲル[misageru]〖動〗ミサゲル, ミサゲタ, ミサゲ￣マス。ヒト￣ー ——(人を見下げる)。
■みじかい【短い】《時間・空間・数量》
ミジケァ￣ー[midʑikæː]〖形〗ミジ￣コーナル, ミジ￣カケリャー。ミジ￣コーテモ エ￣ー(短くても良い)。
■みず【水】《天地・季候》《食》
ミズ[midzu]〖名〗
■みずあそび【水遊び】《遊戯》
ミズア￣ソビ[midzuasobi]〖名〗
■みずたまり【水溜まり】《天地・季候》
ミズタマリ[midzutamari]〖名〗ミズタマリョー ツブス(水たまりをつぶす)。
■みすぼらしい【身窄らしい】《衣》
ミスボラシ￣ー[misuboraɕiː]〖形〗ミスボラ￣シュナル, ミスボラ￣シケリャー。
■みせ【店】《職業》

ミセ￣[miseː]〖名〗
■みせもの【見世物】《遊戯》
ミセモノ￣[misemono]〖名〗
■みそ【味噌】《食》
オミ￣ソ[omiso]【御味噌】〖名〗
■みそか【晦日】《民俗》
ツキズエ[tsukidzue]【月末】〖名〗
■みぞれ【霙】《天地・季候》
ミゾレ￣[midzore]〖名〗
■みち【道】《天地・季候》《社会・交通》
ミチ[mitɕi]〖名〗——ガ セメァ￣ー(道が狭い)。
■みちくさ【道草】《教育》
ミチクサ[mitɕikusa]〖名〗共通語意識で用いる。俚言形はない。
■みつける【見付ける】《時間・空間・数量》
ミツケル[mitsukeru]〖動〗ミツケン, ミツケタ, ミツケ￣マス。ハナ￣ー ミツケタ(花を見つけた)。
■みっつ【三つ】《時間・空間・数量》
ミッツ￣[mittsu]〖名〗
■みっともない《衣》《社会・交通》
ミットモネァ￣ー[mittomonæː]〖形〗ミットモノ￣ーナル, ミットモナケ￣リャー。——コト￣ー スルモン￣ジャー ネァ￣ー(みっともないことを, するもんじゃあない)。終止・連体形以外の活用形は, あまり用いることがない。
■みどり【緑】《時間・空間・数量》⇒あお
ミド￣リ[midori]〖名〗木の葉の色をミドリイロ(緑色)と言う。
■みなと【港】《天地・季候》《社会・交通》
ミナト[minato]〖名〗知識語的なもの。生活の中に港はない。ミナトェー フ￣ネガ ヘァ￣ール(港へ船が入る)。
フナツキバ￣[ɸunatsukiba]【舟着き場】〖名〗漁船などの着く小さな所。
ハト￣[hato]【波止】〖名〗フナツキバと同意。
■みなみ【南】《天地・季候》
ミナミ[minami]〖名〗

■みなり【身形】《衣》
ミナリ[minari]【名】単に，ナリ¬と言ったり，フー¬と言う人も多い。
フー¬[ɸuː]【風】【名】──ガ　エー(風姿が良い)。
ナリ¬[nari]【形】【名】ミナリの省略形。

■みにくい【醜い】《衣》《社会・交通》新のみ
オカシー[okaʃiː]【形】オカ¬シューナル，オカ¬シケリャー。醜いの意にピッタリではない。共通語のヘ¬ンナ(変な)ぐらいに当たる。

■みまい【見舞い】《社会・交通》
オミメァー[omimæː]【御見舞い】【名】ビョーインエ　──ニ　イク(病院へ，お見舞いに行く)。カジミ¬メァー(火事見舞い)。「水害見舞い」という言い方はない。

■みみ【耳】《人体》
ミミ¬[mimi]【名】①耳の外形。──ガ　オーキー(耳が大きい)。②聴力。──ガ　ト¬ィー(耳が遠い)。③聞くこと。ミミ¬─スル(耳にする)。

■みみず【蚯蚓】《動物》
ミミズ[mimidzu]【名】──ガ　ナク(みみずが泣く)。

■みょうあさ【明朝】《時間・空間・数量》
アシタノア¬サ[aʃitanoasa]【明日の朝】

■みる【見る】《人体》
ミ¬ル[miru]【動】ミ¬ン，ミ¬タ，ミ¬マス。①眺める。マ¬ドカラ　ソトー　──(窓から外を見る)。②観る。シベァーオ　──(芝居を見る)。③読む。シンブンオ　──(新聞を見る)。④観察する。ムシメ¬ガネデ　──(虫眼鏡で見る)。

■みんな【皆】《時間・空間・数量》
ミンナ¬[minna]【名】①──デ　アソブ(みんなで遊ぶ)。②副詞用法として。──ツコータ(みんな使った)。

む

■むかし【昔】《時間・空間・数量》
ムカシ¬[mukaʃi]【名】

■むかで【百足】《動物》
ムカデ¬[mukade]【名】──ガ　サ¬シタ(むかでが刺した)。

■むき【向き】《時間・空間・数量》
ムキ¬[muki]【名】ムキョ¬ー　ケァール(向きを変える)。

■むぎ【麦】《植物》《食》《農・林・漁業》
ム¬ギ[mugi]【名】①植物名。②穀物。食物の話題では，オム¬ギとも言う。

ムギゴ¬ハン[mugigohaɴ]【麦御飯】【名】粳米に麦の入ったご飯。

■むぎこがし【麦焦がし】《食》
オコ¬ーセン[okoːseɴ]【御香煎】【名】麦や米などを煎って粉にしたもの。熱湯を注いで，くず湯のような食べ方で食べる。

■むぎまき【麦蒔き】《農・林・漁業》
ムギ¬マキ[mugimaki]【名】

■むぎまきいわい【麦蒔き祝い】《民俗》
該当する語形は得られなかった。行事もない。

■むぎわら【麦藁】《農・林・漁業》
ムギワラ[mugiwara]【名】

■むく【剝く】《時間・空間・数量》⇒むける
ム¬グ[mugu]【剝ぐ】【動】ムガン，ムイダ，ムギ¬マス。カワ¬　──(皮をむぐ)。
ヘ¬グ[hegu]【剝ぐ】【動】ヘガン，ヘ¬イダ，ヘ¬ギマス。俚言形意識が強く，あまり用いない。フキノ　カワ¬　──(蕗の皮をむく)。

■むける【剝ける】《時間・空間・数量》新のみ⇒むく
ムゲル[mugeru]【動】ムゲン，ムゲタ，ムゲ¬マス。タマ¬ゴガ　ムゲン(卵〈の殻〉がむけない)。

■むこ【婿】《人間関係》
ムコ[muko]〖名〗
■むし【虫】《動物》
ムシ[muʃi]〖名〗毛虫やうじのように，はうようなものは，ムシと言わない。夜，電灯に寄って来るものや，秋に鳴く虫などをムシと言う。
■むしあつい【蒸し暑い】《天地・季候》
ムシアツィー[muʃiatsiː]〖形〗ムシアツケリャー，ムシアツーナル。ツユドキャー──(梅雨時は，蒸し暑い)。
■むしば【虫歯】《人体》
ムシバ[muʃiba]〖名〗ムシバとも。東京語で聞かれるミソッパという語はない。
■むしぼし【虫干し】《衣》
ムシボシ[muʃiboʃi]〖名〗ムシボショー　スル(虫干しをする)。
■むしろ【莚】《住》《農・林・漁業》
ムシロ[muʃiro]〖名〗
■むす【蒸す】《食》⇨ふかす
ウムス[umusu]【蒸す】〖動〗ウムサン，ウムシタ，ウムシマス。モチゴミョー──(糯米を蒸す)。
■むずかしい【難しい】《時間・空間・数量》
ムツカシー[mutsukaʃiː]〖形〗ムツカシューナル，ムツカシケリャー。コノ　モンデァーワ──(この問題は難しい)。
■むずかる【憤かる】《人間関係》
ジラス[dʑirasu]【焦らす】〖動〗ジラシタ，ジラサン，ジラシマス。
グズル[guzuru]【愚図る】〖動〗グズッタ，グズラン，グズリマス。
■むすこ【息子】《人間関係》
ムスコ[musuko]〖名〗
■むすぶ【結ぶ】《衣》《時間・空間・数量》
キビル[kibiru]〖動〗キビラン，キビッタ，キビリマス。ヒモー──(紐を結ぶ)。ハオリノ　ヒモー──(羽織の紐を結ぶ)。
シメル[ʃimeru]【締める】〖動〗シメン，シメタ，シメマス。堅く結ぶ。オビョ

──(帯を締める)。
■むすめ【娘】《人間関係》
ムスメ[musume]〖名〗
■むだ【無駄】《勤怠・難易・経済》
ムダ[muda]〖名〗──ガ　オイー(無駄が多い)。
■むっつ【六つ】《時間・空間・数量》
ムッツ[muttsu]〖名〗
■むね【胸】《人体》
ムネ[mune]〖名〗①胸部。②心臓。──ガ　ドキドキ　スル(胸がどきどきする)。③肺。ムニョー　ワズロー(胸を病む)。④心。ムネー　ヒメル(胸に秘める)。
■むね【棟】《住》
該当する語形は得られなかった。
■むら【村】《社会・交通》
ムラ[mura]〖名〗
■むらさき【紫】《時間・空間・数量》
ムラサキ[murasaki]〖名〗
■むらす【蒸らす】《食》
ムラス[murasu]〖動〗ムラサン，ムラシタ，ムラシマス。ゴハンオ──(ご飯を蒸らす)。
■むり【無理】《行動・感情》
ムリ[muri]〖名〗①──ガ　トーリャー　ドーリガ　ヒッコム(無理が通れば道理が引っ込む)。②──ン　シゴトー　タノム(無理に仕事を頼む)。③ビョーキノ　カラダデ　ソリャー　ムリーネ(病気の体で，それは無理よ)。

め

■め【芽】《植物》
メ[me]〖名〗
■め【目】《人体》
メ[me]〖名〗①目。──ガ　オーキー(目が大きい)。②視力。トショー　トッテモ

——ガ エ¬ー(年を取っても目がいい)。眼球を特に取り立てて言う時は，メダマ¬と言う。

メダマ¬[medama]【目玉】《名》眼球。強調的な表現で，眼球に力点をおくと，メ¬と言わず，メダマ¬と言う。普通，メダマ¬は，魚の目などのように，眼球部が印象的な動物などに用いることが多い。

■**めい**【姪】《人間関係》
メ¬ー[meː]《名》
■**めいわく**【迷惑】《行動・感情》
メ¬ーワク[meːwaku]《名》メ¬ーワクー カケ¬ル(迷惑をかける)。
■**めうし**【牝牛】《動物》
該当する語形は得られなかった。
■**めかけ**【妾】《人間関係》
メカケ¬[mekake]《名》
■**めがしら**【目頭】《人体》
メガ¬シラ[megaʃira]《名》メガ¬シラー オセ¬ァール(目頭を押さえる)。
■**めがね**【眼鏡】《衣》
メガ¬ネ[megane]《名》メガ¬ニョー カケ¬ル(眼鏡をかける)。
■**めざめる**【目覚める】《人体》
サメ¬ル[sameru]【覚める】《動》サメ¬ン，サ¬メタ，サメ¬マス。トリノ ナキゴェ¬ーデ メ¬ガ サ¬メタ(鳥の鳴き声で目が覚めた)。
メ¬ガ サメ¬ル[mega sameru]【目が覚める】ヨナカ¬ニ ——(夜中に目が覚める)。トリノ ナキゴェ¬ーデ メ¬ガ サ¬メタ(鳥の鳴き声で目が覚めた)。
■**めし**【飯】《食》
ゴハ¬ン[gohan]【御飯】《名》
■**めしびつ**【飯櫃】《食》
オヒツ[oçitsu]【御櫃】《名》ご飯を保存するのに用いた。
■**めじろ**【目白】《動物》
メジロ[meʒiro]《名》メジロー コ¬ーチョル(目白を，飼っている)。

■**めす**【雌】《動物》
メス¬[mesu]《名》メスノ ニワトリ(雌の鶏)。
メン[meɲ]【雌】《名》メス¬と同意。
■**めすうま**【雌馬】《動物》
該当する語形は得られなかった。
■**めずらしい**【珍しい】《行動・感情》《時間・空間・数量》
メズラシ¬ー[medzuraʃiː]《形》メズラ¬シューナル，メズラ¬シケリャー。①稀だ。コリャー —— モン¬ジャネ¬ー(これは珍しい物だね)。—— オカ¬シ(珍しいお菓子)。②他と変わっている。
■**めだか**【目高】《動物》
メータゴ¬[meːtago]《名》若い人は，メダカとも言う。
■**めまい**【眩暈】《人体》
メメァ¬ー[memæː]《名》—— ガ シタ(めまいが，した)。メメァ¬ーとも言う。
■**めんこ**【面子】《遊戯》
パチンコ[patʃiŋko]《名》主として，男の子の遊びで，紙製の台紙を，地面に打ちつけて，他の持ち主のものを裏返すと勝ちという遊び方。

も

■**も**【藻】《植物》
モ[mo]《名》
■**もう**《時間・空間・数量》
ハ¬ー[haː]①既に。—— ス¬ンダ(もう済んだ)。—— デ¬キタ(もうできた)。②間もなく。そろそろ。—— ク¬ルジャロー(もう来るだろう)。③これ以上。—— イラン(もう要らない)。
モー[moː]さらに。—— ヒト¬ツ ホシ¬ー(もう一つほしい)。
■**もうかる**【儲かる】《勤怠・難易・経済》新のみ

■もうかる【儲かる】《勤怠・難易・経済》
モーカル[moːkaru]【動】モーカラ⌐ン，モーカ⌐ッタ，モーカ⌐リマス。
■もうける【儲ける】《勤怠・難易・経済》
モーケ⌐ル[moːkeru]【動】モーケ⌐ン，モー⌐ケタ，モー⌐ケマス。──コト⌐ガ ニガテ(もうけることが苦手)。自動詞は，モーカ⌐ル。ソー カンタンニャ⌐ー モーカラ⌐ン(そう簡単にはもうからない)。⇨もうかる
■もうじん【盲人】《人体》
メクラ⌐[mekura]【盲】【名】
■もうろく【老碌】《人間関係》
モー⌐ロク[moːroku]【名】
■もぐら【土竜】《動物》
モグラ[mogura]【名】
■もぐる【潜る】《農・林・漁業》
モグ⌐ル[moguru]【動】モグラ⌐ン，モグ⌐ッタ，モグ⌐リマス。ミズン ナ⌐ケァー ──(水の中に潜る)。
■もじ【文字】《教育》
ジ⌐[dʑi]【字】【名】ジョ⌐ー カ⌐ク(字を書く)。ヒラガナ(平仮名)，カタカナ(片仮名)，カンジ⌐(漢字)。
■もち【餅】《民俗》
オモチ[omotɕi]【御餅】【名】
アンモチ[ammotɕi]【餡餅】【名】あんの入った餅。
ヒラコ[çirako]【名】あんの入らない平らな餅。
キリモ⌐チ[kirimotɕi]【切り餅】【名】角切りにした餅。
カキモ⌐チ[kakimotɕi]【欠き餅】【名】餅を薄く切って乾かしたもの。
ミズモ⌐チ[miʣumotɕi]【水餅】【名】保存のため水に漬けた餅。
キナコモ⌐チ[kinakomotɕi]【黄粉餅】【名】食べる時にきな粉をつけた餅。
■もちごめ【糯米】《食》
モチゴメ[motɕigome]【名】粘り気の多い米。餅やおはぎなどに用いる。

■もちつき【餅搗き】《民俗》
モチツキ[motɕitsuki]【名】モチツキ⌐という人もあるが，オモチョー ツ⌐ク(お餅を搗く)と言うことも多い。
■もつ【持つ】《時間・空間・数量》
モ⌐ツ[motsu]【動】モタ⌐ン，モ⌐ッタ，モチマス。エンピツ⌐ー ──(鉛筆を持つ)。
■もっこ【畚】《農・林・漁業》
モッコ[mokko]【名】
■もったいない【勿体無い】《勤怠・難易・経済》
モッタァーネァ⌐ー[mottæːnæː]【形】モッタァー⌐ノナル，モッタァーナ⌐ケリャー。── コト⌐ー ユー モン⌐ジャー ネァ⌐ー(もったいないことを言うもんじゃあない)。
■もっと《時間・空間・数量》
モット[motto]── タベテァ⌐ー(もっと食べたい)。
■もてなす【持て成す】《社会・交通》
モテナ⌐ス[motenasu]【動】モテナサ⌐ン，モテナ⌐シタ，モテナ⌐シマス。オキャクー ──(お客をもてなす)。
■もともと【元々】《時間・空間・数量》
モトモ⌐ト[motomoto]アノ オトコァ⌐ー ── ワスレッポ⌐イ(あの男は，元々忘れっぽい)。
■もどる【戻る】《社会・交通》
モド⌐ル[modoru]【動】モドラ⌐ン，モド⌐ッタ，モド⌐リマス。①帰る。イエ⌐ー ──(家へ戻る)。②引き返す。トチュ⌐ーカラ ──(途中から戻る)。③元の状態・場所に返る。モ⌐トノ カタチー ──(元の形に戻る)。
■もどす【戻す】《社会・交通》
モド⌐ス[modosu]【戻す】【動】モドサ⌐ン，モド⌐シタ，モド⌐シマス。元の場所に置く。ホ⌐ンオ モド⌐シチョク(本を戻しておく)。
■もの【物】《時間・空間・数量》
モノ⌐[mono]【名】── ガ タケァ⌐ー(物が高い)。
■ものおき【物置】《住》

モノオキ[monooki]〖名〗
■ものさし【物差・物指】《衣》
モノサシ[monosaʃi]〖名〗
■ものもらい【麦粒腫】《人体》
メ˥ボ[mebo]【目疣】〖名〗理解語としては，モノモ˥ライもある。
■もふく【喪服】《衣》
モフク[moɸuku]〖名〗
■もみ【籾】《農・林・漁業》
モミ[momi]〖名〗
■もみがら【籾殻】《農・林・漁業》
スクモ[sukumo]〖名〗
■もも【桃】《植物》
モモ[momo]〖名〗
■もも【腿】《人体》
モ˥モ[momo]〖名〗足の付け根と膝との間。
■もものせっく【桃の節句】《民俗》
モモノセック[momonosekku]〖名〗共通語的。
■ももひき【股引き】《衣》
モモヒキ˥[momoçiki]〖名〗理解語。モモヒキョ˥ー　ハク（もも引きをはく）。
■もやし【萌やし】《食》
モヤシ˥[mojaʃi]〖名〗メヤシと言う人もある。
■もやす【燃やす】《住》
モヤス[mojasu]〖動〗モヤサン，モヤシタ，モヤシ˥マス。キョ˥ー　モヤシタ（木を燃やした）。
■もらう【貰う】《社会・交通》
モラウ[morau]〖動〗モラワン，モロータ，モライ˥マス。オミヤギョー　モロータ（お土産をもらった）。
■もり【森】《天地・季候》
モリ[mori]〖名〗共通語的。森は山と区別せずヤマと言うのが本来の言い方。⇨やま
■もる【盛る】《食》
モル[moru]〖動〗モラン，モッタ，モリ˥マス。①茶碗などの入れ物に入れる。ゴハン　——（ご飯を盛る）。②積み上げる。ツ

チョ˥ー　——（土を盛る）。「酒，薬などを飲ませる」の意味で日常使うことはない。
■もる【漏る】《時間・空間・数量》
モ˥ル[moru]〖動〗モラ˥ン，モッタ，モリ˥マス。ア˥メガ　——（雨が漏る）。
■もん【門】《住》
モン˥[moɴ]〖名〗
■もんく【文句】《社会・交通》
モン˥ク[moŋku]〖名〗モン˥クー　ユー（文句を言う）。
■もんぺ《衣》
モンペ[mompe]〖名〗

や

■や【詠嘆】《助詞・助動詞・その他》
ワー[waː]ハー　ダレモ　オラ˥ンワー（もう誰もいないや）。
■やおや【八百屋】《職業》
ヤオヤ[jaoja]〖名〗
■やかん【薬罐】《食》
オヤカン[ojakaɴ]【御薬罐】〖名〗
■やぎ【山羊】《動物》
ヤ˥ギ[jagi]〖名〗
■やく【焼く】《食》《住》《社会・交通》
ヤク˥[jaku]〖動〗ヤカン，イェ˥ータ，ヤキ˥マス。オサカナー　——（お魚を焼く）。
■やく【役】《職業》
ヤク˥[jaku]〖名〗
■やくそく【約束】《社会・交通》
ヤクソクー　スル[jakusokuː suru]【約束をする】トモダチト　ヤクソクー　シタ（友達と約束をした）。
■やくにん【役人】《職業》
ヤクニ˥ン[jakuɲiɴ]〖名〗ゼームショノ　——イ　ナル（税務署の役人になる）。
ヤクバノ　ヒト[jakubano çito]【役場の人】村役場や市役所に勤めている人。

■やけど【火傷】《人体》
ヤケド[jakedo]【名】
ヤケハリ[jakehari]【名】話者は用いぬが，老年層の人が用いるのを聞いたことがある。
■やさい【野菜】《植物》《食》《農・林・漁業》
ヤセァー[jasæː]【名】
■やさしい【易しい・優しい】《時間・空間・数量》
ミヤスィー[mijasʷiː]【形】ミヤスーナル，ミヤスケリャー。コノ モンディーワ ―（この問題は易しい）。
■やしき【屋敷】《住》
ヤシキ[jaʃiki]【名】― ガ ヒロェー（屋敷が広い）。
■やしゃご【玄孫】《人間関係》
該当する語形は得られなかった。あまり言うことがないが，言うとすれば，ヒーヒーマゴ。
■やす【簎】《農・林・漁業》
該当する語形は得られなかった。
■やすむ【休む】《職業》
ヤスム[jasumu]【動】ヤスマン，ヤスンダ，ヤスミマス。ガッコーオ ―（学校を休む）。トチューデ ―（途中で休む）。ニチョーワ ― トコガ オイー（日曜は休業するところが多い）。
■やせる【痩せる】《人体》
ヤセル[jaseru]【動】ヤセン，ヤセタ，ヤセマス。ビョーキョー シテ ヤセタ（病気をしてやせた）。
■やっかいもの【厄介者】《社会・交通》
ヤッケァーモノ[jakkæːmono]【名】
■やっつ【八つ】《時間・空間・数量》
ヤッツ[jattsu]【名】
■やどかり【寄居虫】《動物》
ヤドカリ[jadokari]【名】― ガ ハエヨル（やどかりが這っている）。
■やどや【宿屋】《社会・交通》《職業》
ヤドヤ[jadoja]【名】― ガ サンゲンアル（宿屋が三軒ある）。
■やなぎ【柳】《植物》

ヤナギ[janagi]【名】
■やに【脂】《植物》
ヤニ[jaɲi]【名】
■やぬし【家主】《職業》
ヤヌシ[januʃi]【名】
■やね【屋根】《住》
ヤネ[jane]【名】
■やのあさって【彌の明後日】《時間・空間・数量》
該当する語形は得られなかった。
■やぶ【藪】《天地・季候》
ヤブ[jabu]【名】ミチガ ― ニ ナッチョル（道が，〈草がぼうぼう生えて〉藪になっている）。
■やぶる【破る】《時間・空間・数量》
ヤブル[jaburu]【動】ヤブラン，ヤブッタ，ヤブリマス。フスマー ―（ふすまを破る）。
■やぶれる【破れる】《衣》
ヤブレル[jabureru]【動】ヤブレン，ヤブレタ，ヤブレマス。「破れる」の他に「壊れる」の意にも。トケーガ ヤブレタ（時計が壊れた）。タンスガ ヤブレタ（タンスが壊れた）。
■やま【山】《天地・季候》
ヤマ[jama]【名】森や林や丘などの言い分けはなく，一括してヤマと言う。
■やまくずれ【山崩れ】《天地・季候》
ヤマクズレ[jamakudzure]【名】
■やまみち【山道】《社会・交通》
ヤマミチ[jamamitʃi]【名】ヤマミチョー アルク（山道を歩く）。
■やめる【止める・辞める】《行動・感情》《職業》
ヤメル[jameru]【動】ヤメン，ヤメタ，ヤメマス。①シゴトー ―（仕事をやめる）。②サケモ タバコモ ―（酒も煙草もやめる）。③ケァーシャー ―（会社を辞める）。④リョコーオ ―（旅行をやめる）。
■やもめ【鰥・鰥夫・寡・寡婦・孀】《人間関係》
該当する語形は得られなかった。

■やもり【守宮】《動物》
ヤモリ[jamori]【名】人によっては，カベチョロと言ったり，ヒチブと言ったりもするが，同じものなのか，種類が違うのかは，わからない。（辞書に壁虎とあり，カベチョロは，ここに源するのかもしれない）。
カベチョロ[kabetʃoro]【名】ヤモリと同意。
ヒチブ[çitʃibu]【名】ヤモリと同意。
■やら【不確定】《助詞・助動詞・その他》
カ[ka]ダレカ キータ ヨーナ（誰か来たようだ）。
■やる【遣る】《社会・交通》
ヤル[jaru]【動】ヤラン，ヤッタ，ヤリーマス。ヒトェー モノー ――（人に物をやる）。
■やわらかい【柔らかい・軟らかい】《時間・空間・数量》
ヤウェァー[jawæː]【柔らかい】【形】ヤーオーナル，ヤーワケリャー。オモチガ ――（お餅がやわらかい）。

ゆ

■ゆ【湯】《食》
オユ[oju]【御湯】【名】オユー ワカス（お湯を沸かす）。
■ゆいのう【結納】《民俗》
ユイノー[juinoː]【名】―― カワス（結納を交わす）。
■ゆいのうがえし【結納返し】《民俗》
ユイノーゲァーシ[juinoːgæːʃi]【名】
■ゆう【結う】《衣》
ユー[juː]【動】ユワン，ユータ，ユイーマス。マルマゲヨー ――（丸髷を結う）。
■ゆうがた【夕方】《時間・空間・数量》
ユーガタ[juːgata]【名】
■ゆうだち【夕立】《天地・季候》
ユーダチ[juːdatʃi]【名】雷や時刻には関係ない。―― ガ キータ（夕立が来た）。
■ゆうひ【夕日】《天地・季候》
ユーヒ[juːçi]【名】ユーヒとも。
■ゆうべ【昨夜】《時間・空間・季候》
ユーベ[juːbe]【名】
ユンヤ[juɲja]【昨夜】【名】高年層の間で用いられる。
■ゆうやけ【夕焼け】《天地・季候》
ユーヤケ[juːjake]【名】
■ゆがく【湯搔く】《食》
ユガーク[jugaku]【動】ユガカーン，ユガァータ，ユガーキマス。ユデルと同意。方言的。共通語の「ゆがく」に該当する語形は得られなかった。タマーゴー ユガーク（卵を茹でる）。⇨ゆでる
■ゆかた【浴衣】《衣》
ユカタ[jukata]【名】ユカター キテ スズーム（浴衣を着て涼む）。
■ゆき【雪】《天地・季候》
ユキ[juki]【名】―― ガ フル（雪が降る）。
■ゆきだるま【雪達磨】《遊戯》
ユキダールマ[jukidaruma]【名】
■ゆげ【湯気】《天地・季候》《食》
ユーゲ[juge]【名】①風呂の湯から上がる湯気。②やかんの湯から上がる湯気。③炊きたてのご飯から上がる湯気。―― ガ デル（湯気が出る）。
ホケ[hoke]【火気】【名】ご飯やふかし芋などから上がる湯気。―― ガ タッチョル（湯気が立っている）。
■ゆっくり【行動・感情】
ユーニ[juːɲi]―― アルーク（ゆっくり歩く）。
■ゆでる【茹でる】《食》
ユデル[juderu]【動】ユデーン，ユーデタ，ユーデマス。共通語的。タマーゴー ――（卵を茹でる）。⇨ゆがく
■ゆび【指】《人体》
ユビー[jubi]【名】
■ゆびきり【指切り】《遊戯》

ユビ˥キリ[jubikiri]〖名〗ユビ˥キリョー　スル(指切りをする)。
■ゆびわ【指輪】《衣》
ユビワ[jubiwa]〖名〗ユビワー　ハメル(指輪をつける)。ユビワー　スルとも言う。
■ゆめ【夢】《人体》《住》
ユメ˥[jume]〖名〗ユミョ˥ー　ミ˥ル(夢を見る)。
■ゆめをみる【夢を見る】《人体》
ユメ˥オ　ミル[jumeo miru]
■ゆり【百合】《植物》
ユリ[juri]〖名〗
■ゆるい【緩い】《時間・空間・数量》
ユルィ˥ー[jurʷiː]〖形〗ユル˥ーナル, ユル˥ケリャー。オ˥ビガ　――(帯が緩い)。
■ゆるす【許す】《社会・交通》
コレァ˥ール[koræːru]〖堪える〗〖動〗コラ˥エ˥ン, コレァ˥ータ, コラ˥エマス。コレァ˥ーテ　アゲル(許してあげる)。

よ

■よ【軽い断定】《助詞・助動詞・その他》
ネ[ne]断定を表す。ゼッテァー　ゴ˥ジニャー　ク˥ルィーネ(きっと五時には来るよ)。
■よあけ【夜明け】《時間・空間・数量》
ヨアケ˥[joake]〖名〗――ガ　ク˥ル(夜明けが来る)。
■よい【良い】《社会・交通》《時間・空間・数量》
エ˥ー[eː]〖形〗ヨ˥ーナル, エケ˥リャー・ヨ˥ケリャー。アノ˥ヒトァー　エ˥　ヒト˥(あの人は良い人)。ヒト˥ガ　――(人が良い)。
■よいっぱり【宵っ張り】《人間関係》
該当する語形はない。共通語の「夜鷹」に当たるものに, ヨト˥ーがある。
■よいのみょうじょう【宵の明星】《天地・季候》
ヨイノミョージョー[joinomjoːʒoː]〖名〗

日常生活では用いない。
■よう【酔う】《食》
ヨ˥ー[joː]〖酔う〗〖動〗ヨワ˥ン, ヨ˥ータ, ヨ˥イマス。①アルコール分が回る。オサケ˥　ヨ˥ータ(お酒に酔った)。②乗り物や風呂で気分が悪くなる。バ˥スィー――(バスに酔う)。オフロェ˥ー――(お風呂に酔う)。「芝居に酔う」とは言わない。
■ようすいろ【用水路】《時間・空間・数量》
ミゾ[mizo]〖溝〗〖名〗ミゾェー　オチ˥ル(溝に落ちる)。農業用水路程度の流れを溝と言い, カワ˥(川)と言い分ける。堰のようにたまっている所はダブという。打ち水用の水, 飲み水などの水の用途による水の呼び名の使い分けはない。
■ようだ【様態・比況】《助詞・助動詞・その他》
ヨーナ[joːna]①不確かな断定。ボツボツケァ˥ーガ　ハジマルヨーナヨ(ぼつぼつ会が始まるような様子よ)。②比況。マルデェ˥ノ　ヨ˥ーネ(まるで絵のようだね)。
■ようふく【洋服】《衣》
ヨーフク[joːɸuku]〖名〗
フク˥[ɸuku]〖服〗〖名〗フク˥ー　キル(服を着る)。
■よくばり【欲張り】《勤怠・難易・経済》
ヨクバリ˥[jokubari]〖名〗
ヨクツベ˥[jokutsube]〖名〗俗な言い方。ヨイヨ　ヨクツベナ˥ンジャカラ(全く,〈あの人は〉欲深なんだから)。
■よけいだ【余計だ】《時間・空間・数量》
ヨケ˥ー[jokeː]〖余計〗――ナ　コト˥ー　ユーモ˥ンジャー　ネァ˥ー(余計なことを言うものではない)。
■よこ【横】《天地・季候》《時間・空間・数量》
ヨコ[joko]〖名〗
■よこになる【横になる】《住》
ヨコンナ˥ル[jokonnaru]――ガ　エ˥ー(横になると良い〈どうぞ, 横になって休みなさい〉)。
■よそいき【余所行き】《衣》

ゆびわ～らっきょう　131

ヨソイキ⌐[josoiki]〚名〛ヨソイキョ⌐ーキテデ⌐タ(外出着を着て出かけた)。
■よだれ【涎】《人体》
ヨダレ⌐[jodare]〚名〛ヨダリョ⌐ー　タラ⌐ス(よだれを垂らす)。よだれを出すことを，ヨダリョ⌐ー　ク⌐ルとも言い，よだれを常に出している人(主として子供)を，ヨダレ⌐クリと言う。繰り出すように絶え間なく出る感じである。
■よっつ【四つ】《時間・空間・数量》
ヨッツ⌐[jottsu]〚名〛
■よっぱらい【酔っ払い】《食》
サケヨイ⌐[sakejoi]【酒酔い】〚名〛
■よなか【夜中】《時間・空間・数量》
ヨナカ⌐[jonaka]〚名〛
■よなべ【夜鍋】《職業》
ヨナベ⌐[jonabe]〚名〛日常生活では用いない。
■よぶ【呼ぶ】《社会・交通》
ヨブ⌐[jobu]〚動〛ヨバン，ヨンダ，ヨビ⌐マス。ミンナ⌐ー　――(みんなを呼ぶ)。
■よむ【読む】《教育》
ヨム⌐[jomu]〚動〛ヨマ⌐ン，ヨ⌐ンダ，ヨ⌐ミマス。①文字を見て書かれていることを理解する。ショーセツ⌐ー　――(小説を読む)。②声に出して唱える。オキョ⌐ー　――(お経を読む)。「推察して知る」の意では用いない。「数を数える」の意ではヨ⌐ムとは言わない。カゾェー⌐ルと言う。シュッセキ⌐シャノ　カズ⌐ー　カゾェー⌐ル(出席者の数を数える)。
■よめ【嫁】《人間関係》
オヨメサン⌐[ojomesaŋ]【御嫁さん】〚名〛
■よもぎ【蓬】《植物》
ヨムギ⌐[jomugi]〚名〛
■よりか【比較】《助詞・助動詞・その他》
ヨリ⌐[jori]ヨリまたは，ヨリャー(よりは)で比較を表す。ソレヨ⌐リ　アノホ⌐ーガ　エ⌐ー(それよりあの方が良い)。
■よる【夜】《時間・空間・数量》
ヨ⌐ル⌐[joru]〚名〛ヨルと言えば，深夜の感じがある。
バン[baŋ]【晩】〚名〛ユーガタとヨルの間の時間帯。
■よろこぶ【喜ぶ】《行動・感情》
ヨロコ⌐ブ[jorokobu]〚動〛ヨロコバ⌐ン，ヨロコ⌐ンダ，ヨロコ⌐ビマス。①ゴーカクー――(合格を喜ぶ)。②ヨロコ⌐ンデ　オテツダー⌐　シ⌐マス(喜んでお手伝いします)。
■よわい【弱い】《時間・空間・数量》
ヨウェァー⌐[jowæː]〚形〛ヨ⌐オーナル，ヨ⌐ワケリャー。①ヒモガ　――(紐が弱い)。②カゼガ　――(風が弱い)。

ら

■らいげつ【来月】《時間・空間・数量》
レァー⌐ゲツ[ræːgetsu]〚名〛
■らいねん【来年】《時間・空間・数量》
レァーネン[ræːneŋ]〚名〛
■らくだ【楽だ】《社会・交通》⇒らく
ラク⌐ナ[rakuna]【楽な】①安楽。リョコーワ　キ⌐シャノホーガ　――(旅行は汽車の方が楽だ)。②容易。オカネモ⌐ーキャーラク⌐ジャーネァー(お金儲けは楽ではない)。③生活が豊かなこと。セァーキンワ　クラシガ　ラク⌐ンナッタ(最近は暮らしが楽になった)。
■らしい【伝聞推量】《助詞・助動詞・その他》
ラシー[raʃiː]あまり使われない。アノ　センセ⌐ーワ　ヒドェーラシー(あの先生は厳しいらしい)。
■らっかせい【落花生】《植物》《農・林・漁業》
ラッカセー[rakkaseː]〚名〛
ソコマメ[sokomame]【底豆】〚名〛ラッカセーに同じ。
■らっきょう【辣韮】《植物》
ラ⌐ッキョー[rakkjoː]〚名〛

■られない【能力可能の打ち消し・条件可能の打ち消し】《助詞・助動詞・その他》
ヨー ～ン[joː ～n]能力可能の打ち消し。トガ カトー⌐テ ヨー アケン(戸がきついので開けることができない)。ナカナカ ヨー アケンという言い方は不自然。全体の文脈も, やや不自然。ワタシャー ヨー オヨガン(私は泳げない)。
ラレン[raren]条件可能の打ち消し。トガ ヤブ⌐レチョッテ アケラレン(戸が壊れているので開けられない)。

り

■りく【陸】《天地・季候》
リクチ[rikutʃi]【陸地】【名】
■りこうだ【利口だ】《行動・感情》
カシコェ⌐ー[kaʃikoːː]【賢い】【形】カシ⌐コーナル, カシ⌐コケリャー。モット カシ⌐コケリャー エー(もっと賢ければ良い)。
■りこん【離婚】《民俗》
リコン[rikoɴ]【名】知識語。日常生活では, ○○サンワ ワカ⌐レチャッタ⌐ンテ(○○さんは, 離婚したんだって)という言い方をすることが多い。
■りす【栗鼠】《動物》
リ⌐ス[risu]【名】
■りそく【利息】《勤怠・難易・経済》
リソ⌐ク[risoku]【名】知識語的な感じがある。リシの方が日常生活語的である。——ガ ツ⌐ク(利息がつく)。
リ⌐シ[riʃi]【利子】【名】——ガ ツ⌐イチョッタ(利子がついていた)。
■りはつてん【理髪店】《衣》
サンパツヤ[sampatsuja]【散髪屋】【名】——ガ サ⌐ンゲン ア⌐ル(散髪屋が三軒ある)。
■りょう【漁】《農・林・漁業》
リョー⌐[rjoː]【名】

■りょうし【漁師】《職業》
リョー⌐シ[rjoːʃi]【名】
■りょうり【料理】《食》
リョー⌐リ[rjoːri]【名】リョー⌐リョー スル(料理をする)。
■りんき【悋気】《社会・交通》
該当する語形は得られなかった。
■りんぎょう【林業】《農・林・漁業》
該当する語形は得られなかった。「林業」は, 教科書で学ぶぐらいで生活語にはない。
■りんご【林檎】《植物》
リンゴ[riŋɡo]【名】

れ

■れい【礼】《社会・交通》
オレー[oreː]【名】レーとも言う。①礼儀。レーオ ツク⌐ス(礼を尽くす)。②お辞儀。センセ⌐ーニ——オ スル(先生にお辞儀をする)。③感謝を表すことば, 贈り物。——ニ オカ⌐ショー オクル(お礼にお菓子を贈る)。
■れる・られる【受身・可能・尊敬】《助詞・助動詞・その他》
レル[reru]①受身。ヒトェ⌐ー ワラワレル(人に笑われる)。②可能。サ⌐ンジマデナラ ワタシモ イカレル(三時までなら私も行かれる)。③尊敬。コリャー エァータ⌐ガ カカ⌐レタンデスカ(これはあなたが書かれたのですか)。
ラレル[rareru]①受身。コ⌐ーチョッタ カナリヤェー ニゲラ⌐レタ(飼っていたカナリヤに逃げられた)。②可能。キモノァー ヒト⌐リデ キラレル(着物は一人で着られる)。ワタシャー ユーガタマ⌐デニャー カエッテ コラレル(私は夕方までには帰ってこられる)。③尊敬。センセーワ イ⌐ツデモ ゴ⌐ジニ オキラレ⌐ル(先生は

いつも五時に起きられる)。センペァーモ アルィーテ コラレタ(先輩も歩いてこられた)。

■れんげ【蓮華】《植物》
レンゲ[reŋge]【名】春，野辺に生え，花はピンク色で，葉茎はクローバーに似ている。

ろ

■ろ【櫓】《農・林・漁業》
ロ[ro]【名】——ガ オレル(櫓が折れる)。
■ろうか【廊下】《住》
ローカ[roːka]【名】
■ろうがん【老眼】《人体》
ローガン[roːgaŋ]【名】
■ろうしゃ【聾者】《人体》
ツンボ[tsumbo]【名】耳の遠い人のことは，特別な言い方をしない。アノヒタ ミミガ トイー(あの人は，耳が遠い)と言う。
■ろうそく【蠟燭】《住》
ローソク[roːsoku]【名】
■ろくがつ【六月】《民俗》
ロクガツ[rokugatsu]【名】
■ろじ【路地・露地】《住》
フタヤ[Futaja]【名】家と家の間の狭い通路の意に近い。門内，庭の通路などには，特別な語形はない。

わ

■わ【輪】《時間・空間・数量》
ワ[wa]【名】
■わかい【若い】《人間関係》
ワケァー[wakæː]【形】ワカケリャー，ワコーナル。

■わかす【沸かす】《食》
ワカス[wakasu]【動】ワカサン，ワカシタ，ワカシマス。オユー ——(お湯を沸かす)。
■わかめ【若布】《植物》
ワカメ[wakame]【名】
■わかる【分かる】《教育》
ワカル[wakaru]【動】ワカラン，ワカッタ，ワカリマス。ハナシガ ヨー ワカラン(話がよくわからない)。
■わかれる【別れる・分かれる】《社会・交通》《時間・空間・数量》
ワカレル[wakareru]【動】ワカレン，ワカレタ，ワカレマス。①別々になる。トモダチト ——(友達と別れる)。②分岐する。ミチガ ——(道が分かれる)。
■わき【脇】《人体》
ワキ[waki]【名】
■わきばら【脇腹】《人体》
ヨコバラ[jokobara]【横腹】【名】おなかの横の方を言う。
■わける【分ける】《時間・空間・数量》
ワケル[wakeru]【動】ワケン，ワケタ，ワケマス。フタリデ ——(二人で分ける)。
■わさび【山葵】《植物》《食》
ワサビ[wasabi]【名】
■わざわざ【態態】《行動・感情》
ワザワザ[waʣawaʣa]①ついでにするのではなく，その事のためにする様子。——キテクレタ(わざわざ来てくれた)。②故意に。—— イタズラガキョー スル(わざわざいたずら書きをする)。
■わし【鷲】《動物》
ワシ[waʃi]【名】
■わすれる【忘れる】《教育》
ワスレル[wasureru]【動】ワスレン，ワスレタ，ワスレマス。トショー ——(年を忘れる)。
■わた【綿】《植物》《衣》

ワタ⌐[wata]【名】木綿の綿。
ネバ⌐[neba]【名】真綿。最近は，家庭で布団を作ることもあまりなくなったので，生活語から遠ざかりつつある。
■わたいれ【綿入れ】《衣》
ワタイレ[wataire]【名】綿の入った着物。
■わたし【私】《助詞・助動詞・その他》
ワタシ[wataʃi]
ボク[boku]【僕】男性が用いる。
■わたしども【私共】《助詞・助動詞・その他》
ワタシタ⌐チ[wataʃitaʃi]【私達】
ボクラー⌐[bokuraː]【僕等】
■わたす【渡す】《時間・空間・数量》
ワタス[watasu]【動】ワタサン，ワタシタ，ワタシ⌐マス。テガミョー ワタシタ（手紙を渡した）。
■わたりどり【渡り鳥】《動物》
ワタリド⌐リ[wataridori]【名】ワタリド⌐リャ フユ イコ⌐ーガネ（渡り鳥は，冬に来るでしょう？）。
■わたる【渡る】《社会・交通》
ワタル[wataru]【動】ワタラン，ワタッタ，ワタリ⌐マス。ハショ⌐ー ──（橋を渡る）。
■わな【罠】《農・林・漁業》
ワ⌐ナ[wana]【名】
■わびる【詫びる】《社会・交通》
ワビ⌐ル[wabiru]【動】ワビ⌐ン，ワ⌐ビタ，ワ⌐ビマス。オイァ⌐ー ──（親に詫びる）。
■わよ【女性の断定】《助詞・助動詞・その他》
イネ[ine]ソリャー イケ⌐ンイネ（そんなこと，いけないわよ）。
■わら【藁】《農・林・漁業》
ワ⌐ラ[wara]【名】
■わらう【笑う】《人体》《行動・感情》
ワラウ[warau]【動】ワラワン，ワロータ，ワレァー⌐マス。①オーゴエ⌐デ ──（大声で笑う）。高年層男性は，ワローとも言う。②ヒトノ フコーオ ワローナ⌐ーイケン（人の不幸を笑うのはいけない）。「つぼみが開く」の意で「笑む」とは言わない。

■わらび【蕨】《植物》
ワラビ⌐[warabi]【名】
■わる【割る】《時間・空間・数量》
ワル[waru]【動】ワラン，ワッタ，ワリ⌐マス。ワルキョー ──（薪を割る）。
メグ[megu]【動】メガン，メーダ，メギ⌐マス。タマ⌐ゴー ──（卵を割る）。ユノミョ⌐ー ──（湯飲みを割る）。⇨こわす
■わるい【悪い】《社会・交通》《時間・空間・数量》
ワルィ⌐ー[warʷiː]【形】ワルーナル，ワルケリャー。オテン⌐キガ ──（お天気が悪い）。
■わるくち【悪口】《社会・交通》
ワルクチ⌐[warukutʃi]【名】ヒトノ ワルクチョ⌐ー ユー（人の悪口を言う）。
■われる【割れる】《時間・空間・数量》
ワレル[wareru]【動】ワレン，ワレタ，ワレ⌐マス。スイカガ ワレタ（西瓜が割れた）。
■わん【椀】《食》
オワン[owaɴ]【御椀】【名】汁物を入れる器。

を

■を【目的】《助詞・助動詞・その他》
「を」に該当する助詞は，前接語と融合して現れる。サカナー コータ（魚を買った）。キョ⌐ー キ⌐ル（木を切る）。

Ⅳ 俚言

凡 例

　本章は，前章「方言基礎語彙」以外の，「俚言」(本地域特有のことば)の主要なものをまとめたものである。
1　配列は，見出し語の五十音順によった。
2　記述事項
　　a．見出し語
　　　　方言形を見出し語とし，カタカナ表記で示した。
　　b．漢字仮名混じり表記
　　　　語の構成・意味を表す漢字仮名混じり表記にできるものは見出し語の後に示した。
　　c．アクセント
　　　　アクセントは下がり目を「⌐」の記号で示した。
　　d．品詞
　　　　〖　〗に品詞などを示した。略号は以下の通りである。
　　　　〖名〗：名詞，〖代〗：代名詞，〖副〗：副詞，〖感〗：感動詞，〖動〗：動詞，〖形〗：形容詞，〖形動〗：形容動詞，〖補動〗：補助動詞，〖接助〗：接続助詞，〖終助〗：終助詞，〖準体助〗：準体助詞，〖助動〗：助動詞，〖接尾〗：接尾辞，〖連〗：連語
　　e．意味説明・文例
　　　　見出し語の意味を記述し，またそのことばに関する情報は《　》に記した。文例はカタカナで表記し，(　)内に共通語訳を示した。

あ

ア゙ズ゙ル〖動〗手こずる。困る。

アラマジイ(荒ましい)〖形〗荒っぽい。雑だ。アンダー ヤルコドガ ――ッチャ(あなたはすることが雑なんだよ)。

アリャーネ゙ー〖連〗あれはね。

アンド〖代〗あんなもの、こと。ドンナスガートガ ホジーン(どんなスカートがほしいの)? ウーン ホラ ―― ――゙ッチャ(うーん、ほら、何て言うかあれ、あんな感じのよ)。《ぼんやりしたイメージを伝えるときに言う。「あんな感じのもの」。共通語の「こんな」「そんな」に該当するコント、ソントという語形もある。また、アネントともいう。》

い

イガイ(厳い)〖形〗大きい。コリャー ―― タンボジャノ゙ー(これは大きな田んぼだなあ)。《中世の中央語イカイ(大きい、程度が甚だしい)の残存例。》

イガ゙ク〖動〗ゆでる。イモオ イガ゙イタゲー タベンザイヤ(芋を茹でたから食べなさいよ)。

イギ(棘)〖名〗とげ。刺さったもの。バラの棘。魚の骨。サカナノ ――゙ガ ノドニ サササッテ トレンダイ(魚の棘が喉に刺さって取れないんだよ)。

イキメ゙ーイク〖動〗要点をつく。

イシャラ〖名〗おはじき。小石のおもちゃ。《イシャ、イシャラゴ、ヤサラ、ヤシャラ、オシャラという地方もある。》

～イネ〖終助〗～なのよ。アノ゙コ スガン ノッチャ(あの子嫌ね)。ソレ゙――(ほんとね)。《同意を含む感嘆を表す。》

～イヤ〖終助〗～しなさい。ジカン ナ゙イケー バヨーシ――(時間がないから早くしなさい)。ヴソー ツクナ゙――(嘘をつくな)。ミゼーヤ(見せろよ)。

イラウ〖動〗さわる。いじる。ギッポニ ナ゙ルケー キズワ イラヷンノヨ(傷跡が残るから傷をさわっちゃだめよ)。

イワガンドー〖名〗険しい岩山。《イワガットーとも。》

う

ウミル〖動〗蒸れる。化膿する。キズガ ヴミタッチャ(傷が化膿したんだよ)。マンジュ゙ーガ ヴミタヨ(饅頭が蒸かし上がったよ)。

え

エ゙ット〖副〗とても。たくさん。イモガ ――ア゙ルケー タベンザイヤ(芋がたくさんあるから食べなさいね)。

エド゙ル(絵取る)〖動〗下書きのとおりに上から書くこと。なぞる。ガイテアルトーリニ アカエ゙ンピツデ ――ンヨ(書いてある通りに赤鉛筆でなぞるのよ)。《エゾル、ナドルとも。》

お

オイデ゙ル〖動〗いらっしゃる。チョーナイガイチョーサンガ オイデタヨ(町内会

長さんがいらっしゃったよ)。《尊敬語。歓迎の言葉「いらっしゃいませ」の意味でオイデマセという。》

オイヤ⌐ル〖動〗いらっしゃる。

オダン〖代〗私。──ノコトワ ホッチョ⌐イテ(私のことはほっといて)。

オンシャ〖代〗あんた(は),おまえ(は)。── ナニシチョ⌐ルホ?(おまえ何してるんだ?)《乱暴な言い方。四国や大分県に見られるオンシに助詞のハが融合した形かと思われるが,すでに一語化して相手を呼びつける時に用いる。》

か

カガネ⌐ル(屈ねる)〖動〗しゃがむ。

カギ⌐ル〖動〗爪でひっかく。カユ⌐イトコオ カ⌐キヨッタラ カギッタソ(痒い部分を掻いていたら引っ掻いてしまったの)。《カグルともいう。》

カク〖動〗髪を櫛でとく。イモート⌐ノ カミ カイチャゲテ⌐ーネ(妹の髪を梳いてあげてよ)。

カズ⌐ーサン〖名〗不潔な人。ニオ⌐ウヨーナ ヒトジャネー(臭そうな人だね)。── ジャ(不潔な人だ)。《カズ⌐ーサとも。》

カタヒマ(片暇)〖名〗半日。数時間。チョ⌐ット ──ニ テッダイニ キタ(ちょっと時間が空いたから手伝いに来た)。《カタヒル,カタヒ⌐ナカ,カタハカとも。》

カッケ⌐ル(駆ける)〖動〗走る。アンコワ イチンチジュー カッケ⌐ッテマワッチョルイネ(あの子は一日中走り回っているんだよ)。

カブ⌐ル〖動〗虫が刺す。カニ カブラ⌐レタケー カ⌐キヨッタラ カギ⌐ッテ チガ デタソ(蚊にかまれたから掻いたら引っ掻いてしまって血が出たのよ)。

カブ⌐ル〖動〗(傘を)さす。

カヤス(反す)〖動〗ひっくり返す。アイタ オチャオ カヤ⌐シテシモータイヤ(ああお茶をひっくり返してしまったよ)。モーヘーテンジャ⌐ケー エーギョーチューノ フダオ カヤ⌐シトイテーヤ(もう閉店だから営業中の札をひっくり返しといてね)。《こぼれることはカヤルという。》

～カラ〖接助〗～して。次に。《接続詞としてホナカラということもある。》

カル⌐ウ〖動〗背負う。オッキ⌐ナフロシキオ ──テキタンジャネー(大きな風呂敷を背負ってきたんだね)。

～カン〖終助〗～かね。～の。ドッカラ キタ⌐ン──(どこから来たの)?

ガンゼキ〖名〗熊手。カッテニ ヒトノ ──ツカ⌐ウナッチャ(勝手に人の熊手を使うなよ)。《周防ではガンザキ。》

き

キシャナー〖形〗汚い。ワッ ──(あ,汚い)。

キズ⌐イナ(気随)〖形動〗わがままだ。自分勝手だ。アンヒトァ ──ネー(あの人は自分勝手だなあ)。《日葡辞書に「Qizuina(キズイナ)自分自身の考えを固執して,自分の意志を通そうとする(人)」という記述がある。》

キ⌐ッポ〖名〗傷痕。アタマン ウシロニ ──ガ デ⌐キチョラーネ(頭の後ろに傷痕ができているじゃないの)。

キナル〖動〗得意になる。チョ⌐ット セーセキガ エークライデ ソンナニ ──ナーヤ(少し成績がいいくらいでそんなに得意になるなよ)。

キビル〖動〗結ぶ。束ねる。カミ キビッ⌐チャゲルイーネ(髪を結んであげるよ)。

く

～クサシ〖接尾〗食べている途中でやめて残っているもの。タベーヤラ ノミーヤラ コネーニ ヨーケ ノコッチョラーネ(食べ残しや飲み残しがこんなにたくさんあるじゃないの)。

クジオクル〖連〗叱る。むずかる。オークジオクラレタッチャ(ひどく叱られたよ)。

クズヌク〖動〗しゃがむ。姿勢を低くする。クズヌイテ サガシーヤ(しゃがんで探しなさいよ)。

クロジ〖名〗あざ。《打撲などでどす黒くなった箇所を指す。内出血の程度が軽ければアオジという。》

け

ケタイガワルイ〖連〗自分の意思が通らず、むしゃくしゃする。ケタイガワリーノー(むしゃくしゃするなあ)。《ケタクソガワリーともいう。》

ゲッテン〖名〗偏屈な人。

ケツル〖動〗蹴ること。アイツ キニクワンケー シリオ ケツリアゲチャル(あいつ気に入らないから尻を蹴り上げてやる)。

こ

コケツ〖名〗垢。《コケとも言う。》

ゴッポー〖副〗たくさん。数が多いこと。ーアルノー(たくさんあるね)。

コットイガイル〖名〗殿様蛙。《他に、コットイガエル、コッテビキ、ドービキーなどとも。》

コツル〖動〗咳をする。キノーカラ コツッテバカリッチャ(昨日から咳ばかりだ)。

コル(樵る)〖動〗(木などを)切って小さくする。《木を切るときなどに使う。》

ゴンゴンジイ〖名〗鬼や化け物などの恐ろしいものをいう幼児語。ハヨー カエラント——ガ クルッチャ(早く帰らないとお化けが出るよ)。《奈良の元興寺(がんごうじ)の鐘楼に鬼が住んでいたという伝説が語源とも言われる。日本各地に、ガンゴジーをはじめカモカ、ガンゴ、ゴンゴジーなどのバリエーションがある。》

さ

サシクル〖動〗都合をつける。チョーボオ サシクッチャ イカンヨ(帳簿をごまかしてはいけないよ)。《自分に都合よくごまかすなど、悪いイメージを伴う際に使用される。》

サデコム〖動〗かき集める。放りこむ。ハヨ センタクモン サデコミー(早く洗濯物をとりこみなさい)。《サデには勢いよく乱暴に、というニュアンスがある。例えば「腕をサデオロス」は体操などで腕を勢いよく下ろす動作を意味し、サデシテルは思い切り捨てるという意味合いを持つ。》

サデシテル〖動〗放り捨てる。オカーサン ワ ナンデモ スグニ ——ンチャ(お母さんはなんでもすぐに捨ててしまうのよ)。

～サン〖助動〗～しなさい。ハヨー イキ——(早く行きなさい)。ハヨー シ——(早くしなさい)。

し

シアワセマス〖連〗幸いです。タス⎾ー ゴ サンカ クダサ⎾ルト ──（多数ご参加くださると幸いです）。《大勢の前でいう挨拶言葉，または文書で使うことば。動詞シアワセルに丁寧の助動詞マスが接続した形。シアワセルは「幸せだ」の語源と言われる「仕合はす」が一段活用化したもので，ソーシテモロータ⎾ラ シアワセ⎾ルガノー（そうしてもらったら助かるけれどねえ）のように使う。しかし，現代ではほとんど聞かれなくなった。》

シゴ〖名〗処理。下ごしらえ。サカナノ ── シテキ⎾ タケー タ⎾イテ タベンサ⎾イヤ（魚の下ごしらえをしてきたから煮て食べてね）。《シゴ⎾ウともいう。「しこう（趣向）」（用意・準備・したく）に由来するか。》

ジ⎾ベタ（地べた）〖名〗地面。── ニ オト⎾ シタモンオ ヒロ⎾ーナッチャ（地面に落ちたものを拾うなよ）。

シマカ⎾ス〖動〗失敗する。シマカ⎾シタ（しまった）！《シマワカ⎾ストもいう。》

シミル〖動〗寒い。冷たい。《手など，露出したところがピリピリと凍り付くような感じの時にいう。》

シュウトクナイ〖形〗面倒だ。執拗だ。

シュム〖動〗かむ。《ハナオシュム（鼻をかむ）の形で使う。》

ジョウニ〖副〗とても。たくさん。多い様。カ⎾イガ ── ト⎾レタイヤ（貝がたくさん獲れたよ）。

ジラ〖名〗駄々。わがまま。アンマリ ── バ⎾カリ ユーチャ イケンヨ（あんまり駄々ばっかりこねちゃだめよ）。《駄々をこねることをジラオクルという。ジラをくる人はジラクリ，ジラクイ（ムシ）とも。ジラは「しらなみ（白波＝盗賊の意）」が省略されてシラとなり，ジラに変化したという説がある。》

ジルアメ〖名〗水飴。《水分の多いことをジルイ，ジロイということから。》

シワ⎾イ（撓い）〖形〗しつこい。がめつい。オカ⎾ーサンワ オンナジコトバッカ⎾リ ユーケー ブチ ──ッチャ（お母さんは同じことばかり言うからとてもしつこいんだよ）。

シンヤ〖名〗分家。アノハカ⎾ワ オナジ タナカデ⎾モ ──ノ ハカ⎾ジャネ（あの墓は同じ田中家でも分家の墓だね）。

す

スイバリ〖名〗指などに刺さった木のとげのこと。ユビ⎾ニ ── ガ ササッ⎾チョラーネ（指にとげがささっているよ）。

スクド〖名〗落ち葉。もみ殻。《コッパとも。》

スクモ〖名〗もみ殻。

スド⎾イ〖形〗人より一歩先んじている。仕事が早い。すばしっこい。アンヒタ⎾ー ──ナ（あの人は仕事ができるなあ）。《他に，県全域でサイチナ，ハツメーナ，西部にエギイ，東部にエズイなど。スドイは「すすどい」からか。》

スマル〖名〗氷柱。ホ⎾ラ アソコニ ── ガ デ⎾キチョル（ほら，あそこに氷柱ができている）。

せ

セ⎾イガナイ（精が無い）〖連〗頑張る張り合いがない。アンマリ ヨ⎾ロバンケー

ゴチソーオ シテ⎤モ ──ンチャ(あまり喜ばないから御馳走を作っても張り合いがないのよね)。

セガウ〖動〗からかい。いじめる。ソネーニ セゴ⎤ーチャイケン(そんなにいじめちゃだめだ)。《県東部で聞かれる。ほかに，カシラウ，オビクも。》

セワ⎤ーナイ〖連〗たいしたことはない。大丈夫だ。イチンチニ ハチジカン アルク⎤ライノコター セワーナ⎤イーネ(一日に8時間歩く位たいしたことはないよ)。

センナ⎤イ(詮無い)〖形〗面倒くさい。つまらない。コガナシゴト ブチ ──デ(こんな仕事はとても面倒くさいよ)。《古語「詮無し」の残存例か。》

そ

~ソ〖終助・準体助〗の。イク──(行くの)？ カ⎤エル──(帰るの)？ イコーカ オ⎤モタケド ヤッパ イク── ヤメタ⎤──イヤ(行こうかと思ったけどやっぱり行くのをやめたんだよ)。《山口県西部から中央部に見られ，他にホもある。県中央部から東部には年配者の丁寧な言い方としてノンタが残っており「イクノンタ」と使う。》

ソーラ〖名〗たわし。《中世語「サワラ」の変化した語か。「サラワ」は，日葡辞書に「sauara. サワラ(さわら) 割り竹を束ねて作ったたわしで，物をこすり擦るのに用いるもの。」とある。》

ソゲル〖動〗はずれる。マトオ ──(的を外れる)。

~ソッチャ〖終助〗~だってば。イカンノ(行かないの)？ イク⎤──(行くってば)！《~ホッチャもほぼ同様に使用する。》

た

~ダイ〖終助〗~なんだよね。ソリャー イケン──(それはだめだよね)。《確認や，念を押す言い方。》

ダイショ(大小)〖副〗多少。幾分。いくらか。カゼノ グアイガ キノーヨリ ── ヨーナッタッチャ(風邪の具合が昨日より少しよくなったよ)。《「大小」に由来し，「だいしょう」とも。「いっそ」も同義。》

タエガタ⎤イ(堪え難い)〖形〗感謝に堪えない。コネーナコトマデ シテモローテ タエガト⎤ーゴザイマス(こんなことまでしていただいて恐縮です)。

タカキビ〖名〗とうもろこし。

ダダンダー〖形動〗乱雑。むちゃくちゃ。ツクエノマワリ ──⎤ジャネ(机の周りがむちゃくちゃだね)。

タッケ⎤ル〖動〗叫ぶ。コネーナ ヨナカ⎤ニ タッケリ⎤ンナーヤ(こんな夜中に叫ぶなよ)。《タケルともいう。》

タマガ⎤ス〖動〗びっくりさせる。タマガ⎤シタラ イケンヨ(驚かしたらだめよ)。《タマガセルともいう。》

ダラシ⎤イ〖形〗だるい。疲れた。ヨ⎤ーケ アル⎤イタケー アシガ ──ワ(たくさん歩いたから足がだるいよ)。《心理的な要素を多分に含んだ全身の疲労感を表す語。》

ダル〖動〗疲れる。コノニク カミキレ⎤ンケー アゴ⎤ガ ダッタ(この肉は噛み切れないからあごが疲れた)。

ち

チバケ⎤ル〖動〗甘える。じゃれる。ジカン

ナ゛イノニカラ ソネーニ チバケ゛ンナーヤ(時間がないのにそんなにじゃれつかないで)。
- **～チャ**〖終助〗～ね。～よ。～だよ。ソレ゛ッチャ(たしかにそうだよ)。オチャ゛ッー(お茶だよ)。ユータ゛ッー(言ったよ)。ハヨー イケ゛ッー(早く行けよ)。
- **チャリコ゛イ**〖形〗ちょろちょろ動き回る。アンコァ ブチ ——ノー(あの子はとてもよく動き回るなあ)。
- **チョ゛ル**〖補動〗～ている。ア アメガ フ゛ッチョル(あ、雨が降っている)。《完了形の意味で使う。》
- **チング゛ー**〖名〗友達。アンヒト゛トハ チング゛ージャ(あの人とは友達なのよ)。《下関に多く分布することから、韓国語のチング(友達)の影響とも言われるが、チングは長崎県など他地域にもあり、「知遇」の音訛とする説もある。》

つ

- **ツ゛イ**(対)〖形動〗同じ。ウチノ モットルント ——ジャネ(私が持っているものと同じね)。《お揃い、同じものという意味で使う。マッツ゛イ(全く同じ)もある。》
- **ツクダ゛ル**〖動〗疲れ果てる。ニ゛モツガ オモ゛ーテ ツクダ゛ッタッチャ(荷物が重くて疲れ果てたよ)。
- **ツクナ゛ム**〖動〗しゃがむ。ソノヘンニ ツクナ゛ンデ マッチョキ(そのあたりにしゃがんで待っていなさい)。
- **ツ゛ッペ**〖名〗おあいこ。優劣の差がないこと。互角。同じ数ずつ物を分けること。ホンジャ コレデ ——ジャネ(ではこれでおあいこだね)。《じゃんけんや、公平に物を分けるときにもいう。》
- **ツド゛ウ**(集う)〖動〗二つ以上の用事が重なって忙しい。ソンヒ゛ワ イロイロト ヨ゛ーガ ——テ イソガシ゛ーケー ム゛リッチャ(その日はいろいろと用が重なって忙しいから都合がつかない)。
- **ツナグ゛**(繋ぐ)〖動〗集金して回る。イ゛マカラ チョーナイカ゛イヒオ ツナーデ マワランニャ゛ー イケン(これから町内会費を集金して回らなければならない)。
- **ツバエル**〖動〗ふざける。じゃれる。ゴ゛ハンタ゛ビョートキワ ツバエ゛ンナ(ご飯を食べている時はふざけるな)。《ツバ、ツバキ、ツバケ(唾)に由来する。「ひょげる」「ひょうげる」とも。》
- **ツマラ゛ン**〖形〗だめだ。いけない。ソントナコト シタ゛ラ ——ッチャ(そんなことをしたらだめだ)。

て

- **テ゛ガキレル**〖連〗仕事ができる。アンヒト゛ワ テ゛ガキレ゛ルノー(あの人は仕事ができるなあ)。
- **テミ**〖名〗竹編みのざる。
- **テレンコパレ゛ンコ**〖副〗ふらふら。ぐずぐず。ジカンガ ナ゛イケー ——スル゛ナッチャ(時間がないからぐずぐずするなよ)。
- **デンキナ**〖形動〗頑固だ。頑迷だ。アンヒト ——ケーノ(あの人は頑固だからなあ)。《デンキオハル(意地を張る)もある。》
- **テンクラ**〖名〗仕事もなく、信用ができない人。うそつき。アンヒト゛ァ ——゛ジャー(あの人は信用できない人だ)。《テンクラダメ゛ジャー(全くだめだ)という副詞的な用法もある。》

と

~トイヤ〖終助〗~だそうだ。トモダチワ ド﹁ースルン(友達はどうするの)？ イク﹁ン──(行くんだって)。

ドーカン〖名〗腕白坊主。《ドーカンボウズともいう。》キ﹁ンジョノ ──ニ﹁ワ カナ﹁ワン(近所の腕白坊主には困ったものだ)。《語源は「童玩」「童漢」「童卯(幼童の髪型で。髪を左右に分けて耳の上で輪を作って角のように突き出したもの)」など諸説ある。ドーゲン，ジラハチ，ツラハリともいう。》

トージン〖名〗ばか。《トーハチともいう。》

ドヒョーシ〖名〗手がつけられないほど大変。──モネァ ドネーショ﹁ーノ─(大変だどうしようか)。

トンギ﹁ル〖動〗細くなる。とがる。ヨ﹁ートンギ﹁ッタ エンピツジャノ﹁ー(よく尖った鉛筆だね)。

な

ナイナ﹁ル(無いなる)〖動〗無くなる。アーモー オカネガ ナイナ﹁ッタ(ああ，もうお金が無くなった)。

ナンバン﹁キビ(南蛮黍)〖名〗とうもろこし。《県東部に分布。ナンマンとともに南蛮黍の意であろう。県西部はトウキビが一般的。》

に

ニーナ〖名〗海辺に生息する1～2センチメートルくらいの巻き貝のこと。《他地域ではニナ，ミナ，バテイラ，シッタカと呼ばれることもある。ニシキウズガイ科，またはアッキガイ科に属する貝を指す。古くは淡水に生息するタニシ類を指したようであるが，現代山口方言では海水に住む上記の貝を指す。》

ニーマ〖名〗兄，お兄さん。オ チョット──(あ，ちょっと，お兄さん)《ネーマは姉，お姉さん。》

ニクジ〖名〗悪口。皮肉。嫌味。アンコワ──バ﹁ッカ ユーケ﹁ー スカ﹁ンッチャネ﹁ー(あの子は悪口ばっかり言うから嫌ね)。

ニクジト〖副〗生憎。《県西部で使う。ニクジニともいう。》

ニゲ﹁ル(逃げる)〖動〗その場から立ち去る。ソノショルイナ﹁ラ タナカサンガ モ﹁ッテ ニ﹁ゲチャッタヨ(その書類なら田中さんが持って行ったよ)。タナカサンナ﹁ライマ ニ﹁ゲチョルヨ(田中さんなら今席を外しているよ)。

ね

ネキ〖名〗側。傍ら。辺り。アノ マ﹁ツノキノ──﹁デ マ﹁ッチョレ(あの松の木の当たりで待っていろ)。《ヘリともいう。》

ネツ﹁イ〖形〗几帳面で丁寧なこと。コリャーネツ﹁ウ コシラエテア﹁ルノ﹁ー(これは丁寧につくってあるね)。アンヒト﹁ァ シゴトニ ──ネ(あの人は仕事に熱心だね)。

の

ノークレ〖形動〗なまけもの。アンヒト￢ァ──ジャナ￢ー(あの人は怠け者だなあ)。

~ノ￢ンタ〖終助〗~ですね。サムーナ￢ッタ──(寒くなったなあ)。ソレガ── ムツカシーネーノ(それがなあ，あなた，難しいのよ)。《呼びかけのノウに「あなた」という意味の「ンタ」がついた語。丁寧な表現。呼びかけでは「ンタ」だけが独立した言い方もある。ン￢タ オカ￢ーチャン(ねえ お母ちゃん。)》

は

ハ￢ー〖感〗もう。──エ￢ー(もういい)。

ハシカ￢イ〖形〗気が短い。アンヒト￢ァ──ヒトジャネー(あの人は短気だねえ)。《はしか(芒=のぎ)の形容詞化したものか。》

ハシ￢ル〖連〗痛い。キノ￢ーカラ ハ￢ガ ハシ￢ッテ ヤレンダイ(昨日から歯が痛くて我慢できない)。《皮膚などの表面でなく，体の内部に痛みが走る様な感じで，主に「歯」に使う。》

ハナエ￢ル〖動〗始める。アシタワ ク￢ジカラ レンシューオ──ヨ(明日は9時から練習を始めるよ)。

ハバシ￢イ〖形〗気性が荒い。アイツァ──ケーノ(あの人は気性が荒いからね)。

ハブテル〖動〗すねる。アンコァ ス￢グ──ンチャ(あの子はすぐすねるのよね)。

ハミ〖名〗まむし。毒蛇。ヌク￢ーナッタラ──ガ デ￢ルケー キーツケンサ￢イヤ(暖かくなったら蝮が出るから気を付けて

ね)。

ひ

ビ￢ッシャ〖形動〗びしょびしょに濡れた様子。モー アツ￢ーテ アセ──ジャー(もう暑くて汗びっしょりだよ)。《主に汗や雨などを形容するときに使う。》

ビ￢ッタレ〖名〗だらしないこと，人。無精なこと，人。コネーニ ヘヤオ ヨゴシテ──ジャネ(部屋をこんなに汚すなんてだらしないね)。《ビンタレとも。》

ヒヤ￢イ(冷やい)〖形〗冷たい。ミズガ──(水が冷たい)。フユワ テ￢ガ ス￢グ ヒヤクナ￢ルケーネ(冬は手がすぐに冷たくなるからね)。《特に瞬間的に感じる場合に使う。》

ヒョゲ￢ル〖動〗おどける。《ヒョーゲルともいう。》

ヒルマ￢スボ〖名〗ふくらはぎ。《県東部ではヒルマ，ワタモチ，ラッキョとも。広島でヒルマスゴ。》

ヒワ￢ル〖動〗板などがたわむ。アー コノ キ￢ワ ヒワ￢ッチョラーネ ベツノン オツカオー(ああ，この材木は撓んでいるじゃないか，別のを使おう)。

ビ￢ン(便)〖名〗都合のよい機会。ついで。──ノトキニ ト￢リニ キテ￢ーヤ(ついでの時に取りに来てね)。

ピンピラ〖名〗おてんば。《ピンピラムスメ，オピン，オッピン，キンピラムスメとも。》

ビ￢ンブク〖名〗肩車。──シチャゲル(肩車をしてあげる)。《幼児語。他にビンビク，ビンボクとも。》

ふ

フ〖名〗運。キョ⌐ウワ ――ガ ワ⌐ルカッタッチャネー(今日は運が悪かったねえ)。《長門ではマンクソ,マンともいう。》

ブ⌐チ〖副〗とても。たいそう。アノヒトワ ――スゴイ(あの人はとても凄い)。――ウマイ(とてもおいしい)。――コワイ(とても怖い)。――イヤダ(とても嫌だ)。《強調を意味する。プラス評価,マイナス評価の両方に使える。山口方言に後発のブリがあるが,ほぼ同様の用法である。》

ブルト⌐ッピン〖形動〗大急ぎで。フルスピードで。――デ イクケ⌐ー マッ⌐チョッテ(大急ぎで行くから待ってて)。

へ

ヘ〖代〗そう。――ジャ⌐カラ(そうだから)。――ジャ⌐ケー(そうだから)。――ジャ⌐ケド(そうだけど)。

ヘンク⌐ー(偏屈)〖名〗屁理屈を言う人。偏屈な人。アノヒト⌐ァー ――ジャノー(あの人は偏屈だなあ)。

ヘンジョーコ⌐ンゴー(遍照金剛)〖連〗逆らってつべこべ言う。――ユ⌐ーナ(つべこべ言うな)。《仏教のお経のことばが語源で,意味のわからないことをぶつぶつ言う様子から。》

ほ

ホーク⌐ル(放くる)〖動〗放る。投げる。投げ出す。コノシゴトワ ヤネコ⌐イケー ホーク⌐ッチョコー(この仕事はやりにくいから放っておこう)。《「ほーたる」とも。》

ホオトクナイ〖形〗汚い。不潔な。みっともない。――ヤ⌐ッジャノー(不潔な人だなあ)。《「よーそけない」「よーさけない」とも。》

ホ⌐ームシ(ほう虫)〖名〗かめ虫。――ワ クソ⌐ーテ ヤレンダイ(かめ虫は臭くてたまらない)。

ホロケ⌐ル〖動〗こぼれ落ちる。ボタンガ ホロ⌐ケタケー ツケ⌐チョッテーヤ(ボタンが落ちたからつけといて)。

ま

マメ〖形動〗元気。――ニ シチョ⌐ッタカネ(元気にしていましたか)。

み

ミ⌐ズ〖名〗人見知り。ウチンコワ ナカナカ ――ガ ナオラ⌐ン(うちの子はなかなか人見知りが治らない)。

ミヤスイ〖形〗易しい。簡単だ。キョ⌐ーノテスト ミヤ⌐スカッタネ(今日のテストは簡単だったね)。《他にモヤスイともいう。》

む

ムクバレル〖動〗化膿して傷んで腫れる。《県西部で。ほかに,ウバル,トコバルも。》

め

メ￢イボ〖名〗目にできる「ものもらい」。カ
 ユ￢イト　オモータラ　ミギンメ￢ニ　──
 ガ　デ￢キチョッタソイネ(痒いと思ったら
 右目に物もらいができてたのよ)。
メンタシ〖連〗ごめんなさい。《軽い謝辞。敷
 居を踏んだ時，人の前を通る時などに使
 う。》

も

モモク￢ル〖動〗紙や布団などをくしゃくしゃ
 しゃに丸める。テ￢ストオ　モモク￢ッチャ
 イケンソヨ(テストをくしゃくしゃにして
 丸めたらだめなんだよ)。《モモグルともい
 う。》

や

ヤエ〖名〗犬の寄生虫のダニ。
ヤ￢シ〖形動〗ずるいこと。ソンナン　──ジ
 ャー(それはずるい)。
ヤブケ￢ル(破ける)〖動〗壊れる。パソコン
 ヤブ￢ケタッチャー(パソコンが壊れたん
 だ)。《紙や布のみならず鏡，テレビ，機械
 など，堅い物体が壊れる場合にも使う。
 「やぶれる」とも。》
ヤレン〖連〗やってられない。モ￢ー　──ダ
 イ(もういやだ。)《疲労や絶望などで気力を
 失った状態のときに言う，あきらめや不満
 のことば。》

ゆ

ユーニスル〖連〗ゆっくりする。マ￢ー　ユー
 ニシテ￢ーヤ(まあゆっくりしてください)。

よ

ヨイヨ(愈々)〖副〗全く。もう。──　ツカ￢
 レタ(とても疲れた)。──　スカン￢ッチ
 ャ(とても嫌だ)。──　ユーコト　キカ￢
 ンノジャケー(全く言うことを聞かないん
 だから)。
ヨウソケナイ〖形〗(雨に濡れて)気持ち悪い。
 シャ￢ツガ　ウデニ　ヒッツ￢イテ　ヨーソ
 ケナ￢イッチャ(シャツが腕に張り付いて気
 持ち悪いんだよ)。《ヨウサケナイともい
 う。》
ヨコザベ￢ンケー〖名〗内弁慶。《ヨコダベン
 ケーともいう。》
ヨダレ￢ヒキ〖名〗夜更かしの人。《ヨダル，
 ヨダルヒキ，ヨダリヒキともいう。》
ヨ￢ド〖名〗神社祭礼の前夜祭。アスノ　──
 ノジュンビワ　デ￢ケタカネ(明日の前夜祭
 の準備はできたか)？

ろ

ローマ〖名〗大葉春菊。──ワ　ナ￢イン(春
 菊はないの)？《山口県西部や北九州では，
 春菊の中でも大葉春菊という丸い葉の品種
 についてこう呼ぶ。》

わ

〜ワネー〖終助〗〜じゃないの。チガワ⌐ーネー(違うじゃないか)。シッチョラ⌐ーネー(知ってるじゃないか)。《他人が言ったことが事実に反するときなどに使う強調表現。》

V
生活の中のことば

本章は，本県特有な昔話，民謡，方言ラジオ体操，方言景観をまとめたものである。

昔　　話

　全国的にも知られている山口県を代表する昔話(民話)といえば，厚狭の「三年寝太郎」や，下関の「耳なし芳一」が思い浮かぶ。そのような代表的なものから，それほど知られていないものも含めて，県内の昔話を収集した書籍やCDがいくつか出版されている。松岡利夫編『周防・長門の民話(日本の民話(29))』(未来社1960)，日本児童文学者協会編『山口県の民話―耳なし芳一ほか(県別ふるさとの民話(25))』(偕成社1981)，山口県小学校教育研究会国語部編『読みがたり山口のむかし話』(日本標準2004)，黒瀬圭子語り『昔話ふるさとへの旅―山口』(キングレコード2005)などである。

　今回，防府市に伝わる昔話「鯰のはなし」について，上記『読みがたり山口のむかし話』を基に，防府市にのみ居住歴をもつ男性(昭和32年防府市佐野生まれ，平成27年1月23日の録音時57歳)に語っていただいたものを，カタカナ表記で紹介する。

　aiやaeの連母音は融合して，ア[a]とエ[e]の中間的な音声である[æː]と発音されたり(カタカナ表記例：メァートシ(毎年)，ダブゲァー(だぶがえ)，ウスグレァー(薄暗い))，[eː]と発音されたりしている(カタカナ表記例：バクデー(莫大))。

　山口方言らしさは，上記以外にも，ダ行ザ行の交替ゾーゾ(どうぞ)，程度副詞ジョーニ，オーカマシー，バクデー，ブチの使い分け，結果態のアスペクトを表すチョル，文末助詞イノーなどにも表れている。

　語りを再度，共通語に直したものを，下段に併記した。

■鯰(なまず)のはなし

ムカースィ	クワノヤマノ	ニシガーノ	ヤマカラ	ソノ	フモトノ	ヘンワ
むかし	桑の山の	西側の	山から	その	ふもとの	辺りは

「イノウエヤマ」トカ　「イノウエヤシキ」トカ　ユーチョリマシタ。
「井上山」とか　　　　「井上やしき」とか　　　言っていました。

昔話　149

ソコヘンワ　　モーリノ　　トノサマノ　　ケライジャッタ　　イノウエチュー
そこの辺りは　毛利の　　殿様の　　　家来であった　　井上という

ヒトガ　　オサメテ　　オリマシタ。ソノ　イノウエヤマト　　イノウエヤシキニ
人が　　おさめて　　おりました。　その　井上山と　　　　井上やしきに

ハサマレタトコーニ　ソリャーソリャー　オーキナ　　バクデー　　キレーナ
挟まれたところに　　それはそれは　　大きな　　莫大(大変)　きれいな

ダブガ　アリマシタ。ダブノ　　ヘリニ　　スンジョル　　ヒトタチャー
沼が　　ありました。沼の　　まわりに　住んでいる　　人たちは

コノ　　ダブオ　「イノウエダブ」ト　　ヨンジョリマシタ。
この　　沼を　　「井上だぶ」と　　　呼んでいました。

ソノダブニャー　　コイヤ　　フナヤラ　　ハエンボーニ　　ナマズヤラガ
その沼には　　　鯉や　　鮒や　　　鮠に　　　　　鯰などの魚が

ジョーニ　　オリマシタ。メァートシ　　アキノ　　オワリンニャー
たくさん　　おりました。毎年　　　　秋の　　終わりには

「ダブゲァー」チューテ　ダブノ　ミズオ　クミダシテ　ソレラノサカナオ
「だぶがえ」といって　　沼の　　水を　汲み出して　それらの魚を

トッチョリマシタ。コトシモ　ソノ　　ダブゲァーノ　ヒガ　　ヤッテ
獲っておりました。今年も　　その　沼の水換えの　　日が　　やって

キマシタ。ヘジャケドノー　ヨモアケキラン　　マダウスグレァーコロ
きました。ところが　　　夜も明けきらないで　まだ薄暗いころ

イノウエケニ　ヒートリノ　　ボーサンガ　　タズネテ　キンサッタ。
井上家に　　　ひとりの　　坊さんが　　たずねて　来られたのです。

ソノ　ボーサンワ　シズカーナコエデ　「ゴメンクダセーマセ」チューテ
その　坊さんは　静かな声で　　　　「ごめんくだされ」　と言って

イエン　ナカニ　ハイッテ　キンサッタ。　　　「コノイエノ　ゴシュジンサーニ
家の　中に　入って　いらっしゃいました。「この家の　ご主人に

オエァーシターノジャガ　ゴシュジンサーワ　オッテカイノー？」　ボーサンワ
お会いしたいのじゃが　ご主人は　　　いらっしゃいますかの？」　坊さんは

アタマニ　カブッチョッタ　カサオ　トリナガラ　デテキチャッタヒトニ
頭に　　かぶっていた　笠を　取りながら　出てきた人に

テーネーニ　アタマオ　サゲマシタ。ソンヒトワ　ボーサンノ　カオオ　ヒトメ
丁寧に　　頭を　　下げました。その人は　坊さんの　顔を　　ひと目

ミテカラ　ミブンノ　タケァー　リッパナ　ボーサンジャト　オモイマシタ。
見て　　身分の　高い　　りっぱな　お坊さんだと　思いました。

サッソク　ゴシュジンサーニ　トリツギマシタ。ゴシュジンサーノ　ヘヤニ
さっそく　主人に　　　　とりつぎました。主人の　　　　部屋に

トーサレタ　ボーサンワ　フコーニ　アタマオ　サゲヤッテ「ワタシャー
通された　坊さんは　深く　　頭を　　下げて　「わたしは

ミチャッテ　トーリノ　タビオ　シチョル　ボーズデ　ゴゼァーマス。
ご覧の　　とおりの　旅を　　している　坊主で　ございます。

キョーワ　トーケデ　ダブゲァーオ　ナサル　ソーデスガ　マチゲー
今日は　当家で　沼の水換えを　なさる　そうですが　間違い

ゴザイマセンカイノー」ト　ゴシュジンサーニ　タズネマシタ。
ございませんか」と　　　主人に　　　　たずねました。

昔話

ゴシュジンサーワ 「ソーデ ゴゼァーマス。キョー ダブゲァーオ
主人は 「さようで ございます。 今日 沼の水換えを

ヤロート オモーチョリマス。ジュンビモ ダーテァー トトノエテ
しようと 思っております。 準備も 大体 整えて

スンジョリマスケー」ト コタエマシタ。ヘタラ オボーサンワ チート
済んでおりますから」と 答えました。 すると お坊さんは ちらっと

クレァー カオーオ シマシタガ 「フシギナコトモ アルモンジャー。
暗い 顔を しましたが「不思議なことも あるものです。

メーノバン ユメンナキャーニ ホトケサマガ デチャッテ
昨晩 夢の中に 仏様が 現れて

『アシタ ダブゲァーガ オコナワレルケー オメーガ ワシノ カワリニ
『明日 沼の水換えが 行われるので お前が わたしの 代わりに

ゴシュジンサーニ ヨー オネゲァーシテ キーサン』ト ユーチャッタ。
主人に よく お願いをして 来なさい』と おっしゃいました。

ソノ オネゲァーチューノワ 『コノ ダブニャー オーキナ ナマズガ
その お願いと申しますのは 『この 沼には 大きな 鯰が

スンジョリマス。コノナマズワ ダブノ ヌシデ アリマスイノー
住んでおります。この鯰は 沼の 主で ありますよ

コノヘンノ マモリガミデアリマスカラ ツカマエァーズニ タスケチャッテ
このあたりの 守り神ですから 捕まえずに 助けてやって

クダセーマセ』トノ コトジャッタ」ト サラニ テーネーナ コトバデ
ください』との ことでした」と さらに 丁寧な ことばで

フコーニ　アタマオ　サゲテ　オネゲァーオ　シマシタ。　ゴシュジンサーワ
深く　　　頭を　　　下げて　お願い　　　しました。　主人は

「ヨロシューゴザイマス」ト　ヘンジオ　シマシタ。
「よろしゅうございます」と　返事を　　しました。

ヘテカラ　　ソノヒノタメニ　　ヨーイサレチョッタ　　セキハンオ　　ボーサンニ
そして　　　その日のために　用意されていた　　　　赤飯を　　　坊さんに

ススメマシタイノ。　ボーサンワ　ブチヨロコンデ　セキハンオ　ジョーニ
すすめました。　　坊さんは　　たいそう喜んで　赤飯を　　　たくさん

タベチャッタソーナ。　ケァーリガケニ　「ドーショーモネー　ゴチソーニ
食べたそうです。　　帰りがけに　　　「大変　　　　　　ごちそうに

ナリマシタノー。　サキホド　オネゲー　シマシタヨーニ　オーキナ
なりました。　　先ほど　　お願い　　しましたように　大きな

ナマズワ　　ドネーカシテ　　タスケテヤッテ　クダセーマセ」トユーテ
鯰は　　　なんとか　　　　助けてやって　　ください」と言って

イニマシタ。　　ヘテカラ　ヒガシノ　ソラカラ　オヒサンガ　スッカリ　カオオ
立ち去りました。さて　　東の　　　空から　　太陽が　　　すっかり　顔を

ダシチャッタコロ　キンジョノ　　ヒトタチガ　ジョーニ　アツマッテ　キマシタ。
出したころ　　　近所の　　　人たちが　　ぞくぞく　集まって　　来ました。

ヘテカラ　イヨイヨ　ダブゲァーガ　ハジマリマシタ。　ネンニ　イッケァーノ
そして　　いよいよ　沼の水換えが　始まりました。　年に　　一回の

ダブゲァー　　ジャケー　　ツギカラツギニ　　フナヤラ　　ハエンボーヤラ
沼の水換え　ですから　次々に　　　　　　鮒や　　　　鮠や

コイヤラガ　アゲラレテイキマシタイノー。　ブチオーキナ　サカナガ　トレルト
鯉などが　　上げられていきました。　　　大きい　　魚が　　　獲れると

マワリノ　ヒトタチヤラガ　ジョーニ　アツマッテキチャッテ　カンセーオ
まわりの　人たちが　　　どっと　　集まって来て　　　　歓声を

アゲマシタ。　ミンナガ　サカナオ　トルコトニ　エローナッテシモーテ
上げました。　みんなが　魚を　　　獲ることに　疲れてしまって

モー　コングライデ　エージャロート　イイヨッタトキノコトデス。
もう　これくらいで　よそうと　　　話し合っていたときのことです。

「バシャッ！」ト　ブチデカイ　　ミズノ　オトガ　シマシタ。トドージニ
「バシャッ！」と　ひときわ大きな　水の　　音が　　しました。と同時に

マックレー　デケァー　モノガ　アラワレマシタ。　ミンナーガ　ソローテ
真っ黒い　　大きな　　ものが　現れました。　　　みんなが　　いっせいに

アツマッテ　ミマスト　ソリャー　ソリャー　イママデ　ミタコトモ　ナイホド
集まって　　見ますと　それは　　それは　　今までに　見たことも　ないほど

ブチデカイ　ナマズガ　エラソーニ　モゲァーチョルノデシタ。
大きな　　　鯰が　　　苦しそうに　もがいているのでした。

ミンナワ　オーヨロコビデ　ソノオーナマズオ　カケァーテ　ケァーリマシタ。
みんなは　大喜びで　　　　その大鯰を　　　　かかえて　　帰りました。

ヘテカラ　ウデノエー　リョーリニンガ　ソノオーナマズニ　ホーチョーオ
そして　　腕利きの　　料理人が　　　　その大鯰に　　　　包丁を

イレマシタ。ヘタラ　ドネーデショー。　ナマズノ　ハランナカカラ
入れました。すると　どうでしょう。　　鯰の　　　腹の中から

昔話　153

オーカマシーデルワ　セキハンガ。　ミンナー　タマゲテ　　　　ゴシュジンサーニ
出るわ出るわ　　　　赤飯が。　　みんな　　びっくりして　主人に

ソノコトオ　イーマシタイネー。　ゴシュジンサーワ　　ハット　カオイロオ
そのことを　言いました。　　　主人は　　　　　　　はっと　顔色を

ケァーテ　「ヘタラ　ケサノ　ボーサンワ　コノ　ダブノ　ヌシデ　アッタンカー。
変えて　　「さては　今朝の　お坊さんは　この　沼の　　主で　あったのか。

ナマズガ　ボーサンノ　スガタニナッテ　コノワタシニ　オセーテ　クレタンデ
鯰が　　　坊さんの　　姿になって　　　この私に　　　教えて　　くれたので

アッタンカー」ト　コーケァーシマシタガ　モー　ドネァーモコネァーモ
あったのか」と　　後悔しましたが　　　　もう　どうにもこうにも

スルコトモ　デキマセン。　セメテモノ　オワビニート　ナマズオ
することも　できません。　せめてもの　お詫びにと　　鯰を

キチョーメンニ　ホームッテ　「タイヘン　スマンコトオ　シマシタイノー。
丁寧に　　　　　弔って　　　「大変　　　すまないことを　しました。

ゾーゾ　タタリガ　ゴゼーマセンヨーニ　コノ　トチノ　ヘイワガ　ズート
どうぞ　たたりが　ございませんように　この　土地の　平和が　　いつまでも

ツヅキマスヨーニ　ヘテカラ　イノウエケモ　マスマス
続きますように　　そして　　井上家も　　　ますます

サケァーマスヨーニ」ト　オテラニ　ヤクシサマオ　オマツリシマシタ。
栄えますように」と　　　お寺に　　薬師様を　　　おまつりしました。

民　　謡

　県内の民謡を収集した書籍としては，山口県文化史編纂委員会編『山口県文化史外篇　防長方言考：防長民謡集』(山口県 1952)、いとうたけし編『周防長門の民謡：ふるさとの唄とこころ』(防長民俗叢書刊行会 1970)などが挙げられる。また，『山口県の民謡―山口県民謡緊急調査報告書―』(山口県教育委員会編集，山口県文化財愛護協会発行 1982)を元にした山口県教育庁社会教育・文化財課制作のデータベース「山口県の文化財―民謡ライブラリー」(http://bunkazai.pref.yamaguchi.lg.jp/)や，各市町村が作成した文化財についてのウェブページも参考になる。それらのなかから，いくつか紹介する。

■「オーシャリ節」(通称「男なら」)(伝承地：萩市)
　現在，山口県を代表する民謡とは何かを県民に尋ねると，ほとんどの方が「男なら」を第一に挙げる。幕末の文久年間，長州藩士たちは外国船攻撃のため下関に総出していた。萩に残り留守を預かる藩士の妻や子どもたち，民衆たちは，萩への攻撃に備えるために，菊が浜に女台場と呼ばれる土塁を築いた。これは，その工事の士気を高めるために歌われたものである。その後は長らく忘れられていたが，昭和初期に再び流行した。歌詞は，『山口県の民謡』のものを引用する。「おーしゃりしゃり」とは，「おっしゃる通り」の意味とされる。

男ならお槍かついで　お中間(ちゅうげん)となって
ついて行きたや下関
お国の大事と聞くからは　女ながらも武士の妻
まさかの時には　しめだすき
神功皇后さんの　雄々しい姿が
鏡(かがみ)じゃないかいな　オーシャリシャリ

女なら京の祇園か長門の萩よ
目元千両の鈴をはる

と言うて天下に事あらば　島田くずして若衆髷
紋付袴に身をやつし
神功皇后さんの　はちまき姿が
鏡じゃないかいな　オーシャリシャリ

男ならたとえ荒が吹こうとままよ
とんで行きたや下関
お国の大事と聞くからは　女ながらも武士の妻
まさかの時には　しめだすき
神功皇后さんの　雄々しい姿が
鏡じゃないかいな

■「通鯨唄」（長門市指定無形民俗文化財）（伝承地：長門市通）
　長門市の東部に位置する通浦は，江戸時代から明治の終わりまで古式捕鯨で栄えた。鯨の胎児を埋葬した国指定史跡の「青海島鯨墓」は有名である。他にも，通の人々の鯨に対する思いを伝えるものとして，「鯨の位牌」，「鯨鯢過去帖」が伝わり，「鯨回向」が現在でも続けられている。
　「通鯨唄」は，通鯨組の人々が，大漁を祝い，大漁を祈念して歌ってきたもので，祝宴の席では，長老が最初にこの鯨唄を歌ったあとでないと，他の者は一切の唄を歌うことが禁じられていたほど，格式の高いものであった。一般に祝い歌は，手をたたいて調子をとりながら歌われるが，鯨唄は，鯨に対する恩恵の念から，手はたたかずに「揉み手」で歌われる。歌詞は，『山口県の民謡』のものを引用する。通鯨唄については，通地区発展促進協議会制作「古式捕鯨の里通」(http://member.hot-cha.tv/~htc09819/kujirauta.html)に詳しい。

（祝えめでた）
祝えイエーヤエーめでたのヨイヤサー
若松サイヨーさまよサーヨーエー
アー枝も栄えるエイヤサー葉もしげるヨー
アー竹にイエーヤエーなりたやヨイヤサー
薬師のサイヨー竹にアーヨーエー
アー通（かよい）栄えるヨイヤサーしるし竹よ
それはナー納屋のイエーヤエーろくろに
ヨイヤサー綱くりかけてアーヨーエー

アー大せみよ巻くのにゃヨイヤサー
ひまもないヨー
三国一じゃ綱にことしも大漁しょアヨカホイ

(朝のめざめ)
朝のめざめに朝のめざめに　サーヨイヤサ
イヨ山見をすればイヤ大せみゃ浮いて来るまにヨ
子持ちゃ寄せくる　サーヨイヤサ
イヨはざしはいさむ
イヤ取らにゃアーかなわぬ
かけにゃかなわぬ　サーヨイヤサ
イヨ通の沖で
イヤかけてエー殺してかけて殺して　サーヨイヤサ
イヨ通の浦へイヤこげとよいならば
こがにゃかなわぬ　サーヨイヤサー
イヨ田の浦の浜のイヤ納屋のオーろくろにゃ
納屋のろくろにゃ　サーヨイヤサ
イヨ綱くりかけてイヤ大せみよ巻くのにゃ
子持ち巻くのにゃ
ソリャソリャいちじゃいのまたいちじゃいの
朝もかけたがまたかけるアヨカホイ

■「浜子うた」(防府市指定無形民俗文化財)(伝承地：防府市寿町)
　防府市三田尻は，江戸時代中期から昭和30年代まで約260年間，入浜式塩田が築かれて，広大な塩の産地として栄えた。明和年間には，年間生産額30万位石に達し，全国屈指の製塩地帯となったが，生産過剰によって明和8年以降は春期と夏期だけ作業することとなった。秋期と冬期に長く作業を休んでいる間に，風雨で浜の土が固まってしまうことから，春になると固くなった塩田を掘り起こす作業から始めなければならなかった。6本の鉄の爪が付いた「金子(かなこ)」の上に5kgもある石を乗せて，渾身の力を込め腰で引いて起こすという厳しい作業であった。浜子うたは，金子を引く作業のつらさを忘れるために歌われた。防府市教育委員会教育部文化財課制作のデータベース「防府の文化財」(http://www.city.hofu.yamaguchi.jp/webhis/bunka.html)から引用する。

一　朝も早よから浜引(はまびき)ひいて
　　　　黒い土から塩をとる

二　寄せよ塩泥粗末にするな
　　　　土が一升に塩八合

三　浜子ちゅうてもお国のためよ
　　　　起こしゃ撒砂(さんしゃ)の塩の幸

四　浜子するなら三四の桝よ
　　　　上地鶴浜(じょうちつるはま)見るもいや

五　浜子するのはつらいことないが
　　　　春の金子が辛ござる

六　どんだぼろちうてげなしてくれな
　　　　どんだは浜子の一ちょう

七　汗と脂で持目(もちめ)を終えて
　　　　あがる居固屋(いごや)の風涼し

八　浜子浜子とげなしてくれな
　　　　浜子はともやの一の客

九　浜のかしきと寝たことないが
　　　　鍋で米とぐ夢を見た

十　庄屋(しょうや)さんより上脇(じょうわき)さんもちゃれ
　　　　いつも会われる樋の上で

十一　浜子するものは一升飯食うが
　　　　昼の持目に脂汗

■「宇部炭田作業歌 南蛮歌」(伝承地：宇部市)
　昔，厚狭郡有帆村の百姓五平太という人が石炭を掘り出したという伝説から，石炭のことを「ごへいだ」という(山中六彦(1967)『山口県方言辞典』山口県地方史学会)。山口炭田の中心であった宇部では，天保年間に，向田七右ヱ門，九重郎兄弟によって竪抗からの揚巻装置が発明された。当時，舶来品のことを南蛮と呼んでいたので，この便利な仕掛けを「南蛮車」と言うようになったと言われている。この南蛮車を押しながら炭鉱で歌ったのが「南蛮歌」である。歌詞は，まず，『山口県の民謡』のものを引用する。

南蛮(なんば)押せ押せ　ハナ取りゃよー　かぐれナーヨー
ハナはハタ場の　ヤーレ模様じゃない
ヤレヤーレ　ハナ取りゃよー　かぐれナーヨー
ハナはハタ場の　ヤーレ模様じゃない

朝は早うから　カンテラをさげてナーヨー
立坑下るも　ヤーレ国の為
ヤレヤーレ　カンテラをさげてナーヨ　立坑下るも　ヤーレ国の為

あなた百まで　わしゃ九十九までナーヨ　共に白髪の　ヤーレ生えるまで
ヤレヤーレ　わしゃ九十九までナーヨー　共に白髪の　ヤーレ生えるまで
ハーギイトコ　ギートコ

　宇部市のサイトには，「南蛮音頭」として，別のバージョンが紹介されている。宇部市「宇部の歴史」(http://www.city.ube.yamaguchi.jp/kyouyou/rekishi/uberekishi/namba.html)を参照。

一．ハー南蛮押せ押せ　押しゃこそ揚がる
　　揚がる五平太の　ヤットコセ
　　竪坑堀りョ　サノ
　　(アト山　サキ山お前はバンコかギッコラサ)
　　揚がる五平太の　ヤットコセ
　　竪坑堀りョ

二．ハー宇部の五平太は　南蛮で揚がる

揚がる五平太に　ヤットコセ
花が咲くヨ　サノ
（アト山　サキ山お前はバンコかギッコラサ）
揚がる五平太に　ヤットコセ
花が咲くヨ

三．ハー花じゃ蕾じゃ　押せ押せ南蛮
枝に実もなりゃ　ヤットコセ
葉も茂るヨ　サノ
（アト山　サキ山お前はバンコかギッコラサ）
枝に実もなりゃ　ヤットコセ
葉も茂るヨ

四．ハー南蛮南蛮は　御先祖様が
あれは炭捲く　ヤットコセ
置土産ヨ　サノ
（アト山　サキ山お前はバンコかギッコラサ）
あれは炭捲く　ヤットコセ
置土産ヨ

五．ハーワシも若いときゃあ　緑ヶ浜で
男を泣かせた　ヤットコセ
南蛮押しヨ　サノ
（アト山　サキ山お前はバンコかギッコラサ）
男を泣かせた　ヤットコセ
南蛮押しヨ

方言ラジオ体操

　近年，全国各地で，方言に翻訳されたラジオ体操が作られている。宇部市スポーツ推進委員協議会制作のものを紹介する。CD（監修・掛け声：志賀光法）に収められたものを文字化し，共通語訳を付した。

■「やまぐち元気ラジオ体操（宇部バージョン）」
(ミンナモ　ヨー　シッチョル　ヤマグチゲンキラジオタイソー　ハナエルヨー！)
(みんなも　よく　知っている　山口元気ラジオ体操　　　　　はじまるよー！)

テオ　カルーニ　ニギッテ　マエカラ　アゲ　セノビオ　シーサン！　ハイ！
手を　軽く　　　握って　　前から　　上げ　背伸びを　しなさい！　ハイ！

イチ　ニ　カカトワ　ソノマンマー　アゲタラ　イカンソヨー！　ゴー　ロク
1　　2　踵は　　　そのままで　　上げたら　いけないよ！　　5　　6

テアシノ　ウンドー！
手足の　　運動ー！

イチ　ニ　テオ　ヨーフッテ　カカトオ　アゲタリ　サゲタリ　スルソヨー　ヒチ　ハチ
1　　2　手を　よく振って　踵を　　　上げたり　下げたり　するんだよ　7　　8

イチ　ニ　サン　ハイ！　ゴー　ロク
1　　2　　3　　はい！　5　　6

ウデオ　グリート　マワシンサン！　ソトマワシー　ウチマワシー　カカトワ　アゲント
腕を　　ぐるりと　回しなさい！　　外回し　　　　内回し　　　　踵は　　　上げないで

カタオ　チューシンニ　オーキューニ　マワスソヨー！
肩を　　中心に　　　大きく　　　回すんだよ！

イチ　ニ　サン　ハイ！　ゴー　ロク
1　　2　3　　はい！　5　　6

アシオ　チート　アゲテ　ムネノ　ウンドー！　ヨコニ　フッテ　ナナメウエニ　オーキューニ
足を　　少し　　上げて　胸の　　運動！　　　横に　　振って　斜め上に　　　大きく

アーニキスギテ　ヒックリカヤランヨーニ　キオツケサンヤー　ヒチ　ハチ
仰向き過ぎて　　ひっくり返らないように　気をつけなさいよ　7　　8

イチ　ニ　サン　ハイ！　ゴー　ロク
1　　2　3　　はい！　5　　6

ヨコマゲノ　ウンドー！　イチ　ニ　サン　ハイ！　マエカガミニ　ナランヨーニネー　ヒチ　ハチ
横曲げの　　運動！　　　1　　2　3　　はい！　前屈みに　　　ならないようにね　7　　8

イチ　ニ　サン　ハイ！　ゴー　ロク
1　　2　3　　はい！　5　　6

マエシタニ　マゲーサン　ヤオーニ　ケイキオツケテ　サンカイ！
前下に　　　曲げなさい　柔らかく　勢いをつけて　　3回！

オキテ　ウシロニ　グーット　ソラスソヨー　ヒチ　ハチ
起きて　後ろに　　ぐーっと　反らすんだよ　7　　8

イチ　ニ　ウシロニ　ヒックリ　カエランヨー　キオツケサンヤ　ゴー　ロク
1　　2　後ろに　　ひっくり　返らないよう　気をつけなさいよ　5　　6

ヨジルウンドー　ヒダリ　ミギ　ヒダリ　ミギ　オーキューニ！　ヒチ　ハチ
ねじる運動　　　左　　　右　　左　　　右　　大きく！　　　　7　　8

ミギ　ヒダリ　ミギ　ヒダリ！　オーキューニ！
右　　左　　　右　　左！　　大きく！

アシオ　モドシテ　テアシノ　ウンドー！　マゲテ　ブチ　　ノバス！
足を　　戻して　　手足の　　運動！　　　曲げて　しっかり　伸ばす！

ヒンマゲテ　　　サデオロス！　　　ゴー　ロク
しっかり曲げて　しっかり下ろす！　5　　6

チカラズヨク　イチ　ニ　サン　ハイ！　ゴー　ロク
力強く　　　　1　　2　　3　　はい！　5　　6

アシオ　ヨコニ　ダシテ　ナナメシタ　フコーニ　マゲテ　マンマエデ　ムネソラスー！
足を　　横に　　出して　斜め下　　　深く　　　曲げて　正面で　　　胸を反らす！

ハンタイモ　オンナジソヨー！　ヒチ　ハチ
反対も　　　同じだよ！　　　　7　　8

イチ　ニ　サン　ハイ！　ゴー　ロク
1　　2　　3　　はい！　5　　6

カラダオ　グルリート　マワシンサン！　イチ　ニ　オーキューニ　ゴー　ロク
体を　　　ぐるりと　　回しなさい！　　1　　2　　大きく　　　　5　　6

オーキューニ！　イチ　ニ　サン　ハイ！　ゴー　ロク
大きく！　　　　1　　2　　3　　はい！　5　　6

アシオ　モドシテ　リョーアシトビ！　イチ　ニ　サン　ハイ！
足を　　戻して　　両足跳び！　　　　1　　2　　3　　はい！

ヒライテ　トジテ　ヒライテ　トジテ！
開いて　　閉じて　開いて　　閉じて！

イチ　ニ　サン　ハイ！　ゴー　ロク
1　　2　　3　　はい！　5　　6

モーイッペン　テアシノ　ウンドー！　イチ　ニ　サン　ハイ！　ゴー　ロク　ヒチ　ハチ
もう一度　　手足の　　運動！　　　1　　2　　3　　はい！　5　　6　　7　　8

イチ　ニ　サン　ハイ！　ゴー　ロク
1　　2　　3　　はい！　5　　6

シンコキュー　オーキューニ　イキオ　スッテ　シッカリ　ハクソヨー！　ゴー　ロク　ヒチ　ハチ
深呼吸　　　大きく　　　息を　　吸って　しっかり　吐くんだよ！　5　　6　　7　　8

キョーモ　ゲンキニ　ヤリマショー　ドーモ　ゴシンパイデシター！
今日も　　元気に　　やりましょう　どうも　お疲れ様でした！

方言景観

　街なかで目にする看板や商品名などに，効果的に方言が使われることがある。どのような場面・状況で，どのような方言が選択されているのかを探ることによって，その土地の言語使用者の意識を知ることができる。山口県では，1970年代から全国に先駆けて，方言を用いた観光キャッチフレーズ「おいでませ山口へ」が使われ始めた。外部からの訪問者へ向けた歓迎の表現として，このような「方言景観」が使われることが多い。

■歓迎の意味を込めて「入り口」に置かれた「おいでませ」
　県庁所在地である山口市の玄関口は，JR西日本の新山口駅である。山陽新幹線新山口駅の改札口周辺で，いくつもの「おいでませ」の方言看板が訪れた人々を出迎えてくれる。改札正面には，設置者が入れ替わりながらも，「おいでませ山口へ」

● 図1 ● 山陽新幹線新山口駅改札正面の看板

● 図2 ● 山陽新幹線新山口駅改札付近の企業広告

の方言看板が代々置かれてきた(図1)。現在は，改札内にも，太陽光発電機器の企業広告「太陽光よ　おいでませ」(図2)が掲示されており，乗降客の目に留まりやすい。

　山口県の西の玄関口である下関駅やその周辺の駅にも，「おいでませ」の看板は多い(図3，図4)。

●図3●JR下関駅の看板

●図4●JR長府駅の看板

　高速道路を利用して山口県に入る客も多いため，サービスエリアには，方言看板が目立つ。中国自動車道の美東サービスエリア(図5)，下松サービスエリア(図6)にも，「おいでませ」のメッセージを見つけることができた。下松サービスエリアのメッセージは，季節ごとに工夫を凝らして作り替えられている。

●図5●美東サービスエリアのマット

●図6●下松サービスエリアの手作りメッセージ

山口市中心部に位置する米屋町商店街の入り口には，足元のタイルに(図7)，同じく山口市の湯田温泉駅通りでは，マンホールの蓋に(図8)，「おいでませ」のメッセージが見られる。

● 図7 ● 山口市の商店街入り口のタイル

● 図8 ● 山口市湯田温泉駅通りのマンホール

　土産物や飲食店の看板にも「おいでませ」が使われている。山口を代表する菓子といえば，外郎(ういろう)であり，そのパッケージにも「おいでませ」が登場する(図9)。

　さらに，山口県を離れて，東京都渋谷区にまで，「おいでませ」の看板が進出していた。お話を伺うと，山口市出身の方が経営されている飲食店であった(図10)。

● 図9 ● 山口市の菓子店の商品　　　● 図10 ● 東京都渋谷区の飲食店の看板

■山口の代表的方言「のんた」

「防長方言番附一覧」(11ページ参照)でも周防の関脇に位置づけられている「のんた(ねー，あんた)」は，伝統的な山口方言の代表格とされている。飲食店の店名(図11)や飲料の商品名として幅広く使われている。

● 図11 ● 柳井市の飲食店の店名

● 図12 ● 飲料缶のパッケージ

■新しい山口方言「ぶち」

程度の副詞「ぶち」は，40〜50年ほど前から新しい山口方言として広まった。飲食店の店名(図13)や，地域限定商品券の名称「ぶち得する券」として登場している。なお，図14の商品券は，現在発行されていない。

● 図13 ● 山口市の飲食店の看板

● 図14 ● 地域限定商品券の名称

美東エリアの商品説明の表示「ぶちうまい」には，「とてもおいしい」と共通語訳が添えられている（図15）。県内の土産物店では，大河ドラマ「花燃ゆ」の放映を機に，平成30年の明治維新150年に向けた観光キャンペーン「やまぐち幕末ISHIN祭」のキャラクターに添えて，「ぶちええ山口　味と技」のシールが県産品に貼られている（図16）。

●図15● 美東サービスエリアの商品説明

●図16● 県産品に貼られたシール

■「ちょる」の進出

近年，山口方言のアスペクトに「ヨル形」と「トル形」の競合が起きているが，方言看板においても結果態のアスペクトを表す「ちょる（トル形）」が目立ってきた。平成23年に山口県で開催された第66回国民体育大会「おいでませ！山口国体」及び「おいでませ！山口大会」のマスコット・キャラクターとして登場した「ちょる」も，この山口方言に由来する（図17）。

●図17● 山口市内に掲げられた国民体育大会の看板

他にも，萩市内のホテルの浴場案内（図18）や，下関市内の土産物店の「ふく（河豚）煎餅」の商品説明（図19）にも，「ちょる」が使用されている。図19には，主に山口県西部で使われる終助詞「ほ」（～だよ）も見受けられる。

● 図18 ● 萩市のホテルの浴場案内看板

● 図19 ● 下関市の土産物店の商品説明

■その他の特徴的なことば

● 図20 ● 山口市の酒販店の掲示

「幸せます」は，主に文章語として，「幸いでございます」の意味で使われる。商店街の酒販店の掲示として，手書きのものがあった（図20）。

■地名の方言

下関市の地名「特牛(こっとい)」は，牡牛を意味する方言地名としてよく知られている(図21)。同じく，南風を意味する「はえ」が地名として使われている「南風泊(はえどまり)」は，フグの取扱量日本一を誇る市場として有名である(図22)。

● 図21 ● 下関市「特牛」を示す道路標識

● 図22 ● 下関市「南風泊」漁港を示す道路標識

■山口方言が多用された看板やタオル

最後に，山口方言がふんだんに使用された看板類を紹介する。図23は，JR山口線宮野駅前に置かれた不動産業者の看板である。これまで紹介してきた山口方言の代表格「おいでませ」，「のんた」，「ぶち」を使って，「宮野へようおいでませのんた　ぶちええところやけん　えっとゆっくりしていきんさい」と，地域の入り口において訪問者を歓迎している。

図24は，農場の来場者への注意を促す看板で，山口方言によって書かれているものの，共通語も併記されている。

● 図23 ● 山口市 JR 宮野駅前の看板

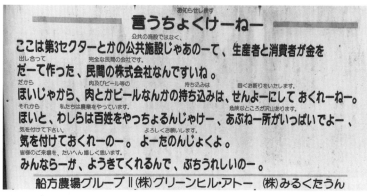

● 図 24 ● 山口市の農場の看板

　図 25 は，山口県内に広く店舗をもつ自動車販売店が配布した方言タオルである。新しい山口方言番付のような雰囲気を醸し出している。採り上げられている山口方言は，「ぶち（すごく）」，「わや（めちゃくちゃ）」，「すいい（すっぱい）」，「おいでませ（いらっしゃい）」，「おいい（たくさん）」，「しちょる（している）」，「ようけ（たくさん）」，「ひやい（冷たい）」「かぶる（噛む）」，「こまい（小さい）」，「じゃけえ（だから）」，「めげる（やぶれる）」，「はぶてる（すねる）」，「もぐ（とる）」，「じべた（地面）」，「たう（とどく）」，「ぬくい（暖かい）」，「じら（わがまま）」となっている。

● 図 25 ● 自動車販売店が配布した方言タオル

あとがき

　2013年6月に「山口県のことば」の編集担当をお引き受けして，おおよそ4年になるが，ようやく上梓することができた。山口県の方言は，他方言と比較して相対的に特徴が少ないため，難航が予想されたが，こうして何とか形になったのは，ひとえに共同執筆者のおかげである。

　執筆においては，非常に多くの先行文献を参照した。そのすべての出典を細かく記してはいないが，先学の研究を参照できたことには深く感謝したい。その中でも，特に『山口県方言資料研究文献目録』（岡野信子ほか，1994年）の存在は忘れてはならない。この目録がなければ，山口県方言の全体像は分からなかったであろう。

　本書の構成ならびに概要と執筆者は，以下の通りである。
　「Ⅰ　総論」では，山口県方言の概要，方言意識，研究史と今後の課題を取り上げた。特に，方言意識がどのようなところに反映されるかという問題は，山口県方言に限らず注目していきたい。担当は有元である。
　「Ⅱ　県内各地の方言」では，3つの方言区画を設け，それぞれの特徴を記述した。有元が担当した。
　「Ⅲ　方言基礎語彙」は，方言基礎語彙項目についてまとめたものである。
　「Ⅳ　俚言」の担当は，前田桂子氏である。先行文献を参照しつつ，実際の調査に基づいて記述したものである。
　「Ⅴ　生活の中のことば」の担当は，池田史子氏である。ここでは，昔話，民謡，方言ラジオ体操，方言景観を取り上げた。方言景観は，方言意識とも関係する重要な問題である。

　最後になりましたが，様々な形でのデータ提供や使用許可等に関して御配慮を賜った方々，明治書院の歴代担当編集者の皆様，特に久保奈苗氏に，心より感謝申し上げます。

（有元光彦）

編集委員		編　者	
平山輝男	（東京都立大学名誉教授・文学博士）	有元光彦	（山口大学教授）
大島一郎	（東京都立大学名誉教授）	執筆者	
大野眞男	（岩手大学教授）	Ⅰ　有元光彦	（山口大学教授）
久野　眞	（高知大学名誉教授）	Ⅱ　有元光彦	（山口大学教授）
久野マリ子	（國學院大學教授・文学博士）	Ⅲ　出穂澄子	
杉村孝夫	（福岡教育大学名誉教授）	加治工真市	（沖縄県立芸術大学名誉教授）
		藤田勝良	（佐賀大学前教授）
		Ⅳ　前田桂子	（長崎大学准教授）
		Ⅴ　池田史子	（山口県立大学准教授）

※Ⅲは平山輝男他編『現代日本語方言大辞典』（明治書院）より再編集のうえ掲載

表紙　ナツミカン
写真（口絵）　一般社団法人山口県観光連盟
　　　　　　　一般財団法人山口観光コンベンション協会

日本のことばシリーズ　35
山口県のことば

平成29年5月10日　初版発行

編集委員代表　　平山輝男
編　者　　　　　有元光彦
発行者　　株式会社明治書院
　　　　　代表者　三樹　蘭
印刷者　　大日本法令印刷株式会社
　　　　　代表者　山上哲生
製本者　　大日本法令印刷株式会社
　　　　　代表者　山上哲生

発行所　　株式会社　明治書院
　　　　　東京都新宿区大久保1-1-7　郵便番号169-0072
　　　　　電話(03)5292-0117(代)　振替口座00130-7-4991

Ⓒ Teruo Hirayama, Mitsuhiko Arimoto 2017　Printed in Japan
ISBN978-4-625-62449-0

日本のことばシリーズ

● 実地調査に基づく、各県版方言辞典!!

編集委員代表 **平山輝男**

A5・カバー装
各巻平均二四〇ページ

＊白ぬき数字は既刊です

全48巻

発行 **明治書院**

▽全て臨地調査により方言を採集、発音・アクセントも明記
▽その地域に特徴的なことばである俚言（りげん）を多く収録
▽諺・民話・民謡なども資料として掲載・地域性・生活習慣を重視

全巻の構成・編者

- ❶ 北海道のことば　小野米一
- ❷ 青森県のことば　佐藤和之
- ❸ 岩手県のことば　齋藤孝滋
- ❹ 宮城県のことば
- ❺ 秋田県のことば
- ❻ 山形県のことば　遠藤仁
- ❼ 福島県のことば
- ❽ 茨城県のことば
- ❾ 栃木県のことば　森下喜一
- ⑩ 群馬県のことば　古瀬順一
- ⑪ 埼玉県のことば
- ⑫ 千葉県のことば　佐々木英樹
- ⑬ 東京都のことば　秋永一枝
- ⑭ 神奈川県のことば　田中ゆかり
- ⑮ 新潟県のことば　小林隆
- ⑯ 富山県のことば　真田信治
- ⑰ 石川県のことば
- ⑱ 福井県のことば
- ⑲ 山梨県のことば
- ⑳ 長野県のことば
- ㉑ 岐阜県のことば　下野雅昭
- ㉒ 静岡県のことば　中田敏夫
- ㉓ 愛知県のことば　江端義夫
- ㉔ 三重県のことば　丹羽一彌
- ㉕ 滋賀県のことば
- ㉖ 京都府のことば　中井幸比古
- ㉗ 大阪府のことば　郡史郎
- ㉘ 兵庫県のことば
- ㉙ 奈良県のことば　中井精一
- ㉚ 和歌山県のことば
- ㉛ 鳥取県のことば　室山敏昭
- ㉜ 島根県のことば　友定賢治
- ㉝ 岡山県のことば
- ㉞ 広島県のことば　神鳥武彦
- ㉟ 山口県のことば　有元光彦
- ㊱ 徳島県のことば　上野和昭
- ㊲ 香川県のことば
- ㊳ 愛媛県のことば
- ㊴ 高知県のことば
- ㊵ 福岡県のことば　陣内正敬
- ㊶ 佐賀県のことば　藤田勝良
- ㊷ 長崎県のことば　坂口至
- ㊸ 熊本県のことば
- ㊹ 大分県のことば
- ㊺ 宮崎県のことば　木部暢子
- ㊻ 鹿児島県のことば　野原三義
- ㊼ 沖縄県のことば（北琉球）
- ㊽ 沖縄県のことば（南琉球）